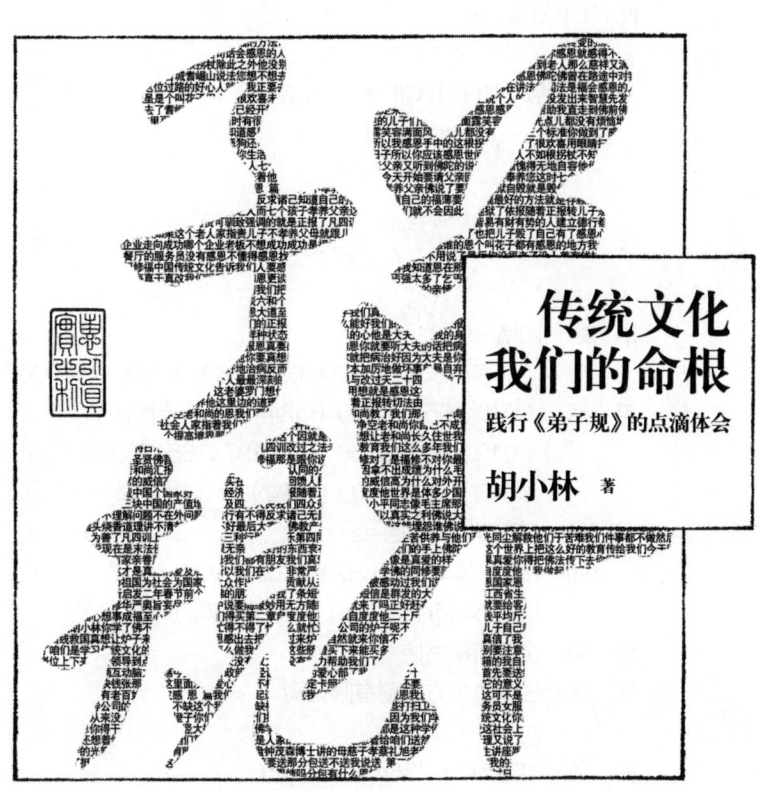

传统文化
我们的命根

践行《弟子规》的点滴体会

胡小林 著

团结出版社

图书在版编目（ＣＩＰ）数据

传统文化，我们的命根 / 胡小林著 . -- 北京 : 团
结出版社 ,2016.10（2023.4 重印）
ISBN 978-7-5126-2507-5

Ⅰ . ①传… Ⅱ . ①胡… Ⅲ . ①中华文化－通俗读物
Ⅳ . ① K203-49

中国版本图书馆 CIP 数据核字 (2014) 第 054132 号

出　　版：团结出版社
　　　　　（北京市东城区东皇城根南街 84 号　邮编：100006）
电　　话：（010）65228880 65244790（出版社）
　　　　　（010）65238766 85113874 65133603（发行部）
　　　　　（010）65133603（邮购）
网　　址：http://www.tjpress.com
E-mail：zb65244790@vip.163.com
　　　　　tjcbsfxb@163.com（发行部邮购）
经　　销：全国新华书店
印　　装：三河市东方印刷有限公司

开　　本：166mm×236mm　　16 开
印　　张：24
字　　数：178 千字
版　　次：2016 年 10 月　第 1 版
印　　次：2023 年 4 月 第 4 次印刷

书　　号：978-7-5126-2507-5
定　　价：49.00 元

目录

篇改过

感恩篇

老婆罗门所有的烦恼都去除了，心里只有感恩。

他面露笑容，满面风光，一点儿烦恼都没有。

第一章　感　恩

七个儿子不如一根拐杖

先讲一个佛陀和乞丐的故事，故事的名字叫作"七个儿子不如一根拐杖"。故事很简单，但道理很深，它告诉我们为什么要感恩，感恩会带来什么样的果报。

在佛陀的时代，佛陀曾经以一根拐杖，让七个儿子、七个媳妇了解到什么是孝道——

一天，佛陀出去托钵时，在路上碰到一位年迈的婆罗门教徒，他的背已经驼了，挂着一根拐杖，还捧着一个碗，走起路来很吃力。他弯着腰、弓着背，拐杖向前撑一步，他才能走一步。

佛陀看在眼里，怜悯在心，加紧脚步上前去扶着老人："老人家呀！您走路那么不方便，为什么还要出来讨饭呢？难道没有孩子照顾你吗？"老人回答："有啊！我有七个儿子，但是都娶妻成家了，他们有妻子要照顾，有孩子要养育，所以无法容纳我，把我赶出来了。"

　　说着，他抬头一看，认出是佛陀，赶紧跪下说："佛陀呀！您救救我，我到底用什么道理才能感化教育我的儿子呢？"

　　佛陀很慈祥地说："道理要用心听，才能启发他的良心啊！"老人说："那要启发我的儿子、教育他们就难了。因为现在他们心中，只有自己的妻儿，没有多余的时间听道理。"

　　佛陀说："只要你用心，仍然可以。"老人问："我要如何用心呢？"佛陀说："你什么都不要想，只要记得将你手中的拐杖用心拿好，走路时用心走稳。"

　　"你要用最虔诚的心去感恩这根拐杖，因为它帮助你走路。若有恶狗跑来，你可以用拐杖赶走它。涉水时可以用拐杖去探探深浅，以测安全。它助你走出一条平坦的路，不会踢到石头而跌倒。这一切，你都要用心感恩它。如果你的意念、言语都很用心，就能感化你的儿子。"

　　老人心想，这的确是真的："这个时候我还能靠谁呢？我只能依靠这根拐杖了，这根拐杖给我的帮助最大，我应该感恩！"

　　从此，老人拳拳服膺佛陀所说的话。

　　每一天都感念着拐杖的恩情。有时他脱口而出，有时边走路边念道："感恩！感恩拐杖帮助我走路，感恩拐杖让我探测水的深浅，感恩拐杖保护我的身体。"他不断不断地感恩，心想口念均是感恩。

老人的七个儿子，在平时的生活中，唯有妻子、儿女是他们的最爱。有一天他们听人说，城里有一位佛陀能够赐福给世人，若求佛赐福，人人都可得到最大的福报。这七个兄弟就相邀一起去求佛赐福，甚至连妻儿都带去了。到达王舍城耆阇崛山时，佛陀正在为大众开示。

那一天，老婆罗门也拿着拐杖，捧着碗出来乞讨。现在，他所有的烦恼都去除了，心里只有感恩。

所以边走还是边念着感恩，感恩他的拐杖。

有人路过，看到老人那么慈祥，又满口的感恩，于是问他："老人家呀！您的心那么知足、感恩，您一定是位有福的人。""您可知道佛陀在王舍城耆阇崛山说法，您想不想去看看佛？让佛为您祝福？"老人听了满心欢喜，他说："啊！非常感恩佛陀，佛曾在路途中对我开示，所以我现在过得很欢喜，心灵很自在。不知如何才能再见到佛，再闻佛陀的开示。"这位过路的好心人就说："我正要去礼佛闻法，我们可以一起去！"

老人就随着好心的过路人去了耆阇崛山。

那时，佛陀已经开始说法，老人从远处慢慢地走来，边走还是边念着："感恩！感恩拐杖帮助我！"一直走到佛前。佛陀看到他就说："你来了！老婆罗门呀！看你这么欢喜，你到底如何感恩呢？你来这里再多念几次吧！"

当时有很多人听闻佛法，老人不知他的儿子们也在场，他面露笑容，满面风光，一点儿烦恼都没有，他说："我很感恩这根拐杖，它伴我走路，伴我生活，帮助我度过危险的路，让我渡水时知道深浅。若有恶狗，还可以用它保护我，把狗赶走。所以我感恩手中的这根拐杖。"

佛陀听了很欢喜，用眼睛扫视着他的七个儿子和七个媳妇，佛陀语重心长地说："对呀！对呀！人生最重要的就是要有感恩心，一根拐杖就可以帮助你生活，可以让你那么欢喜地过日子，所以，你应该感恩……世间有很多人不如一根拐杖，不知孝敬父母，将来的因果，一样会受到儿子的折磨，还要堕入地狱，像这样的人就是欠缺感恩心！若能孝养父母，才是有大福之人。"

七个儿子、媳妇看着自己的老父亲，又听到佛陀的说法，实在惭愧得无地自容。

他们的良知即刻被启发了，七个儿子同时站起来，媳妇也跟着一起来到佛陀的面前顶礼，感恩佛陀。然后转过身到老父亲身边扶着他说："我们很惭愧！很忏悔！从今天开始要请父亲回家，一定要奉养您！"这时七个儿子都争着要迎请父亲回家孝敬。

故事讲到这里就讲完了。

乞丐、要饭的，福薄得没法儿再薄了。

老人家刚遇到佛陀的时候，他告诉佛陀：孩子娶妻了，生子了，无法容纳我，所以把我给轰出来了。他的问题在外不在内，他在埋怨他的儿子和媳妇不养他。**"行有不得，**

反求诸己"《《孟子》》，老人家不懂得这个道理，没有反躬自省，没有改正自己过错的认识，他还是要教育别人，还是要求佛陀帮助他。六祖惠能大师说："一切福田不离方寸。从心而觅，感无不通。"老婆罗门不知道向内求，只知道向外求、向外找原因。

我们看看佛陀是如何帮助他的。佛陀说："你什么都不要想，只要记得将你手中的拐杖用心拿好，走路时用心走稳。"这是教他止住妄念。止在哪里？止在拐杖上。止后的观呢？佛陀启发他如何感恩这根拐杖。怪不怪？这不迷信吗？为什么老人家感恩这根拐杖，他的儿子就能被感化呢？不可思议。

其实佛陀很婉转地指出了老婆罗门身上存在的问题：老人家之所以今天福薄到这种程度，就是因为不会感恩。换句话说，感恩的人有福，感恩的人不会做乞丐。老婆罗门没有劳动能力了，只能靠要饭度日，贫贱、福薄到这个地步，都有要感恩的对象，更何况我们！佛不可能把福给你，也不可能把好的命运给你，只能给你教育，给你方法，你自己照着做，福就来了。

启迪智慧。老婆罗门找到感恩的对象了。他听话，老实，真干；拳拳服膺，一丝不苟，坚决落实。他不再抱怨儿子娶妻生子没有心照顾他，把他轰出来，时间不用来做这个，不搞是非人我，不找他人的过错，只是一心一意地感恩。他不断不断地感恩，心想口念的都是感恩。

今天的人看他不是傻子嘛！原来是叫花子，今天变成疯子了。你看他通过做这样的观想，止住了妄念，止住了是非人我，止住了对儿子的怨气。

他的七个儿子呢？相邀一起去求佛赐福。自私自利吧？想要福。谁不想要福？谁不想过好日子？人生一世福越大越好。求佛给赐福，多好的事！佛陀真的能让我们有福吗？真的。佛不可能把福给你，他告诉你修福的方法，**"命由我作，福自己求"**（《了凡四训·立命之学》）。

这时的老婆罗门，"所有的烦恼都去除了，心里只有感恩。"大家注意这句话，会感恩的人标准是什么？"所有的烦恼都去除了"，换句话说，只要有一毫的烦恼，你就感恩感得不圆满，感得不究竟。不要小看"所有"这两个字，做到是真难！这是一心。只有感恩，不给烦恼留地方，对象就是一根拐杖，除此之外，没别的了。

老人家福报现前了，有人告诉他佛在讲法，能闻法是福！**"一箪食，一瓢饮，在陋巷，人不堪其忧，回也不改其乐"**（《论语》）。一个叫花子能有什么福？他虽是个叫花子，但心里很欢喜。《了凡四训》上说，**"未发其福，先发其慧。"**（《了凡四训·谦德之效》）一个人将要发达之前，福报还没有现前，智慧已经透出来了。知道感恩的人有智慧，以慧导福。

你看看这三句话：面露笑容，满面风光，一点儿烦恼都没有。感恩是什么样子？你说我有感恩的心，我会感恩，我知道感恩，我懂得感恩，那你一定是面露笑容、满面风光、一点儿烦恼都没有。这三个标准你做到了，感恩于内，外露其相。

自度才能度他。老人家不知道感恩，现世受这种苦报，当乞丐，有儿子但不孝养他。儿子不孝养父亲，佛说了，要堕入地狱。自毁就是毁他。佛陀没有让老人家找街道委员会去做七个儿子的工作，或者到法院打官司，让法院做出裁决——**"行有不得，反求诸己"**，知道自己的德行薄，知道自己的福薄，要修。修福最好的方法就是存一颗感恩的心。

老人家感恩拐杖。通过拐杖这个药引子，把感恩的心引发出来，福报就现前了：七个儿子都争着要孝养他。大福之人！而七个孩子孝养父亲的这颗心一发，他们就不会因此堕地狱了。

"依报随着正报转"，儿子是他的依报，老人家自己感恩的心一出来，他这个正报转好了，依报就全变了。《弟子规》上说的**"勿自暴，勿自弃；圣与贤，可驯致"**，强调的就是正报。

《了凡四训》上说，**"凡有财有势者，其立德皆易。易而不为，是为自暴。"**（《了凡四训·积善之方》）有财有势的人，建立德业、修善积德都容易，容易做却不做，就是自暴自弃。你这正报自暴了没有关系，依报就跟着倒霉了。所以，如果这位老人家指责儿子不孝养父母，就跟儿子结了怨，冤冤相报，自己毁了，也把儿子毁了。自己有了感恩心，境界提高了，儿子也得救了，这叫大圆满。

福从哪儿来？

中国传统文化能够带动企业走向成功。做企业哪有不想成功的？成功是福，福从哪儿来？从感恩中来。感谁的恩？一个叫花子都有感恩的地方，我们竟发现不了感恩的对象。

拿我自己来说，不知道感恩。对待司机、秘书、员工、客户、分包，以至餐厅的服务员，没有感恩，不懂得感恩，找不到感恩的感觉，对爸爸妈妈就更不用说了。最后福薄，老了没人养，有钱挣不到，身体一塌糊涂，可谁都不能埋怨。没有学传统文化，不知道如何修福。中国传统文化告诉我们，人要感恩，人要知恩报恩。知恩是解，我知道恩在哪儿；报恩叫行，解行要相应。

知恩报恩是什么样子？这个乞丐让我们看到知恩的样子，看到感恩的样子，那就是拳拳服膺佛陀的教诲，真干，真改！我们呢？我们不知恩，更谈不上报恩了。我们可比乞丐强太多了，乞丐是路上碰到佛陀，我们可是天天学习经典，但是这个教导灌不进去，我们不照着做。

我曾经听过这样一段话："祖国有难我们不能不问，

我们把功德回向给祖国，这是一点儿祖宗的亲情。"简简单单的几句话，振聋发聩，催人泪下，我们应该感恩。

最近大家在讨论修"六和敬"[1]的问题。一个不感恩的人侈谈六和，一个不改过的人怎么可能六和！所以感恩和改过是六和的基础，断恶修善也是佛陀普令一切人，致知、诚意、正心、修身之大法也。佛陀教我们要改过迁善，以培德积福，我们如果真能照着做，就会像这位老婆罗门一样，福报现前。我们福报现前，变好了，国家就好了，依报随着正报转。

我们成天抱怨孩子不孝敬，自然灾难很多，社会问题很多，这些都是依报，我们的正报不好，依报怎么能好？我们的正报不改，依报怎么改得了？依报就是一面镜子，照着我们的正报，我们看到依报出了问题，不仅不能埋怨这个依报，还要生起三个心。

第一，惭愧心，正报出了问题，感得依报这样一种状态。第二，要有感恩的心，他是大夫，来到我的身边，指出我身上存在的问题，我知道病在哪里了，感谢大夫。第三，行动，就是要报恩。真要感这个大夫的恩，你就要听大夫的话，把病治好。你的病治好了，大夫就不白来这一趟，这才是对大夫最好的报答。同时，你的病治

---

(1) 六和敬：见和同解，戒和同修，身和同住，口和无诤，意和同悦，利和同均。另，外同他善谓之和，内自谦卑谓之敬。

好了，大夫拯救了一个人，他种了一个好因，大夫在修福。

所以，自度就是度他。你要真想感大夫的恩，你就把病治好。因为大夫是你治好病的因，你病好了这是果，有果必有因。大夫就是这个善果的善因。

如果大夫给你指出了疾病所在，不知道这个病还罢了，知道了这个病，你不好好地治病，反而破罐破摔——我变本加厉地做坏事，自暴自弃的速度更快、强度更大——你可就把这大夫害了。

一念觉是佛，一念迷就是魔。一念觉，自度度他，圆满；一念迷，自毁毁他，结果在地狱。

在企业落实中国传统文化，我个人最最深刻的体会就是感恩与改过。一天二十四小时，除了睡觉之外，醒着我就给自己两个任务：第一，发现感恩的对象；第二，找到自己的过错。这就齐了。为什么？七个儿子就回来孝养你了，你不用再想别的了。

这老婆罗门想什么了？什么都不用想，就是感恩这根拐杖。感着感着，福报就现前。君子乐得做君子，小人冤枉做小人。你看老人家面露笑容，满面风光，一点儿烦恼都没有。最后怎么着？七个儿子争先恐后来养他。这里边的道理很深，比如"依报随着正报转""一切法由心想生""相由心生，境随心转""心现识变"……所以问题不在外，问题在内。

"在内？我没问题呀！"

我们最大的问题就是发现不了自己的问题。我们要知恩，我们要报恩。学佛那么多年，我们不学还像个人样儿，一学更贡高我慢了，更自私自利了，更自以为是了。在家，家搞不好；在单位，不做好样子；在社会，人家指着我们脊梁骨骂。谁种的这个恶因？教育我们的老师。你自己不成就事小，你把教育我们的老师往下拉这事大。自毁就是毁他。

　　我们真实地报老师的恩，就是要把老师的教育化成我们前进的动力，个个成就，个个提高境界，那老师种的这个因就是善因。真想让有德行的老师长久住世我们得干这个，否则他的教育就变成魔法了，培养出一个个的魔子魔孙，危害社会，危害家庭，与人搞不和。这是恩将仇报，自毁毁他，**"将日沦于禽兽而不自知矣"**（《了凡四训·改过之法》）。

　　我们接受老师的教育这么多年，我们给老师回馈这样的果报，你会到哪儿去？《了凡四训》有段话：**"明则千百年担负恶名，虽孝子慈孙，不能洗涤。幽则千百劫沉沦狱报，虽圣贤佛菩萨，不能援引。"**

　　佛门好修福，那是跟你说好听的，修对了是福。修不对你最好别在这起哄，别蹚这浑水，你该干什么干什么去，这个地方不是好玩的。"地狱门前僧道多"，这个"僧道"就是指四众弟子。

　　我曾说过："佛法衰，社会大众认同的少，什么原因？拿不出成绩。"换句话说，今天大家不认同、不理解，问题不在外，问题在内——**"行有不得，反求诸己"**。

《无量寿经》上说**"惠以真实之利"**（《佛说大乘无量寿庄严清净平等觉经》，简称《无量寿经》），我们拿什么真实之利惠以社会、政府和大众？你只会撅着屁股磕头、烧香，道理讲不清楚，做人做不好，最后大家对佛教产生曲解，产生误解，这能埋怨谁？

佛说四摄法，即接引大众的四种方法。第一，"布施"，就是惠以真实之利。第二，"爱语"，你得真关心别人，你得看出别人的问题，劝人为善——《了凡四训》上说的十善之一。第三，"利行"，助人为乐。第四，"同事"，不辞劳苦，代众生苦供养，与他们和光同尘，解救他们于苦难。

我们一件事都不做，然后我们埋怨社会大众不认同佛法，最后我们说现在是末法，佛法衰了……好像很无奈。这么好的东西衰在谁的手上？衰在我们的手上。佛陀来到这个世界上，把这么好的教育传给我们，今天毁在我们手中。

我们都有妻室儿女，我们都有家亲眷属，我们都有父母，我们都有朋友，我们真爱他们吗？我们这像是真爱的样子吗？如果真爱你得把佛法传下去，你得把这智慧的教育告诉别人，这才是真正的爱及后代。

所以，我们在这里非常严肃地呼吁：每一个学佛的同修要随分随力、自度度他，从我做起，从现在做起，拿出真实的成绩来，真正地给社会大众做好样子，带动身边的人，带动身边的力量，为祖国、为社会、为国家、为大众，做出真实的贡献。

第二章　自度度他

"从来没有这么被感动过"

我们说上报四重恩——国家恩、父母恩、老师恩、众生恩，这四个恩是一不是二，一即是四，四即是一。怎么感别人的恩？我给大家讲一个故事，希望能有所启发。

二○一○年春节前，一个学佛的朋友发给我了一条短信，她这条短信是群发的，大致内容是说，江西省生产脐橙的果农遭灾了，希望大家能够伸出援助之手，买一些橙子，以解救江西果农的困难和危机。

《修华严奥旨妄尽还源观》中说要**"随缘妙用无方"**。随缘，这不就来了吗？正好赶在春节前，本来就要给客户、合作单位、员工送些东西，现在送上门来了。而且不是烟不是酒，是水果。水果好啊，有营养。人要有福，心想事成，福至心灵。我说："那咱们得买。"

二十斤一箱，每箱五十块钱，平均一斤不到三块钱，放在非常好的箱子里，包装得整整齐齐，从江西开车送到北京，挺不容易的。

有人说："胡小林，你学了佛，不是没事干了吗？"忙得不得了！忙什么？就忙这个。公司的炉子呢？不管了。为什么？七个儿子自己就回来了，还用管吗？管业务非君子。小人冤枉做小人，君子乐得做君子。佛教咱们的是智慧，曲线救国，真想让炉子来，不用卖炉子，把恩感出去，把过改过来，炉子自然就来，你信不信？三年半了我信，我真信了，我也要拳拳服膺佛陀的教诲。

机会来了就随这个缘。我动员七个部门，我说："江西果农遭灾了，咱们是学习传统文化的，我们这时候该怎么做？我们要把这些脐橙买下来，能买多少买多少。各个部门，特别要注意，送给那些曾经帮助过我们而今天我们用不着的人，那些老同事退休回家了，老经理从岗位上下来了，老领导到点儿了，送给这些今天没有权力也没有能力帮助我们的人。"

因为这可不是一箱两箱的，我自己也不知道还应该送给谁。我就跟我的人事行政部张经理探讨怎么送橙子，我们这张经理有智慧，我俩互动，脑力激荡。（今天人事行政部已经让我改名为"爱心部"了。）

我们有一百七十多名员工。我说："首先要送给员工，一人一箱，回家过节。"

她说："员工还不如送点儿过年的购物卡。"

我说："这跟卡可不一样，购物卡，一百块钱、五百块钱一张，那是钱，这里面没有爱心，橙子不一样。"

最后决定卡照送，橙子也要送。"还要给大家讲清楚它的意义：每吃一个脐橙就缓解江西果农的一份压力；吃到这橙子，看到这橙子，就知道还有人不如我们，就知道中国有老百姓在受灾。我们要提起这种正觉，我们要知足，我们要报恩。"我说，"这个要宣传，这可不是简简单单的橙子。"

她说："按照您说的，这个橙子应该送给真能吃的、最需要的人。很多有钱的，比如说领导、公司的老板，他们不缺这个，我觉得最缺橙子的就像咱们写字楼里这些打扫卫生间的男服务员、女服务员，都是外地来的，太可怜了，能送吗？"

我一听，好啊，送啊！这些人真需要。而且送了以后他们得问为什么，从来没人给我们送橙子，你们还想着我们打扫卫生间的人，这是为什么？因为我们学了中国传统文化。你想想看人家会怎么说。

什么叫上报四重恩？什么叫上报祖师大德的恩？你得干这个，让人为你竖大拇指，"哎哟，这佛学的，真好啊，这人！社会上要都是这种学佛的人，你说这社会上还有难吗？"这就是物业管理公司的保洁员、负责我们楼层卫生间的男工女工们的议论，"你说人家还想着给咱们送橙子，咱们算干吗的？又不是人家的员工，这公司还想着给咱们送……"

然后，我的张经理又说了："胡总，那三层的送了，咱们这个楼一共二十一层，都送吗？"

我说："都送，闲着也是闲着！五十块钱一箱，附上《弟子规》的光盘，附上《母慈子孝》《幸福人生讲座》这样的光盘，跟橙子一块儿送去。**'常存此心，功德无量'**（《了凡四训·谦德之效》）。"

你看，跟下级沟通是沟通这个。快过节了——挺忙的。

她说："胡总，要这么说，打扫卫生的阿姨要送，那分包送不送？"

我说："送。"

分包和我的关系是他从我这拿生意，我给他活儿。原来是什么？过年过节他得送给我东西，这才对。我跟工程技术部说："分包也是兄弟。一根拐杖都有恩情，分包能没恩情吗？"

"分包有什么恩情啊？"这个经理说，"他是靠咱们过日子的，应该感咱们的恩哪？"

我说："不对。你这颗正报的心，就感来这种恶的依报。这种恶的依报，障碍公司的业务发展。"

所以，想带动企业走向成功就得改正报。

我说："越是人家该请咱们的，咱们反过头来越要请别人；越是别人应该给我们送东西的，我们反过头来要给别人送东西，这就对了。"

　　曾经有人说过：你要想往左边干，你就往右边干，你老跟你的想法反着，就对了。我觉得很有道理。因为我们是凡夫，无始劫来养成的习气——自私自利，这是下意识的。干着干着就搞上自私自利了，自私自利的反面就是为别人。所以有个非常好的公式：想往左边走，你就往右边走；想往右边走，你就往左边去。一定不错。

　　我就动员七个部门，拉出单子来，我亲自审。公司的报销我是不审了，公司的采购我也不审了，公司的销售、合同我都不审了，这个——送橙子的清单，我得审，我得抓。为什么？表法，让大家认真呀。对这个事儿，我眼里不揉沙子，差一个人我都得批评："不圆满。"不圆满公司就不成功，公司不成功给国家上的税就少，员工福利奖金就少。这是为自己呀！道理得给员工讲。

　　大家，从上到下，春节前那个月没干别的。我的公司在二环内，北京有规定：白天大卡车不能进入市区，晚上十一点钟才能进入二环，还得有车证。我们的员工加班加点，放弃休息，夜里搬橙子。一次运来五百箱，先从车上卸下来再搬到楼上，就是一颗心——为江西果农。第二天早晨，大家再搬到自己的车上送出去。白天送货，晚上卸货，不亦乐乎。

　　我在那个写字楼住了六年，楼里物业管理公司的工作人员和保安跟我也熟了，问我："大哥，不卖炉子了？大哥，改行啦？卖橙子了？这玩意儿，您卖橙子怎么能租这么贵的写字楼呢？"我说："别捣乱了，什么卖橙子，这是'爱心橙'，拿一箱回去吃，想着江西的受灾果农，身边有朋友需要买的，或者你要孝敬老岳母的，想着点儿我们，我给你捎两箱，你也修修福报，做做功德。"

我们楼里全是橙子味，为什么？有烂的。卫生间里堆的都是纸箱和烂橙子。烂的橙子挖吧挖吧我们自己能吃就吃了，不能吃的就倒垃圾箱。

那些保洁员特别支持我们，说："这家好，善人，人家本来可以不买这橙子，就是因为江西果农遭了灾。"保洁员的压力也很大，每天要处理很多烂橙子、扔得乱七八糟的纸箱子、绳子。一点儿怨言都没有，见到我还鞠躬："您就是胡老板？这些橙子是您买的？"

我说："是。"

"哎哟，真是谢谢您了，您太心疼我们农民了。"全都是农村来的。"哎呀，这《弟子规》真好，您看您做得多好，都要像您这样当老板，那还了得！"

我的"爱心部"张经理，也就是人事行政部的张经理跟我聊，说她真正的转变就是从送橙子开始的。

她是一名道道地地、非常标准的白领，一直在大公司工作，被我请到公司当人事行政部经理，职业经理人。二〇〇七年，我们开始学习《弟子规》，在公司落实传统文化。当时，她特别不理解，她觉得孝亲尊师、道德伦理都是老东西了，现在企业管理哪用得着这个，应该是绩效考核、团队精神、奖惩制度、企业制度建设、企业文化和竞争力的打造——怎么弄这个呢？我到这来不是干这个的！但是老板又布置了……

"当时我觉得，老板三年一个花招，两年一个变化。原来是跑步，现在不跑步了，打网球；如今网球又不打了，改学传统文化了。"她以为我拿传统文化解闷儿来了。她的政策就是"先把正事忙完了以后，我再忙这传统文化"。所以，她心里是抵触的，不接受。她说，真正触动她的就是这次她组织的送橙子。

随后电话就来了："哎呀，你们公司真好，谢谢张经理，你们真是大功德，你们真是好人！"她有点儿招架不住。这一下子给她架这儿了：人家都称赞她，都说她有爱心，都说你们这样做真好。

她原想这不过就是胡总布置的一项工作，胡总亲自抓，不做不行，做着做着找到感觉了。大家都感谢她，她跟我讲："当时我就是生活在爱的海洋里，被人家感恩，被人家感谢。"她觉得，"生活在这种被人感谢、被社会认同的氛围中，真舒服！如果人和人之间都是这种关系，日子都能这么过，这个社会该多好啊！"她感觉这样好，她企盼这样的生活。

老板是员工的依报，如果员工的正报好了，心善了，念善了，有感恩心了，知情知义了，胡小林的身体就好了——依报随着正报转。所以为什么要推动全体公司员工长一双爱的眼睛，希望他们每天都生活在被感恩、被感谢的氛围当中？因为我胡小林想好，我是他们的依报。这个道理是传统文化教给我的：要想自己好就得让他人好，因为依报随着正报转，所以利益别人才是真正的利益自己。

道理疏通了，我明白了，我是别人的依报，别人（正报）好了，我的依报就好。

后来，春节前夕，张经理给我转发了一条短信。这条短信是江西果农发给我们的，表示感谢。

尊敬的汇通公司领导：

您好！

我们是江西省赣州市寻乌县三标乡三标村果农，全乡人口一万三千一百零一人，三千一百零九户，人均耕地零点九亩，脐橙产业是我们的主要收入来源。二〇〇八年初的雪灾使脐橙严重滞销，果农收入惨淡。金融危机脐橙出口量减少，更是雪上加霜。二〇〇九年十一月份的冻雨，让大家的心凉了一半。

三年的丰产，可是果农们却没有丰收，眼看明年前景渺茫，大家只希望收回成本。

经好心人介绍，你们汇通汇利公司了解了我们的事情，花钱购买了我们的脐橙。原本我们觉得一个公司能买三百箱就已经很多了，可是你们把这件事情当作自己的事情来解决，还介绍其他公司购买我们的脐橙，总共买了近四千箱，真是解决了我们的大问题。我们终于能收回成本，还有盈余，高高兴兴地过了个年。

我们是果农，不太会说好听的话，只是表达发自内心的感谢。祝愿你们公司财源广进，新年大吉大利，身体健康，万事如意。

菩萨保佑您们！

果农集体感谢！

如果我们每一个学佛人，每一个释迦牟尼佛的学生，都在自己身边发现这样的事情，在国家最需要他们的时候，他们在踏踏实实地、随分随力地做着帮助其他人的工作。

我在这里问问大家，这一万三千一百零一人、三千一百零九户果农会怎么看待佛弟子，怎么看待佛法，怎么看待中国的传统文化？他们能说不好吗？他们能设置障碍吗？

我们是寻乌县三标乡三标村果农的依报，依报随着正报转。如果这种正报越来越多，像滚雪球一样越滚越大，佛法在中国兴旺指日可待。所以还是要落实在自己的身上。

张经理说她"从来没有这么被感动过"，三十多岁了。她很动情地说："除夕夜，当我们一家人围坐在桌上，吃着热气腾腾的饺子，我眼里充满了泪水，我想着在那边远的江西农村，有一万三千人、三千一百个家庭，也在像我一样无忧无虑地过着春节。"

原来是对立，不愿意干，做完正事再做这事，她认为在公司落实传统文化不是正事，是搂草打兔子，是胡总喜欢。胡总原来吃肉的时候，让我们吃肉，今儿吃素了，谁知道哪天再接着吃肉呢；原来胡总说瞎话，现在不说了，谁知道哪天再说瞎话；原来胡总发脾气，现在不发了……改了兴趣，学好了，解闷儿吧，谁知道还会不会改。

转变了！她自己一家吃着团圆饺子，能想到江西的果农。这样的人在公司当人事部经理、当"爱心部"经理——依报随着正报转，公司能不好吗？公司能不成功吗？谁指引我们走向成功的道路？中国传统文化。具体地说，是世尊的教导，是《弟子规》，是《了凡四训》。

张经理跟我说："打那以后，我觉得我这一辈子都要为做善事而活着。"

张经理这个例子使我真正体会到舜帝的**"与人为善"**（《了凡四训·积善之方》）。

《了凡四训》上说，随缘行善有十种，第一是**"与人为善"**，就是帮助人家，并且是与别人一道做好事。舜帝发现他们国家有一处深潭厚泽，可以钓鱼。**"老弱则渔于急流浅滩之中"**，老弱是到急流浅滩去钓，为什么？年轻、身体好的都占着深潭厚泽——水深的地方好钓鱼。舜帝去了以后，看到那些抢深潭厚泽的不批评，压着；见到那些谦让的，就大加赞扬，称赞！第二年，大家都能以深潭厚泽相让。袁了凡先生评论说：**"以舜之明哲，岂不能出一言教众人哉？乃不以言教而以身转之，此良工苦心也。"**（《了凡四训·积善之方》）

　　我没有想转变张经理，我就觉得得做这件好事，江西果农遭灾了。我当时还挺狭隘，我想："我胡小林要做功德，我得修福报。""**外思济人之急，内思闲己之邪**"(《了凡四训·立命之学》)，袁了凡说了，这是济人之急，得干！没想到一下子把张经理给转过来了，太意外了，这个收获！

　　化智慧为行动，化行动为救赎，化救赎为自度。自己的觉悟就在带领大家一起践行传统文化、落实佛菩萨教诲的过程当中。

婆罗门女救母

　　送脐橙这件事使我想起《地藏经》上的婆罗门女。

　　她在母亲过世后，来到觉华定自在王如来像前供佛，她当时的要求很简单：知道母亲在世时不信三宝，现在过世了，必堕恶道，她想知道母亲到底落在哪一道。这个要求不高，她只想知道母亲现在在哪儿，没有想自己能怎么着，也没想能够救妈妈出来。她懂佛法，她懂传统文化，她把家宅都卖了，然后大兴供养、广修布施。

　　有福的人才能见佛。咱有福，咱能见到佛法和高僧大德；她也有福，得到觉华定自在王如来的指引。有福就有道路，真诚就是汽油，佛就坐着车来了。至诚感通。你没福也不可能有至诚心。

诚则灵，至诚感通。这是真正的孝女，我们中国古人常讲孝感天地，她的至诚感动佛来指引她。

所以，觉华定自在王如来说："你把供养做完了之后，赶快回家，一心称念觉华定自在王如来的名号，你就能够知道你母亲的去处了。"她听话，拳拳服膺佛陀教诲，回家真念，一天一夜，念成了。她去了地狱，碰到鬼王，她问鬼王自己怎么会到这个地方，鬼王告诉她："若不是圣者就须是业力。"她肯定不是业力，她是圣者。鬼王说，她的母亲悦帝利罪女因为有个孝顺女儿，三天前已经生天；不仅她走了，这一业海当中的罪众全跟着生天了。

这不是迷信吗！为什么婆罗门女念佛念好了，她妈妈就走了？很多朋友问我。因为她念佛成就的因是她的妈妈堕入恶道，正是这个因成就了一位菩萨，成就了一位圣者。她的妈妈修了多大的福！那不得了。有福能在地狱待着吗？地狱是个没福的地方，哪里配她的福，她就到哪里去享——这就是所谓的"消这个福"。福也是业，也得消。

当时觉华定自在王如来知道不知道婆罗门女能成圣者？他知道！全在眼前。那他为什么不告诉她："你不仅能看到你妈妈，而且你还能成为阿罗汉，你妈妈还可以上天去享福。"告诉她就心有挂碍。告诉，是慈悲；不告诉，也是慈悲，说了，你就不好好念佛了。如果现在有人跟我讲：你要学佛，以后你能成为李嘉诚，公司能上市，能够有自己的直升机，能够这、能够那……你想这心里多乱！

心里乱，念佛不能清净，不能做到三轮体空。

所以，觉华定自在王如来只告诉她，你去念吧。最后，大圆满，自己成了圣者，妈妈还上了天。自度度他。

我要想让企业成功，我得好

要想让妈妈好，自己得好。我要想让企业成功，我得好，因为企业是我的依报，依报随着正报转，我自己得修。

今天企业有问题，诸多障碍，很多麻烦，没别的，这些都是老师。你胡小林缺这一课、缺这个德，他们在你面前示现，来帮你补上这堂课。所有坑你的、害你的、跟你打官司的、限制你的、诋毁你的、设置障碍障碍你的、造谣中伤你的那些人，都是老师。你没有这个病，治这病的大夫不来。换句话说，大夫今天在你面前示现，就是来给你治病的。是你有病，大夫可没病。

第一，得惭愧。你不惭愧吗？你有病，麻烦人家来给你看病，那都是大夫，是恩人。人家吃饱了喝足了干点儿什么不行，到这来坑你、害你？那是帮你，给你指出你的问题，当镜子照你身上存在的问题。得惭愧呀，累生累世这个问题没克服掉，又麻烦大夫来给我治病。肯定这不是第一次来，原来就来过，一年级没考及格，老师又给你出考卷了。

第二，得感恩。不是他来，你怎么知道自己不行呢？这考卷往你面前一放，你不得感恩吗？要不然你怎么知道你的功夫不行呢！

第三，对这些做坏事、坑你的，你怎么报他的恩？你要是跟他结怨，跟他打官司，跟他纠缠，冤冤相报，你们俩一块儿堕地狱——自毁毁他。真要想报别人的恩，你将这件坏事变成提高自己境界、改正自己过错的动力，反观自省，如此一来，自己境界提高，心量扩大，量大福大。有了福又有传统文化的指导，这就不是痴福。有智慧的引导，我知道回馈社会，造福一方。我做得越多，这些障碍我、陷害我、欺负我、占我便宜的朋友的功德就越大，因为是他们成就了我。他们做的恶事变好事，他们因此也修了福。自度才能度他。这才真正是报恩的态度。

真的是这么认为吗？真的。我在这儿给大家举个例子，原来遇到这事，不行……

第三章　报　恩

坑你的人，要报恩

这是没学传统文化之前的事，到现在有四年了。当时我碰到一单合同，需要一百四十四台炉子，合同金额是一百二十一万，实际只付了二十三万。换句话说，还差我九十八万没给。

当时，一年了不给我钱，生气。

我有没有办法把钱要回来？有。什么办法？到冬天不给你维修不就完了吗？房子卖出去了，老百姓入住了，我不给保修，他没有零备件，那不就得乖乖地到这来找我嘛。找我没关系，把钱拿来，钱拿来我给你修。

过去就采用这种方法——以怨抱怨。后面这三年，不行了，学传统文化了，这么做肯定不对呀。生气还是真生气，但是，忍，得忍，不能这样做。忍完了呢，怎么办？眼不见心不烦，不想了。

不能跟他打官司，也不能给他停售后服务，也不能跟他冤冤相报，那不就是不要这钱了？老师跟我说："对，不要了。你上辈子欠人家的，无债不来。"得嘞！既然这么说了，就算不高兴你也得认！刚开始这个境界就是忍，提起来生气，还骂两句，没把人家当成老师，当成恩人。

老师说："得感恩！碰到这么好的人，你有福气，要不然你怎么知道你的境界不行，你怎么知道你境界要提高？"

我说："这个太难了，我还得感他的恩？"

他说："是啊！他冒着下地狱的风险来成就你，你不得感恩吗？"

我说："这我接受起来有点儿难度。"我说，"您等等吧，我还得过一段时间。现在不跟他结怨，不跟他打官司，这点我能做到。您说让我来感他的恩，是因为我的原因他来坑我，这个理上说得通，事上我实在接受不了。"

老师说："接受不了也要认，'忍'字就是认、承认。"

到底为什么不给我钱？这个事我得化解。于是我就找我的律师调查。律师的调查结果是：与我签合同的这家公司是在北京的 C 城区注册的，注册这个公司的几个人中没有跟我签合同的人，他们是用假身份证注册的公司；公司两个账号里的余额都是零。

楼已经全都卖出了。换句话说，卷钱跑了。这是恶意拖欠。我要跟人家打官司，我打不着他。为什么？真正欠我钱的这几个公司负责人既不是法人，也不是股东，他们与这家公司没有关联。

我知道这几个人在另外一个城区又在开发新项目。我能不能利用我的关系找他们？完全可以，一个企业要想在社会上运作，跟很多部门都会有联系。我可以找公安局、找税务局……手段多了，找到这些部门就能找到他们。这样的做法，依老师的教育就不行，就得忍：给，很好，拿来做法宝；不给，就算了，就是欠人家的，买单了，到此为止，下辈子不再结怨了。

律师调查出来我这生气呀，我倒不是为这点儿钱——这口气我受不了，你不是玩我嘛！当时，他买炉子的时候，我们报四千六一台。他说："大哥没关系，五千块钱一台都行。"打那时候他就没打算给我钱。就是因为学了传统文化，才一路被他骗……

"大哥，没钱，您得帮帮忙，安装吧。"

"行，给你安装。"这要是我没学习传统文化，我就不给他安装，货在我手上。

"安装完了给钱吗？"

"给钱，大哥，到时候我一定把钱给您，这楼卖出去我就给您。炉子不装，没法儿卖楼。"

安装完了，"大哥，真没钱，银行不给批贷款，没钱。"

要调试了，我说："你再不给钱就不合适了，我这活儿都干完了，都到调试的时候了。"

"大哥，消防没通过，现在贷款没下来，你把这个炉子装上了，消防一验收，我就有钱了。"

从五月一号骗到七月一号，从七月一号骗到十月一号，从十月一号骗到年底。这三年玩儿我，真是成就我！

直到二〇〇九年中秋送月饼……

给离职人员送月饼：张经理的转变

二〇〇九年中秋节，本来说不送月饼了，因为月饼过度包装。还有个阿姨说："小林，你送的这月饼盒上还印了半身的佛像，这是出佛身血！这可不行。"月饼是功德林的，素月饼，但是包装有问题。我说那就不送了，过度包装浪费太大，几块月饼，好家伙，包装的那些东西得好几斤！太污染浪费了，消耗资源太大。

还有一个原因，送给这些领导、这些老板们，他们也不吃，每个人的车后备箱里都是一箱的月饼，再转送给别人。最后绕来绕去，说不定又送回给我。谁也不缺这个。

要不怎么说我们"爱心部"张经理是菩萨呢，她老给我出题，她说："胡总，虽然有钱的、在位的领导们不缺这个，但是员工还是缺的，你给员工买员工还是真吃。"

我说："那就给员工买，买功德林的。"

她说："辞了职的员工买不买？"

我说："辞了职的还给呀？"

"那当然得给了，公司进步了，咱给月饼的时候，咱们附上《弟子规》。"

我说："这倒对，知恩报恩，曾经在公司工作过，对公司的进步和发展曾经贡献过力量，这种人怎么能忘了！"

你看，她心清净。她说："胡总，我说一个事儿您别不高兴。"

我说："你说。"

"我是二〇〇五年来到公司的。一九九七年公司就成立了，据我们人事部统计——您别不高兴。"

我说："我不会，我学佛了，不会不高兴，什么难听的我都能听，你说吧。"

"有三十八个人是被您炒掉的，是不愉快离开公司的，这个月饼送不送？"

当时我的脸就拉下来了，这还送什么？坑公司、骗公司、害公司的人，还给他们送月饼！你看，境界现前了。

"内不见己，外不见人，中不见所施之物。是谓三轮体空，是谓一心清净。则斗粟可以种无涯之福。一文可以消千劫之罪。"（《了凡四训·积善之方》）

员工有困难十万我都给，到这几盒月饼不愿意了。心不清净，有分别心。这一盒月饼一百多块，三十盒月饼三千多块，过不来。

张经理说："您不是说了，'**凡是人，皆须爱**'（《弟子规》）。"

我说："那倒也对，那就送。"

我晚上回家一想，这不行，经理走在咱们前边了。第二天一上班，我说："你说得对，我得向你承认错误。要做化解的工作，跟众生不能结怨，咱们要带头做好样子。"

一般一人送一盒，我送他们一人三盒，三学嘛——戒定慧。三十八份，就这么送出去了。

好多朋友说："胡小林，你现在不开会了，不抓销售，不布置工作，也不检查工作，也不总结了，你忙什么呢？"就忙这个，忙啊！这可比送"顺风月饼"难多了。过去和这些员工打过官司，骂过人家，甚至有的动过手。现在，咱们给人送月饼。

我不送，"爱心部"经理送。有些人没地址，司机就打电话问，一问人家不干了："装什么孙子！这时候你想着给我们送月饼了，当初你们干什么来的！你们这是黄鼠狼给鸡拜年——没安好心。"

张经理委屈，就哭了："胡总，您看我这张罗着送月饼还让人骂。我来的时候，他们都走了，跟我有什么关系！好心好意给他送月饼，他还骂我。"

我说："你别着急，姑娘，该我教育你了。《了凡四训》上说了，'人之无过咎而横被恶名者，子孙往往骤发'（《了凡四训·积善之方》）。你是不是无辜？"

"我当然无辜了，不是我干的事。"

"是不是恶名？"

"是恶名，比恶名还恶，骂我。"

"有孩子吧？"

"有。"她有个姑娘。

"子孙往往骤发。以后，你的女儿要当了部长、考上哈佛，一点儿都不奇怪，就是这些骂你的人帮的你。你要爱女儿，你就踏踏实实地让他骂，他骂得越多，你这边业障消得越干净；业障消得越干净，障碍越少。祖宗有德，儿孙享福，你帮着女儿好好修吧。"我说，"这是第一条，明白了吗？"

她说："这么理解？！"

我说："这么理解就对了。这就是道场，这就是医院，把咱们这业障病全消了，得感谢这些骂咱们的人。"我说，"再一个，《了凡四训》上说了，'**施惠而人反怨**'。什么意思？重大恶报现前的征兆。中秋节咱们送月饼，承认自己的过错，给人送这么好的智慧的盘，咱们都遭人家骂，咱要不干这个呢？"我说，"姑娘，咱要不干这好事，后边等着咱们的得多大的恶，你知道吗？重罪轻报！感谢佛菩萨这个药引子，把这个重罪这么轻地就报掉了。知恩吧！"

这么一说，她心里痛快多了，她爱她的女儿。

我们张经理刚开始学习时，第一个阶段，她觉得是负担、很抵触；第二个阶段，她开始有了转变，转变到要为女儿修福，因为**"积善之家，必有余庆；积不善之家，**

必有余殃"（《周易》）。这点理她明白了，尽管不高兴，不愿意，很委屈，但是她爱女儿，她要修福，把福修得厚厚的，让女儿享。

这次送月饼，挨了骂，回来一哭，道理明白了。**"随缘妙用无方"**，随她挨骂这缘给她讲道理，要不然平常你讲《了凡四训》，她也听不进去，都挺忙的。挨了骂，好事，教育的机会来了。

教育要契理契机。《了凡四训》上说，**"失言失人，当反吾智"**（《了凡四训·积善之方》）。该说的不说是失人，不该说的说了就是失言。这时候不能失人，我就抓紧这个机会。她想得到老板的认可和安慰，我就在这个时候给她宣传《了凡四训》，给她讲道理，讲到她心开意解。这是二〇〇九年中秋节。

第三个阶段，到了二〇一〇年春节，送三标乡三标村的脐橙之后，她说："我一生都要为这件事情服务和工作。"

你看张经理的转变：刚开始是抵触；后来是为女儿，但自己心里不舒服；最后心甘情愿地做好事，而且觉得很幸福。

所以说，人是可以转变的。不要用对立、批评、惩罚的方法，要感化。可是我以前的想法是：在一个企业不用批评，不用惩罚，不用制度，全凭感化，够呛！也就是这么说吧。我也希望感化，但那是监狱的事，咱们企业里，恐怕还得是凭制度、靠惩罚来管理。后来有人教育我说："就像《了凡四训》上说的一样，**'皆己之德未修，感**

未至也' 《丁凡四训·改过之法》。你的德行没修到那份上，你的感化没到位，所以员工不变。"

到今年二〇一〇春节，张经理彻底变了！历时三年时间，三年三个转变。张经理变过来了，知道这是她一生的事业，为女儿修福的道理明白了。而且这一年她跟我说："我现在都忘了，这是为女儿，那是修功德，我现在就觉得不这么做好像不舒服了，我觉得我就是干这个来的。"

变了！她变了了得吗？一百七十个员工归她管，依报随着正报转。人事部经理这个正报变了，依报能不转吗？

坑你的人，要报恩（续）

我在前面给大家起了个头，汇报了一个项目，现在把这个故事讲完。这个故事背后的道理很深，如果我们能够认真地修学佛法，我们对整个这件事情的看法就会发生一个根本的转变。

二〇〇七年一月我开始学习传统文化。在这之前，有一个企业买了我们一百四十四台炉子，合同总金额一百二十一万，但只付了我二十三万，还差九十八万。这九十八万是大部分的钱，就是说我们这个项目连本儿（成本）都没收回来。这个项目到今天（二〇一〇年）已经四年了，没还给我钱。

在这四年中，这个项目伴随着我学习佛法，学习传统文化，一路走过来，有几个阶段的变化。前面说了，第一个阶段是真生气，咱们在北京也有关系，可以利用领导的关系、朋友的关系，解决这个问题。也就是说，利用关系和行政手段，能把这钱要回来。

那个时候看到经教中说"无债不来"。人和人有四种缘——讨债、还债、报恩、抱怨，绝对没有偶然的。他能来坑你，能来占你的便宜，都是过去生当中你欠人家的，你跟别人结的怨。这口气能忍下来，因为理咱们是明白了。理明了，看得破，可气不过！真生气。为什么？他设这个局，就是要把钱骗到手。

不能找关系。他要就给他，前世无债，今世不来，给他了就完了，从此就画了句号，下次见面还是朋友，不再冤冤相报、没完没了。可是，如果说已经给我付了百分之五十或者百分之六十的钱，我收回成本了，这个气还能顺。一百二十一万的项目，只给了我二十三万，差的是大头！所以说接受起来真是挺难的。到今天这个项目也没解决。

我还有一个杀手锏，就是我给你停售后服务。这我在前面也说了，我可以逼他就范。因为我不给你服务、不给你修炉子，别人也没这个技术，也没这个零备件，这都是专用产品，他只能找我。我只要一不给售后维修，那些小业主（买了他的房子的这些客户）就会找他去闹，他不怕我，他怕这些人，这些人厉害，那是他的消费者，是他的上帝。

我做生意这十几年来，一直用这种方法：你不给钱没关系，我在售后服务等着你，到修炉子的时候，我不找你，你会找我的。

我们甲乙双方间有矛盾，我采用的方法是：把丙方（小业主）拉进来，我治不了你，我让丙方治你。这样做丙方受苦哇，为什么？冬天他的炉子坏了没人修。因为乙方（开发商）欠甲方（我）的钱，甲方就不给丙方修炉子，那丙方就找乙方闹，最后解决甲方的问题。你看这个多不和谐，三角债，罗圈账。这个不行，小业主太无辜了。我们这是为了自己的利益，让别人无辜受牵累。

冬天这么冷不给人家修炉子，憋着人家。打电话来了说，你给我来修炉子。不修。为什么？乙方没给钱，你要找我修炉子，你先去找他，我跟你没关系。也是呀，我把炉子卖给乙方了，你丙方小业主买了这个房子，我犯不着给你修，我不给你修，你也起诉不了我。这是一个漏洞。小业主只能到开发商那儿去闹。

而且，你想，北京是政治中心，是首都，特别是开"两会"期间，正好是在冬天，春节后的三月份。越是这个时候，我越不给他们修。为什么？开发商怕小业主把事闹大，就赶快付我款了。

我们多少年就是采用这种方法。现在学佛了，这种对立的、自私自利的追钱方式，肯定是不行了，不能用了；利用领导的关系或政府部门的职权，这种方法也不能用，可是，活儿还得跟人家做，心里特别窝囊。觉得这个项目做的，这一辈子就没干过这么窝囊的事儿！大老爷们儿一个，怎么受这种欺负？人不蒸馒头也得争口气。要搁我过去的脾气，可能就拳脚相加了。你这是侮辱我，你是坑我，你是故意骗我。特别是我们找了律师之后，调查了这家公司背景，注册用的全是假身份证，两个银行账号一分钱也没有，楼都卖出去了。跟我签合同买炉子的人，跟他公司现在的法人根本就沾不着边，所有跟我签合同的这些人，没一个在他公司名下的。所以，我根本跟他们打不着官司！（其实，他们也没有权利跟我签合同。也可能他内部有授权，咱们也没这文件。）等于是我把炉子卖给了张三，张三是受益者，却是李四的公司跟我签合同。所以律师当时说，这属于恶意拖欠，签合同的时候就没想着以后给钱。

我当时也挺阿Q精神的，我说，你要是不在我视线当中出现，我看不到你，我也就认了，就算你卷钱跑了吧。没想到他还在北京有另外一个项目，而这项目土地方的领导还是我们公司一位员工的父亲；我还找了这位员工的父亲，反映了情况，催了几次也不给钱，就是不给，因为他知道我在法律上拿他没办法。这气不就越斗越厚了。

　　我自己能体会到，随着学习传统文化和佛法，我对四年前的这个项目看得越来越淡，生气的程度是越来越轻，越来越觉得没什么了。这是第二个阶段。刚开始是忍，后来程度轻了，虽不高兴但也就算了，就这么着吧，大人不记小人过，命里欠他的，无债不来呀，等等。

　　现在，学到今天，就已经不再是这个境界了。我真觉得**"看一切人皆是菩萨，唯我一人实是凡夫"**（《印光大师文钞菁华录·三、示修持方法》）。这些欠我钱的人、坑我的人是不是菩萨？要不是菩萨，那印光老和尚[1]的这个说法就错了，那老和尚就是骗人！这是不可能的。有错也是错在我这儿。

　　特别是学习完《修华严奥旨妄尽还源观》，我才明白，**"心外无境，境外无心"**（《彻悟大师遗集卷上》）。人家坑我，不给我工程款，占我的便宜，这是境，境由哪儿现的？心现。

　　《了凡四训》上说，**"过由心造"**（《了凡四训·改过之法》），过错是怎么出现的？心造的。既然是境外无心、心外无境、境由心现，这种逆境没别的，肯定是我的心现出来的。因为我的心恶，现出来的境界就恶，我的心恶的程度决定所现境界的恶的程度。所以没有境界的错误，要反观自省，自己的心提起警觉：有问题了。能现出这么恶的境，应该提起警觉。

---

(1)　印光法师（1861—1940）：中国僧人。俗姓赵，名绍伊，法名圣量，别号常惭愧僧。卒后华徒尊为中国净土宗第十三祖。

贤首国师的《修华严奥旨妄尽还源观》上说，于**"小罪心生大怖"**。你得有恐惧感，你根本就没有时间再埋怨这个境界、这些人和事。哪还有工夫弄这个——再跟别人结怨，再找关系去跟他打官司？你哪有时间？你现在那点儿时间得赶快——大夫说了，X光诊断出问题来了，你得赶快治病，你还跟大夫纠缠什么！大夫把药给你开出来了，把诊断结果告诉你了，下边的任务就是你自己治病了。这一层意思，学完《修华严奥旨妄尽还源观》以后，我是明白了。

第二层意思，这也是最近的悟处，就是自度才能度他。你想，这件事可不是一个人能成就的：这公司有老板，有经理，有财务部，有工程部，咱们一般的工程公司都是这个设置，还有合同部、物业管理公司。这么多人，一个集体，成就了这件我们所谓的"坏事"，对不对？缺一个环节，他的老板想坑我钱这件事都成不了。这只杯子，咱们从这面看，是坑我；从另外一面看，是为了成就你胡小林的菩提道，这个团队一起给你设置了这么一件事，给你出了这张考卷。

其实，佛菩萨没有"考"的意思，他没有意思。他示现在你的眼前，那是你自己招来的，那是你的意思。佛菩萨是**"随众生心，应所知量"**（《大佛顶如来密因修证了义诸菩萨万行首楞严经》）。你的恶就到这种程度，他就一点儿不多、一点儿不少地出现在面前。欠你九十八万，我跟你说，拿你一百万他对不起你，拿你九十六万他也不可能这么做，正好你这个恶就恶到他该欠你九十八万。这件事情是你的病，你招来这件事，这个团队是医生，在帮你治病。

如果你跟他结怨，如果你跟他没完没了，打官司、纠缠，冤冤相报，甚至动手，你下地狱。这个团队呢？一块儿下地狱。自毁就毁他。你自己不仅成就不了，堕入到三途，你还把来帮助你的菩萨队伍也带到三途。这一念迷，都去了三途，没一个能逃得过去。

如果你一念觉呢？感恩呢？这个团队这么多的菩萨，通过这么巧妙的设置，给你在眼前展现出这么一件事，这是你招来的。你这个心，你这个缺点，你身上存在的这个问题，招来这么多菩萨，出了张这么复杂的考卷来帮你消业障，来帮你还债；或者说，来帮你扩充心量，来成就你。你要是觉悟了，你会这样想。那你要真是不失时机地抓住这个机会提高自己的境界，上一个台阶，历事炼心，那这个菩萨团队所干的可就是一件好事。胡小林成佛这个台阶是这个菩萨团队帮着打造的，差一个人都不行。这还了得吗？所有的人都在这件事情上修了大福。因为什么？他们干的事儿成就了一尊佛。

辛辛苦苦地，爸爸妈妈给他们养这么大，吃饱了、喝足了，壮小伙子到这来，冒着下地狱的风险——不知道你觉悟不觉悟哇！你要不觉悟，他们就地狱去了；你要觉悟，他们就修了福。这是一把赌，谁知道你觉悟不觉悟？他们冒着下地狱的风险来成就一尊佛，你不得报恩吗！

报恩的实际行动就是把这件坏事变成提高自己境界的好事，真的利用这件事情在菩提道上上一个台阶。那所有成就这件事的人都跟着你胡小林沾光，这叫报恩。

所以，自己得争气，真的利用这件事情提高境界。自度就度了他。

回来说送月饼。

他一直不敢跟我联系，打电话不接，发短信也不回。到送月饼的时候，我就给他发了条短信说："某某先生，我是胡小林，好长时间没找您联系了。在我修学的道路上，您老弟确确实实立了头功一件，我得记在您的身上，我得感恩。我给您发这条短信说感恩，绝不是跟您开玩笑。特别是咱们之前那个项目，提高了我的境界，提高了我对问题的认识以及对佛法的信心。它太刺激我了，激励着我深入经藏，找到问题的答案。"

因为带着问题学跟不带问题学，完全是两回事；你带着病去医院和没事到医院溜达，那可差远了。我是病人，见到大夫那种感觉不一样，真要解决问题呀！我说，"我给您发这个短信没有催钱的意思。我就是想您告诉我：第一，你们公司有多少人？我好给您送月饼。第二，你告诉我往哪儿送？地址是什么？"

他给我回了个电话，他说："大哥，过节了，好长时间没跟您联系。"

我说："是啊，你小子也不找我。"

"不是不好意思嘛，欠着您钱呢。"

"没有，是我欠了您的钱，现在还给您。"

他愣了一下说："大哥，您可真会开玩笑。"

我说："不是开玩笑，这是事实。"

"呦，大哥，谁这么说的？"

我说："佛教的呀。"

"哎哟，这个教育怎么这么好呀！"

我说："对你好，对我可不好。"

他说："大哥，您什么事？干吗要送月饼？"

我说："不是要过中秋节了吗，我得感谢你，没你给我出这考卷，我今天学佛的境界提高不了，我得感恩。你看，第一，这一百四十四户跟我结了善缘——你的这些客户，他们用我的炉子。用我的炉子那还得了吗？我们上门服务送《弟子规》呀。这一百四十四户居民是不是就跟《弟子规》结了缘？我给送《新世纪健康饮食》，是不是大家就能吃出健康？而且我们还出了给我们用户独享的光盘——《幸福家庭系列》，有党校刘余莉教授、刘有生刘善人、周泳杉老师讲健康……"

我说，"我不得感谢你吗？这一百四十四户居民万一要有得癌症的，吃得不健康呢？万一两口子要离婚呢，单亲家庭对孩子造成多大伤害？万一要有不孝敬父母的呢？我这光盘全治。而且我跟你说，兄弟，大哥送这东西那可真是书店也买不着，电视上也不播，杂志上也不登，独此一家。炉子你可以买别人的，这东西，兄弟独此一号。咱还不是说跟你吹这牛，别的炉子你可以招投标竞争，这个没得争。"

"大哥，您说多少钱吧，送这个东西？"

我说："不要钱，免费的。"

"大哥，我怎么越听您说越含糊，您没发烧吧？"

我说："没发烧，我发什么烧？清楚着呢。"

"哎哟，哥，那您说说这是什么道理？"

我就继续在电话上向他解释，我告诉他："你这是在帮助我，帮助我修功德，帮助我度人！没有你们这些缘，我哪能接触这么多众生，我哪能跟这么多个家庭结善缘？我现在要行菩萨道，没你们这些助缘哪能行？所以，四年前，你把这一百四十四户居民交给我，我不应该谢你吗？应该谢。我拿不回钱来，我还得给他们送盘，我合着整个一个赔本赚吆喝。"

我说："这是第一件，我得给你送月饼。第二件事就是你小子办这事太绝了：公司是假的，账号里没钱，卖了楼你就跑了，找谁跟你说，你都不给我钱，我一次次地想尽了办法。我是投鼠忌器，想断你的售后，不能断；想找人逼你要钱，又觉得这样做不对，不符合佛的教育。这一次一次的拉锯，想干又退回来，退回来又觉得窝囊，又想干，这个境界就这样一直陪着我，对我是个提高。你想想，谁能有这种福分赶上这么好的一个课题？在这当中吃不下睡不着，从生气到不生气，从想不开到想得开，从想得开到高兴，从高兴到感恩。"我说，"我太有福了，弟弟，没你帮助我，我怎么能够享受佛法的魅力，我怎么会有法喜？我真的尝到了法味，这恩情比父母还大。"

"大哥，您别说了，我这太惭愧了，您这佛是谁教的？"

我说："弟弟，你别不接我东西，我给你送月饼，月饼事小，月饼这盒子里还有《认识佛教》《了凡四训——改造命运心想事成》。你好好看看。所以我说，我得给恩人送月饼。你这个恩比那正经八百地给钱的正常合同还大。这是逆增上缘。"

他说："大哥，您送的月饼里边没别的吧？"

我说："您什么意思？"

他说："里边不是定时炸弹吧？"

我说："不是定时炸弹，你放心地吃吧，就是功德林的月饼，你还怀疑我这个吗？"

"行！"

我记得好像是四十多人，忘了。一人送一盒。

做完这件事情我特别轻松。我当时是一种什么样的体会？

你得真干，你不干，你就尝不到法喜。这个喜在哪里？喜在戒当中。人都说持戒很苦，这五戒十善。其实有真乐！什么是最大的乐？为善最乐，做好事最乐。那什么是最大的善？什么是最大的好事？改过。"人非圣贤，孰能无过？过而能改，善莫大焉。"这不是给了结论了吗！

最大的善是改过。按照这个逻辑推理，既然最大的善是改过，那最大的善肯定带来最大的乐，为善最乐。所以，聪明的人应该改过，因为改过是最大的善，最大的善能带来最大的乐。乐在哪里？只有自己干了你才知道，真的觉得心量大了，真的觉得好像从海拔五千米到了一万米的高度。

我再回过头看以前的我，一个水泵两千块钱都过不来，现在九十八万我都能过来了，而且这还是恶意拖欠。《弟子规》上说，**"无心非，名为错；有心非，名为恶"**。原来员工有了错我都不让，而且那个错是无心的，比如因为经验不足，打电话没听真着，沟通上有不对称的地方，工作中有了闪失……无心的，我都过不来。现在这个是故意的，英文叫 setup，故意设这么一个局，就是要坑你，在经济领域，在我们做生意的看来，这就是大恶了。我竟然今天能够拿起电话还赞叹他，发自内心地说他比父母的恩还大——因为我的父母没有这样提高我的境界，没有给我创造这样的机会让我实践佛法。

所以这个真是独享，不是每一位朋友都有这种机会，在学佛的道路上享受这种待遇。这时，感恩的心就出来了。钱算什么？花钱买来这么一个境界提高的机会，那是钱能解决的吗？

　　这月饼送出去了。送出去之后，自己的那种喜悦：觉得过了关了，就和高考考上大学一样，终于松了口气；觉得自己行，是佛的好学生。——备受鼓舞，境界现前我把握住自己了，欣欣向荣！我觉得，行啊，没死人，这不过来了！自在，不像以前了，喝酒、发愁、恨、骂，找人说，觉得窝囊，被烦恼缠缚着，一点儿都不自在。

　　特别的自在，特别的洒脱。

　　我特别地惊讶我自己，原来心量狭小、斤斤计较，怎么今天居然能够这么淡然、这么淡定地处理这件事情？所以这个头磕在佛菩萨面前，那真是发自内心的：佛的教诲真实不虚，我真变了，我真得自在了，我心里是真舒坦，我不受它们的缠缚了；我有境界了，我能力提高了，我控制自己的能力强了，九十八万的问题我解决了。

　　原来送月饼想的是感恩，尝试着化解矛盾、化解冲突，因为自己跟别人结了怨。结了怨，一定要化解前怨，一定要做化解的工作。结果没想到在这做的过程当中，不知不觉地一举数得：既化解了冤家对头，又提高了自己的境界，又做了布施——弘扬了佛法，同时，还报了师恩。

　　一百四十四台炉子这件事的所有当事人都会知道我是怎么做的，我是怎么处理这件事情的。**"行人所不能行，忍人所不能忍"**（《印光大师文钞菁华录·三、示修持方法》）。这些当事人，还有朋友、同事、客户，他们对佛法会是什么看法？他们对传统文化会是什么看法？不能说竖大拇指吧，起码心里也得生起尊重心。就这么一个正确的、对学佛人的看法，功德就不得了。

所以，我老跟我身边学佛的朋友们说：佛法衰，衰在哪里？我们老是说末法时期，衰在我们不真干，衰在我们四众弟子不做好样子，衰在我们这些人不随分随力地弘扬佛法。所以今天佛法衰微，这能赖谁？只能赖自己不精进、不真干。

我总是在佛菩萨面前发愿：要尽形寿[1]弘扬佛法，佛说，众生太苦了，这个娑婆世界太苦了，我要做点什么。我也没那么大本事，说包揽天下，咱们就随分随力，有一分热发一分光，不放过机会，随缘。你就这么大点儿能耐，就这么大点儿福气，就随这个缘；比尔·盖茨那种大福报的人才能干的事，你也别琢磨。

随缘还要妙用。妙用就是不能有自己。发一言，行一事，全不为自己，此乃**"大人天下为公之度也"**（《了凡四训·积善之方》）。

刚开始做时，也是要"天下为公"，要尽形寿弘扬佛法。说说而已，一时激动，落在情识里，觉得众生苦，应该解救；自己碰到了，不给别人不够意思。做着做着就当真了。这么好的东西，自己的亲人们，自己这些恩人，都生活在苦难之中，我们应该做点什么。

怎么活不是一辈子？碰到佛法了，那这一辈子还了得

———————————————————

[1] 尽形寿：尽我们这一世的身形和寿命。

吗？这是最光辉灿烂的人生！**"不有正法，何以参赞天地，何以裁成万物，何以脱尘离缚，何以经世出世？"**（《了凡四训·积善之方》）我们碰到了正法，就能经世出世：经世就是经营此生，获得大圆满；出世是说咱们走的时候内心清净，与西方极乐世界相应，咱们去那做佛做祖，然后倒驾慈航，回身娑婆。我们想来就来了，接着度众生。你说这有多好！进可攻，退可守，多自在。左右逢源，头头是道。这种喜悦确确实实来自真干！

第四章　境随心转

90 后的小王

人事部张经理最近跟我说："胡总，原来您老批评我，说，'咱们怎么招的这些员工，不是偷公司东西的，就是说瞎话的？'我这人事经理当得，压力特大。特别是到每年春季、秋季的大学毕业生招工，我就特别担心我招来的人，不能个个都是好样的。将来，不是坑公司、害公司，就是不合适辞退，淘汰率非常高，招十个得走九个，能留下一个就算不错，甚至有时全部走掉。感不来好人。"她说，"我现在发现一个特别奇怪的现象，我一参加人才招聘会，就能招来特棒的人！也不知道为什么，看着这人就顺溜，来了公司就能干。特奇怪！"

"等等，姑娘！《了凡四训》上有说呀，做了好事以后，**'明须良朋提醒，幽须鬼神证明'**《《了凡四训·改过之法》）。明须良朋提醒，比如说，张经理你现在身体好了，脸色好了，姑娘水灵了、漂亮了，小孩儿身体健康了——明须良朋提醒，我这种好朋友提醒。幽呢？看不见的，不知不觉的，鬼神证明，招的人不一样了。"我说，"你给我说说，招来什么好人，原来你怎么招的人就不行？"

她特别高兴，给我讲了一个故事。

她说："我给您说一个真实的故事，胡总，这太感人了。有一天工程技术部的宋经理找我来了，说，'你刚招来一个姓王的……'我当时心里'咯噔'一下，都习惯了，肯定不合格。我说：'那就办离职吧。'她说：'不是，张经理，不是不合格。这故事我得跟你说说——'"

这小伙子姓王，90 后。都说 90 后是垮掉的一代、不争气的一代，什么"月光族""啃老族"，这些恶名都放在他们身上。有人家的错吗？90 后是谁的依报？是 50 后的依报，是 60 后的依报，依报随着正报转。50 后、60 后的人出了问题，90 后一定出问题。

我说："你给我讲讲这姓王的小伙子怎么了？"

她说："他们家特别有钱，爷爷是军队的高干，爸爸妈妈做生意，好像是做空调的，跟咱们差不多。咱们锅炉是管热，他们是管冷。他一直在爸爸公司工作，不知道到底是自己有本事，还是因为是在爸爸的公司，这些员工都让着他。他找不到感觉，所以就从他爸爸那儿辞职了。他说：'我不能跟着你，跟着你我长不了本事，我得出去。'

"家里不是没钱，说白了，就他在我们这儿挣的那点儿工资，还不够他汽油钱和停车费的。那小伙子来了以后特认真，他是学暖通的，负责管工地、管项目。老是逼着人家给他签验收单，监理公司的人走到哪儿他就跟到哪儿。监理公司的人都烦了，说：'哪有你们这么抓工程的？'他说：'不行，这是公司交给我的任务，我给您把炉子安装了，您必须给我签验收单。'后来那家监理公司都投诉了，说：'我们也不是不给你们签，哪有你们这么抓工程的？今天装完了明天就签，那不得等个把月吗？'一般都是这习惯，他不行，他认真。现在这90后还有这么认真的！他不开车，坐地铁。一早坐上头班车，就憋在工地监理公司的门口：'你得给我签了，签了以后我好交回公司，要不然我这任务没完成。'特别负责任，这小伙子。

"有一天，下了班，他的车那天限行，他坐地铁就走了。在地铁上见到一位老人家，小王就给这老人家让了座位，别人都没让，都在那儿假装一低头，看报纸。现在社会上这种现象很普遍。

"这老人家特感动说：'年轻人，你真懂事。现在像你这样的人真不多，真不错。'

"他后来说：'真的，我就是没学《弟子规》的时候，见着老人我觉得也应该把座位给他。我就觉得我要给这个老爷子让座了，我爷爷奶奶在外面，别人也会帮助他们。'他说他从小就一直这样想。

"这老人家就从自己的背包里抽出一张光盘，上面写着'《弟子规》'什么的。

"小王说:'我们单位也在学《弟子规》。这盘我也有。'

"老人家就问:'你们单位叫什么名字?领导是谁?'

"小王说:'我们公司是汇通公司,领导是谁谁谁。'

"老人家一下就觉得和小王特别亲,就问他'你们胡总怎么样了?能帮我引见一下吗?'

"老人家本来应该在西直门站下车,到站不下了,陪着小王多坐了好几站。"

张经理说:"这个富二代,他还知道给人让座!咱们怎么就能感得这么好的人呢?您说,这不是有福吗!现在我觉得招聘的时候特别有信心,我就觉得有三宝在加持我,福人来福公司,福公司招福人。"她说,"您说,这么说对吗?"

我说:"完全正确。'福人居福地,福地福人居'。只要咱们公司有了福,你放心,来的那些人都是有福的。如果我们招来那些不好的人,还是我跟你们说的三件事。第一,要生惭愧心。你为什么会招来不好的人?那些不好的人全是菩萨,来治你的病的,公司缺德就招这种人。'**善恶之报,如影随形**'《太上感应篇》。公司没福,感召这种人;有福的公司,感召好员工。其实,哪有什么好和不好的员工?全都是来帮助你提高的。你招到不好的人,公司老板要提起警觉:我怎么福薄到这种程度,一招人就感得这样的果报?我福薄,我德行不够,惭愧吧!又麻烦老师来了,教育我来了。

"第二，知恩。人家吃饱了喝足了到这来坑你、害你，到你的公司来糊弄、来捣乱，你不得知恩嘛，他不糊弄不捣乱，你不能觉悟！就和拍 X 光片似的，你不拍出这片子来，你哪知道你肺部有阴影？你不做这个 B 超，你怎么知道你肾里有结石？他就是医疗诊断的仪器，来给你诊病来了，你得感恩。

"第三，知了恩以后呢？报恩。化悲痛为力量，化倒霉为觉悟。倒霉好，觉悟啊，我有问题，我得奋起而修。《了凡四训》说了：'**不用迟疑，不烦等待。小者如芒刺在肉，速与抉剔。大者如毒蛇啮指，速与斩除……此风雷之所以为益也。**'（《了凡四训·改过之法》）"

得悟后起修。这些员工到这来坑你害你，给你设置麻烦障碍，那是好事，帮你成就，让你觉悟，这就是我胡小林菩提道上的一个个提高境界的阶梯，你怎么还能骂这些阶梯呢？**"行有不得，反求诸己。"**

心外无境，境外无心

以中国传统文化带动企业走向成功，这里面主要就是要把传统文化里的智慧教给我们这些曾经没有智慧的人、不觉悟的人、不知道好歹的人。原来是热恼、不清凉，全是怨、恨、恼、怒、烦；现在明白了，如大梦初醒，拔之清凉。明白以后什么样？感恩、改过；感别人的恩，改自己的过。别人有过吗？别人没有过。那是大夫，他跟你说你得了糖尿病，你不能骂大夫。你没糖尿病，大夫能说这话吗？你不缺这个课，老师会来吗？你就缺一年级这数学课，老师就来了，你考及格了，下次你就见不到这位老师了。你糖尿病好了，还会去医院找糖尿病的大夫吗？不会了，这位糖尿病大夫就从你阿赖耶识[1]里消失了，转识成智了。

　　咱们读了《修华严奥旨妄尽还源观》，明白了，心现识变，**"心外无境，境外无心"**。你看到的境都是你自心的变现，你还能埋怨谁呀？你的心现出这种恶的境界，你能骂这境界吗？

　　佛在经典当中举过例子，譬如你照镜子，照你的脸，你说这镜子里的脸上怎么有个疙瘩？你于是就抠镜子里的那个疙瘩，你还给那疙瘩上药……错啦！镜子没毛病，有毛病的是你这张脸，这药上错地方了，得上在你的脸上。你把你脸上的疙瘩治好了，这镜子里的就好了。

　　错误在哪里？错误是心。心在哪里？心在境当中。你看到的这些境界就是你的心，心有毛病你看到坏境界；心无不善，你看到好境界。**"心外无境，境外无心"**。

---

(1) 阿赖耶识：佛教术语。唯识宗立眼、耳、鼻、舌、身、意、末那、阿赖耶八识。此即八识之一。意谓执持诸法种子而不失不坏。此识为宇宙万有之本，含藏万有，故称藏识。又因其能含藏生起万法的种子，故亦称种子识。

大家老说，胡小林抖搂自己这点缺点，说出自己的不足，他怎么就这么敢？这太难了。

其实难吗？不难。为什么？它里边有乐。烦恼轻智慧长。我不是傻子，说忏悔改过这玩意儿让人特别难受，就和得了癌症似的。不是的！

这里边的故事太多了，随着改过再读《无量寿经》，同样的文字，确确实实那意思原来没看出来，现在突然就看出来了，同样的经文同样的字，同样的时间读，对它就能理解，就能明白。

我现在读清凉大师[1]的《华严经疏钞》，这是古文，我第一次读。真晦涩，有些地方，真的不好懂。佛法本来就深，再加上是古文，所以读起来是真难。每当读到难的地方，我就不读了，因为又困，还得查字典，一会儿是《佛学辞典》，一会儿是《汉语大词典》，还有《汉语字典》。我不会上网，我也没有什么电子辞典，所以忙得不亦乐乎，就差脚没用上了：镇尺、铅笔盒、放大镜（这眼睛还不行），好家伙！也加上写字台大点儿，整得就和一个作坊似的，看这点儿经。

凡是看不懂的时候，就先放下来，做点儿好事。做什么好事？关心关心员工，关心关心兄弟姐妹，给人打个电

---

[1] 清凉大师（738—839）：华严宗第四祖澄观，居五台山清凉寺，唐德宗诞辰，讲经内殿，以妙法清凉帝心，赐号为清凉国师。

话承认错误，过去跟人结的怨，现在想起来把钱还给人家。再回来看这经，也不知怎么搞的，就看进去了：哦，他是这个意思，明白了。特别奇怪。它确确实实是心清净的人写的；你心不清净，真的看不明白。

所以，我们读经，读祖师大德的这些注疏，要想法喜充满，确确实实要改过。你改过，你的心就清净，清净的心才跟写疏钞的祖师大德的清净心相应，你才能看得懂，你才明白他说的是什么意思。有时你会觉得语言、文字显得那么的苍白无力，你好像通过他选的字的弦外之音找到了他的意思。

所以我真喜悦！从早上八点半一上班，一直能看到晚上八点半。十二个小时，连杯水都不想喝，有些时候卫生间都不去；中午饭不愿意吃，觉得耽误时间，痴迷在经教里。那种喜悦，这不对你就是鼓励嘛！越改过你就越看得懂经教，越看得懂你就越明白佛，做佛好啊！他依正庄严。这样说，我有戏，我能行，越看我越觉得有把握，他那种日子太好了！我也能过上；不能过，佛不会吊你的胃口，给你讲《华严经》。这说明我们这个世界上的人，只要按照《华严经》的要求，只要按照《无量寿经》的要求，就唾手可得。你说这种信心！明白了反过头来又帮助你看淡这个世界，不能再迷恋了，有什么呀？不过这几十年。

你为什么生不起去西方极乐世界的动力？印光大师说：**"不知娑婆苦，极乐乐耳。"**（《印光大师文钞菁华录·三、示修持方法》）

你不知道这个世界有多苦，你不知道西方极乐世界有多乐。你说我想知道，我想明白，那你就得看经书，你就得读祖师大德的注疏。你想读你还得读得懂它，你真得看得进去。你要想看得进去，对不起，你这个妄心可不行，你得用清净心去读。你看，这是一环套一环。我只要知道娑婆苦、极乐乐，我就能够发愿往生；我怎么知道娑婆苦、极乐乐？要用清净心去看这些疏钞和经论。我怎么得到清净心？得改过。改过最好的方法是什么？普贤菩萨十大愿王第四**"忏除业障"**（《大方广佛华严经》）全给你讲了。"忏"就是说出来，"除"就是不二过，那就齐了。就这四个字，你做到，你就行了，全拿下来了，全办了。

所以，为什么要改过？就是为了这一桩事情。不是自己跟自己逗闷子，不是自己跟自己过不去，而是一个要去西方、要做佛的愿望。太乐了！

佛是怎么成的？是改过成的。他给你写的经书就是他改过的修学报告！告诉你，什么是过错，如何改正过错，改正过错以后的境界是什么（经书给你做证明），经书就这三个作用。

你想想经典不都是讲这三件事吗？有风花雪月吗？有谈玄说妙吗？没有。不要说佛经里没有，《了凡四训》有跟你啰唆了吗？第一篇"立命之学"告诉你命运存在，你小子得好好干！怎么个干法？后面三篇"改过之法""积善之方""谦德之效"，齐了。

"未论行善，先须改过"，**"日日知非，日日改过"**，**"一心忏悔，昼夜不懈"**（《了凡四训·改过之法》），这些都是在说什么？都是在讲要认识过错，要与过错决裂。

什么是过错，对照三个根——《弟子规》《太上感应篇》《十善业道经》。多完备。什么是错的、什么是对的，标准现在有了，如何改正知道了，改完以后的去处我们也明白了，那下边就得真练。

不断地改过，不断地放下。看经书就越看越破，越看越破就越想放下。

这是一条必由之路。只有改过，你才能看得懂经书；只有看明白了经书，你才知道那好地方到底好在哪里；只有知道好地方如何好，你才有喜悦。我的改过的动力是这么来的，不是硬着头皮。现在已经走上良性循环了，越改越高兴。

我在刚开始改过的时候，忏悔时说的都是两年前的事，不好意思嘛，说今天的事多不好意思，难为情。最后说着说着，就越说距离越近，说到半年前的了，冬天说夏天的，夏天说冬天的。再往后就说上个月的了，就上个礼拜的。最后就说到今天的了。

今天是七月二十五。**"日日知非，日日改过"**，今天的胡小林有烦恼吗？有啊。拿出来讲讲让大家听听。

早晨在住的酒店吃自助餐，吃素的人本来就挺不容易的——酒店提供的早餐没什么素东西，好不容易盛了碗白粥，转到了咸菜那个摊位上。我前边一位女同胞，也不知她是眼睛不好，还是怎么着，反正就是没完没了地守着咸菜那个区域，拿勺勾起来一点儿咸鸭蛋粒又放下，然后又拿起筷子夹点儿脆黄瓜又放下了。

我心想："你到底是吃、是不吃？不吃你让开，我九点钟就得去协会了。"**"不怕念起，只怕觉迟"**（《禅宗直指》）。你看，烦她了。大早起来本来就挺饿，吃素嘛，肚子里没什么东西，不顶时候，她还跟那扒拉来、扒拉去的，脑子里就开始看不上人家了。"**'凡所有相，皆是虚妄'**（《金刚般若波罗蜜经》）——都是假的，财色名食睡，你还迷恋这些东西！就知道吃，瞧你这点儿出息！"她还挺胖，我马上就又生了恶感："你还那么挑，都胖成那种程度了，差不多就得了吧。"瞋恨心。怨恨恼怒烦，一下子涌上来了。

其实，有什么大不了的，等着呗，或者你再到别的摊儿上去，弄点儿酱豆腐什么的，不就完了吗？不高兴了。

等我到了协会，看到有《太上感应篇》的功过格。我一看，好家伙！一共是二十四个栏目，我这一件事起码犯了八条。没什么说的，得改！今天在我前边那个挺胖的女同胞，那不就是菩萨吗？要不然你小子怎么知道境界不行呢，感恩吧！来到香港吃顿早饭，人家给你出张考卷，不及格，回去接着练、接着学，知道差距了。

我有四大烦恼常相随

对待我的错误，我是挺平淡的。

佛说我们有四大烦恼常相随：**"我见，我爱，我慢，我痴"** 《佛学大辞典·四烦恼》）。我见是执著有我；我爱是贪；我慢就是瞋恚，傲慢跟瞋恚是连带的；最后是我痴。

我老跟学佛的朋友说"我有四大烦恼常相随"，最重的四大烦恼——瞋恨心，爱说瞎话，男女之心，傲慢。

第一，瞋恨心。这个女同胞弄咸菜，瞋恨了。

第二，爱说瞎话。说瞎话都不走脑子，张嘴就来，习气太重了。《了凡四训》上说，恶报现前，亦有效验，当中一个表现就是**"妄言失志"**（《了凡四训·改过之法》），就是说话不走脑子，信口胡说，做事欠考虑，鬼使神差的。这都是过恶深重的表现。我是经常妄言失志。举个例子让大家看看什么是妄言失志。

这是二〇一〇年初的事。当时国家征用农民的土地，把农民"搬上楼"，把土地变了性质，农业用地变成商品房用地。然后，招拍挂——通过招标，把这土地拍卖，就可以盖商品房了。这时，乡里的这些干部就要考虑盖楼用什么样的供暖设备。于是就找我，说在一块儿坐坐。天津附近一个县的县长、书记也一起来了。北京的一家开发公司负责帮助这个县开发农民的安置房。这个开发商是好意，想帮助我，说："胡总，你今天中午过来一块儿陪陪这个县的领导，一起吃顿饭，顺便咱把炉子的事儿说说。"

坐下不到五分钟，大概就有七八句瞎话，我都记不太清楚了。

县长问："北京市农民安置房，大概有多少户采用这种供暖方式？"

我说："大概有八万多吧。"根本没这数！为了显示很懂业务，增加用户买炉子的信心。八万多台，哪有这数，从哪来的这数字？张嘴就来。

"那我们这一个冬季，要用你这个炉子，大概得花多少钱？"

我说："是采用大锅炉房集中供暖的三分之一。"这又是瞎话，谁给你说的？你算过吗？《弟子规》上说：**"见未真，勿轻言；知未的，勿轻传。"**就为了这点儿贪心，拿到这个合同，增加领导的信心拍这个板、买这个炉子，张嘴就来。

不到五分钟，还没举杯喝酒，凉菜还没上呢，人家说，"先聊点儿业务吧，胡先生，你说说炉子的事。"一股脑儿说了八九句，我都有录音，后边还说什么了我都忘了，反正这两条我记得特别清楚。

爱说瞎话。那佛经、祖师大德的这些疏钞，可都是说真话的人写的，你这说瞎话的人能看懂？无有是处呀。

为什么爱说瞎话呢？因为有欲望。为了逐利就骗人，王婆卖瓜自卖自夸，这种烦恼控制着你，只要能挣着钱，只要能得到利,可以不择手段。做买卖的不就是嘴好使吗!我周围的朋友有句土话,"胡小林的嘴,瓶子的嘴儿",就是说这张嘴好使。空手套白狼,唾沫粘家雀,平地抠大饼——无中生有,说这个世界是无中生有产生的,我这钱也是这么来的。爱说瞎话。

第三就是男女之心。喜欢女孩子,过不来,馋哪,激动、兴奋。现在好多了,大幅度地减轻了,事上没有了,心还有。

《安士全书·欲海回狂》说:做不净观,特别有效。听话呗,看。咱这古文也不行,《安士全书》全是文言文。后来看了白话文版,看了以后就觉得恶心了。为什么呢?上面说要做不净观。弄了半天这女同胞就是一个皮囊,里边除了尿就是屎,除了肉就是筋,除了痰就是……这乱七八糟的东西,多倒胃口。本来觉得挺美的一件事,一做不净观……真觉得恶心。一遇到这种境界现前,一有起心动念,就想《华严经疏钞》。清凉大师比周安士先生说得还简单,他说这叫革囊。革囊,皮革,囊就是袋子。盛着什么东西?脏东西。老做这种观想,特别有效,觉得很喜悦。

这第一点就是要去掉色心,就是二"狼"神的这个色狼。

第二点,找一本你最喜欢看的经本或者疏钞,特别难懂,但是看明白了就会非常喜悦。我选了清凉大师的《华严经疏钞》。这一看十几个钟头就下来了。用进废退,你老不启动这个色心,慢慢地这个功能就不灵了;你老用它,阿赖耶识中这个种子就很强壮,遇到缘它腾就起来了。所以，深入经藏，把自己长时间地浸在其中。而且，随着改过，在经藏里还有喜悦，慢慢就体会出高僧大德经常说的"世味哪有法味浓"了。真觉得乐，男女之心跟这没法儿比，太没意思了。不是狐狸吃不到葡萄说葡萄酸，可不是那个意思，真没法儿比，差太多了！佛菩萨的生活跟咱们这五欲六尘比，不是一回事。

我第二个体会就是，深入经藏，自己的脑子和时间全部跟圣贤人在一起，时常看着看着就落泪，圣贤佛菩萨的那种慈悲，他为了救赎我们发的愿，他的智慧，他给我们举例子的那种善巧，他文字的美丽……哎哟，这个世间能碰到祖师大德的疏钞，那是多大的福报！那是真书呀，一千四百年以前的人写的。你想，你要看一千四百年前的人，而且还是祖师大德，是开了悟、证了果的人写的书，那还得了吗？你干吗干这种傻事——放着这种书不读呢？

你说，胡小林你真努力，真勤奋，可读书太苦了，这玩意儿有什么意思？错了！读书乐，它像一块吸铁石一样吸引着我，我真找到方东美老先生说的那种感受了：人生最高的享受。

所以我在这儿劝大家，你光在游泳池边上溜达，教练跟你说：这游泳池水深一米五，水的浮力是什么感觉；水的温度是什么感觉；水还有阻力，你划动的时候，你的手脚怎么配合；深水区跟浅水区有什么区别……这都是概念，这都是理论，你跳下去，教练说的你就全都明白了，这叫浮力，那叫温度，这是深浅。清楚了，你在其中了。

我在这里要跟学佛的朋友说说我学习《华严经疏钞》以后真实的体会。总有人问我这个问题。

学习经典真的是要深入进去，咬紧牙关，可能也就一个礼拜的时间，那是真难。因为字典也不熟，概念也不熟，书也不熟，又是古文，很晦涩，再加上没有定下来，一会儿手机，一会儿电话，一会儿家里的事情。要万缘放下，孝敬孝敬自己，忙了一辈子了，给自己一个礼拜的时间，好好地跟一千多年前的人在一起，见字如面。他不害你，他是你的真朋友，他对你的恩情比父母还大。

《华严经》是大本《无量寿经》，《华严经》到最后，普贤菩萨十大愿王导归极乐，极乐就是《无量寿经》。读《华严经疏钞》，喜悦，文章优美，还能解决出世的问题，还能把你的脑子占住，克服烦恼。应该做这个事情。

这个方法契我的机，不一定契每一个人的机。有些人没有看书的习惯，有些人念佛念得更得力。总是要契合自己的根机才好。

前面说了三条：第一瞋恨心，第二爱说瞎话，第三男女之心。第四就是傲慢。哗众取宠，显摆，逞能，语不惊人不罢休，就连改过都要跟人争个高低——你看我胡小林敢抖搂，我敢拿我自己的脏心烂肺出来，你们敢吗？你们谁敢上来试试？

这叫善吗？这叫大恶！你拿着佛菩萨的教诲在干这

个，在搞名闻利养，满足自己的虚荣心，满足自己的傲慢心。是啊！大家都说讲得好，高兴，我敢讲，我有这能力，你们不敢我敢，你们说不出来我说得出来，我能说。原来说是为了骗人、挣钱，现在说不为这个了，是找感觉来了，显自己能耐，显摆。

《了凡四训》上说，为善不能**"徇耳目"**。什么意思？不能说我喜欢怎么着我就怎么着，**"惟从心源隐微处，默默洗涤"**（《了凡四训·积善之方》）。利用忏悔长养傲慢，**"以己之善而形人"**（《了凡四训·积善之方》），我跟你比，我行你不行，这是大恶。你在世间搞名闻利养姑且罢了，一重罪过，进了佛门还搞这个，你双重罪过，这还了得吗？要于小罪而心生大怖！

这傲慢心、爱显摆的心、爱逞能的心，到今天还有，没有完全克服，正在对治的过程中。从心源隐微处默默地洗涤而去。到底你这一念、这句话、这个故事是为什么而讲的？你这个忏悔，抖搂出自己这些脏心烂肺的事，是为什么？佛法论心不论事。君子与小人的区别，《了凡四训》上说，只在存心不同，**"君子所存之心，只是爱人敬人之心"**（《了凡四训·积善之方》）。

我在大家面前发露，我在大家面前忏悔，我有爱人敬人之心吗？我真的是因为爱这些众生吗？因为他们不知道改过，因为不知道如何改过，因为看不到自己的错误吗？你是先行者，你拿出自己的过错和修学体会来供养大家，让大家意识到，泳是这么游的，菜是这么炒的，过是这么改的。大家学会了大家改过，大家改过大家得利益，最后社会稳定，家庭幸福，个人事业发达。你是这个心不是？《了凡四训》上说的**"善有真有假"**，这个善是为谁？中峯禅师说：**"利人者公，公则为真；利己者私，私则为假。"**《了凡四训·积善之方》》我要用这个标准来衡量我自己，那我前一段出来讲，基本上没有多少是"利人者"，只是图痛快、过瘾。原来是谈合同，吃肉、喝酒、发泄，现在到了佛门还干这个，只不过是内容换了，心没换，换汤不换药。

钟老师讲得比我好，蔡老师境界比我高，我就嫉妒。不如人家就嫉妒，比人强就傲慢。你看这四大烦恼：瞋恨心、说瞎话、男女之心、嫉妒傲慢。怎么得了！这是混的什么日子，你的意思不是想成就吗？想成就这四个问题不解决能行吗？不解决就去地狱呗。

我曾向我的老师汇报，我说我有这四大烦恼，老师什么话都没说。离开的时候跟我说："你得善学。"老师没说这些事，谁知道你是真的假的？老师只说："小林，还是要深信因果。"

咱们都是在事上打转。《了凡四训》上说**"过由心造，亦由心改"**，**"吾心不动，过安从生"**。我的心不动，这过错从哪儿生起来呢？**"奚必枝枝而伐，叶叶而摘哉。"**咱老在事上摘这个树叶、折那根树枝，应该是**"如斩毒树，直断其根"**。（《了凡四训·改过之法》）

老师说完"要深信因果"之后，我特别震动。所有这四件事就是因为不信因果！要是真信了因果，不会干这个。敢吗！《了凡四训》上说，一个人要改过得发三心，第一是耻心，第二是畏心。知道有因果来解决，你害怕，最后的底线就是这个畏心。

得知道可耻。**"孟子曰：耻之于人大矣。以其得之则圣贤，失之则禽兽耳"**（《了凡四训·改过之法》）。我不怕当禽兽，不知道害怕，胆大妄为。要知道可耻干什么？现在谁知道可耻？没人觉得可耻。这四十年，从一九六六年到二〇〇六年，我就这么长大的。这四十年里，本着这种价值观——撑死胆大的，饿死胆小的，就敢舔那刀尖上的血。不知道可耻。

到今天我觉得有羞耻心了。也就是最近这一段时间，真觉得不好意思："你怎么还能这么想？"开始觉得不好意思，觉得羞耻，觉得无地自容，觉得惭愧，找到这种感觉了。

畏心呢？不信地狱，说是这么说吧。要说不信，你还学什么佛？要说信吧，我跟大家说实话，我真找不到感觉。说你今天要是这样了，以后走了你就得去地狱，那儿可是铁蛇铁马，炮烙地狱，铁床地狱，粪尿地狱……我跟大家说句实话，我还是没有什么太多的联系。不知道害怕。

老师是一针见血：要深信因果！换句话说，今天你这所作所为就是因为不知道害怕，知道害怕你不会干这个。

我一想，是啊！都五十五了，你还能再活五十五？不行了。我如果能活到八十五岁，现在还差三十年，一年三百六十五天，就是一万天，活一天可就少一天了。一万天能成吗？能成就吗？不能成就，那这个地狱可就越来越真实，那儿就是你的家园，那儿就是你的生活内容。你不怕死呀！死了就不得了了！

特别可喜，我现在开始有这种感觉了——有什么混头啊，这个世界！再过三十年，人老珠黄，身体不行了。咱们中国人有句老话，叫作"七十不留宿，八十不留饭"。什么意思？七十岁的人这一晚上可能就出事，八十岁的人连顿饭都不能留他吃，分分钟了。吃顿饭一个钟头，睡一觉是八个钟头。

我现在五十五了，过了年就五十六，说话就六十岁的人了，有消息了吗？有把握吗？你在这学习传统文化，在企业落实《弟子规》，图什么？下辈子还能来吗？不一定了。印光大师说了：下辈子当人，比去西方还难。去西方我现在都没把握，当人我就更没把握了。当人是要靠自力，去西方是自他二力。所以现在真是乐不起来。

有人说："胡小林，我觉得你学佛以后好像不容易兴奋了，不如以前显得轻松了。"就是印光大师说的，一个"死"字在额头——顾不上了。你要说我今天三十五，我再陪诸位玩玩乐乐，咱们再混几年，不是那个时候了，此一时彼一时，现在这放羊的跟赶路的说不到一块儿了。我真着急。

我跟老师说："死时请人助念，这事儿挺悲哀的。"是呀，我念佛的速度跟你们不一样，你们助念团快，我念得慢，我这病得快死的人了，又说不出来，跟着你们的节奏吧，我又跟不了。

老师说："你还是最好先拿到许可证，预知时至，做到心中有把握。一定要求这个目标，早早地，兜里揣上这本护照，多自在，想走咱们走，想留咱们留。"

我现在就是这个目标，我一定要，哪怕是在走前的一个礼拜呢，拿到这东西！我踏实，我不需要助念，我自己解决。什么三昧火，咱们不想了，不可能，咱也没那德行。像锅漏匠那样站着走，咱也不想。我能不能提前一个礼拜跟阿弥陀佛说："咱们定个日子，您早点儿告诉我，我踏踏实实地该干点儿什么干点儿什么。"这就很殊胜了，我现在就求这个。求这的心一出来——咱做买卖的，目标性很强——那就一定要达到这个境界。达到这个境界没别的，就得改过。

改过怎么个改法？感恩。我们最大的过错是不会感恩。感恩就是改过，改过就是感恩。

第五章　布施与修福

成立爱心互助基金

怎么感恩？我就觉得感恩的力度不大。

都是菩萨示现！山东的刘老师，在保定论坛上，说出一个她们公司如何落实传统文化、送爱心的方法。是什么呢？她有五十多家美容院连锁店，她成立了一个爱心基金，大家拿出钱来放在一起，员工有困难就用这个钱来帮助。

我和我的人事部经理二〇〇九年八月（说话这都一年了）一起去的保定论坛，回来后我说：咱们也得弄个爱心基金。

我说："咱们这个爱心基金怎么弄呢？"

我们张经理说："您肯定是基金的董事长。"

我说："这我愿意干。咱们随分随力，我一个月掏两万，员工呢，十块钱不嫌少，一百块钱不嫌多。咱们放在一起，弄个爱心基金。"我说，"你拉个章程，只要是员工——"我想想，"这个范围要广，不止员工，还有员工家属。只要是我们的员工提出来了，家里有了困难，经过评委会评审，确有困难，确确实实也是社会保险不承担的，五险一金——医疗保险、养老保险都不管的，咱们就管。不能光盯着员工，员工那还有什么说的，更得帮忙了。"我说，"五险一金以外的，全包。"

那个时候我们的张经理还没完全转过来，她觉得："你看，这又多了一件事儿！"这是她后来跟我说的。

我想，咱得落实圣贤人的教育，让员工生活在爱的海洋里，让员工知道公司的老板动真格地爱他们，让他们对传统文化有信心。

老板是员工的依报——员工如果是正报的话，那我就是依报，依报随着正报转。如果员工在爱心基金的培养下，知道感恩，恢复了爱心，那我这依报能不好吗？

佛说无畏布施得健康果报。员工跟我一起生活在爱的海洋里，生活在温暖的家庭氛围里，没有忧虑，没有后顾之忧，对老板有信心。他们好了，在公司干活挣钱；他们坏了，公司全包。员工没有忧虑，那不就是无畏布施吗！所以老板身体健康。

我今天录像前，录影棚的朋友说："胡总，您刚放完假吧？您不能穿太白的衣服，因为您的脸色比较红润，和白色衣服反差太大，不好调色，您得换件色差小的。"我什么时候脸色这么好过！

"明须良朋提醒，幽须鬼神证明"。朋友提醒了，你得换衣服，因为你脸色红润，气色很好。以前很少有人说过我脸色好，就最近这一段总听到："胡总，您最近怎么了，打高尔夫了？""没有。""晒太阳了？""没有。""怎么脸色这么好呢？是不是轻松，睡得多了？""也没有。"一天就睡五个钟头：十二点钟睡，到五点钟就醒了。醒了以后躺在床上念佛，吉祥卧，一直念到六点半，洗洗弄弄就出门了。中午再睡四十分钟，有事就不睡了。五个钟头，从来没有过，不知不觉的。晚上也不想吃饭，吃也能吃，不吃也可以，就没有吃的欲望。

我跟人事部张经理说："从现在开始，不允许你给我办公室再放那个'过失通知单'。"

现在的企业管理，口头警告、书面警告、提出批评、处置罚款；什么代打卡管理、随地吐痰、损坏公物……全是怎么罚、罚多少，不同的程度是不同的罚法。累！

我说："以后我再不签这个了，我只签爱心基金的发放单。"我说，"咱们可约法三章，从今天开始，每天上班我都会找你。"

她说："胡总，您进屋就磕头、烧香、念经，已经很长时间不找我了。"

我说："不行，从现在开始，每天，我哪个部门都不找，我先得跟你碰碰。"

她说："碰什么？"

"到时候你就知道了。"

爱心基金成立后，我每天早晨一上班，就叫张经理："到我这来一下。"

"胡总，您好。有什么事吗？"

"员工有什么困难吗？"

"没有，都挺好的。"

我说："都挺好的，是吧？姑娘，如果我发现了员工有困难，咱怎么说？那我可就给你过失单了。"

有人说，胡小林你学佛了，忙吗？忙！一百多员工，各个部门转一圈得两天，拉着员工聊聊，你想问出员工的困难，你不得给他十五分钟聊聊吗？爸爸怎么样，哥哥怎么样，妈妈怎么样，表哥、表姐怎么样……你得问，问着问着就问出来了，问出来我就不饶我们张经理（开玩笑）。

"张坤，过来一下。我又发现地雷在哪里了。"

她说："什么意思？"

"我可发现员工有困难了，你没发现。"

"哎哟，胡总，我这儿还好多事呢。这个爱心基金现在都变成人事行政部的主要工作了，我这一天还有别的事呢：买办公用品，装修，物业管理费，到劳动局开会——有新的劳动法规公布……"

我说："这都是次要的。"

她说："您不是老说重要而着急的工作，我作为部门经理要放在手上吗？"我说过，工作分成四档：第一档，重要而且着急的；第二档，重要不着急的；第三档，不重要但是着急的；第四档，不重要也不着急的。

我说："这没错，错在重要并且着急的不是过去的这些东西了，重要并且着急的就是爱心基金的发放。"

她说："变了？"

我说："变了。"

她说："那原来这些重要又着急的交给谁？"

我说："交给前台。现在重要并且着急的已经变成不重要而且不着急的了，你不必亲自抓了，交给别人做。我交给你的这"爱心"——重要而且着急。"

她说："那行吧，这些事她们可没经验。"

"没经验你教她们，你只要有爱心，爱心起作用出现的是智慧，你一定能把下级教好，把这些不重要不着急的事情转给别人，你跟着我一块儿弄这重要着急的。"

她说："胡总，这转变太大了，从来没听说过重要着急的工作变成爱心基金了。"

我说："你跟着我觉悟吧，咱们一块儿进步。佛法当中说依报随着正报转，咱们正报好了，员工这依报就好；员工是正报，那我们就是依报。"

"主伴互现"，这是《修华严奥旨妄尽还源观》里说的，**"重重无尽"**：他是主的时候我是伴，我是主的时候他是伴，主伴是一，主伴不二。

"你要建立在佛法的认识基础上，这个工作就做好了，照顾他们、照顾员工，就是照顾你这部门经理，就是照顾我,你要真对我好——"我说,"你觉得我对你怎么样?"

她说:"您对我太好了,从家庭到生活,从孩子生病到老公找工作,不说了,胡总。"

我说:"我对你不错吧?你代表我把爱心再往下传递,传递给所有的员工。"

保洁公司的文阿姨 这是一份人事行政部通报,是说爱心互助基金的。

人 事 行 政 部 通 报

致:全体员工

主题:关于公司已经正式启用爱心互助基金的喜讯

我公司于二〇〇九年九月成立爱心互助基金。在这不到两个月的时间中,我们爱心互助基金管委会的委员们,每天都在自己的身边寻找我们要帮助的人和事。公司领导也多次关心地询问我们,让我们用真诚心去发现员工的疾苦,让我们用爱心去帮助他们。现在我们高兴地通知大家,我们的爱心互助基金已经正式启用了。

公司的保洁员文阿姨,因二〇〇九年十月底生病,检查费、手术费、药费等共花了一千八百多元,十一月份还要再去复查。文阿姨与丈夫的收入每月除家里的开销及支付孩子学费后所剩无几。文阿姨生病期间我们去家里看望她,文阿姨一家就生活在一间十几平方米的平房里。

虽然天气已经非常冷了，但床上只有薄薄的被褥，也没有取暖设备，家里基本上没有什么电器。由于生病做手术所产生的费用，让原本就不富裕的生活更是雪上加霜，故公司资助文阿姨两千元整。请文阿姨安心养病，好好调养身体，病好后再继续工作。

两年多传统文化的学习，在每个员工心里都播下了爱的种子，在员工之间建立起一座爱的桥梁，是员工之间爱心的接力棒。每位员工的点滴爱心都将化成一缕缕阳光，汇成一股股的甘泉，给需要帮助的人以无限的力量。

胡小林董事长

爱心互助基金管委会

二〇〇九年十一月十一日

二〇〇九年北京的冬天，开玩笑吗，最冷的一冬。张经理说她写到文阿姨家没有取暖设备这儿，眼泪就下来了。菩萨学处。她干吗去了？善财童子五十三参，参学去了，到人家里！

爱心基金正式启用了。

这得解释一下。公司的保洁员、打扫卫生的阿姨是保洁公司给我们派来的，不是本公司的工作人员，不在我的工资单上，也不在本公司上保险。我们付费给保洁公司，请他们给我们外派工作人员。

所以，对这个阿姨我们完全可以不管，她病了就退回去，保洁公司再另派一个来。这位文阿姨怕失去这份工作，一直没有讲。拿手捂着肚子，一个礼拜了，满头大汗、脸色苍白，连我都看出来了。我们这八百多平方米的办公区，她干不了了，干不了又不敢说。她们那儿没保险，谁给她看病啊。所以她就坚持着。后来她太疼了，就坐在公司的茶水间里休息，结果让我们张经理发现了。

　　张经理事后——这上边没写，她事后跟我说：要是搁过去，肯定打个电话给清洁公司，说："你们这人病了，你再换个人来吧。"而且还得投诉："你们净给我们派这身体不好的，人强马壮的怎么不给我们？我们公司一年用你们那么多人，十几年的老客户了，你们怎么这么对待我们？"把包袱推回给保洁公司，她还得埋怨人家。

　　保洁公司，请的都是外地来的农民工，文阿姨一旦被退回就会失业。所以她不敢说，强忍着。真是可怜。

　　我的慈悲心怎么出来的？就是成立了爱心基金之后，心意就开始柔软，因为我得天天找谁有困难。我才知道我这人还行，听点儿这事还容易掉眼泪，还知道可怜人家，有救！我有信心了，还算是知情知义，我知道人需要帮助了，还没恶到没救的程度，有缓，起码死刑缓期执行。

　　张经理告诉我，文阿姨当时说她没病。张经理说："不行，你回去休息，今天我们再找一个打扫卫生的，把你先替换下来。"文阿姨眼泪都掉下来了："张经理，我行，我没事，我忍忍喝点儿热水就好了，就这一阵儿。"

张经理说："我不辞退你！我从你们公司再叫一个人来，就说公司有事，大扫除，再增加一个人，你回去养病看病。公司现在有爱心基金了。"文阿姨信吗？前面九个人都是骗她的，到第十个人跟她说真的了，不信！张经理就劝她："你放心，有我在这儿，这是胡总的意思。"

文阿姨这才回了家。回家以后的第二天，张坤就到她家去看她，一看见她居住那条件，张坤的眼泪就下来了，太可怜了。

张坤得度了。对她来说，原来这是胡总的一件事，不做不行，等她真正地深入到贫穷人家之后，她才知道这个社会原来还有这样的人需要我们的关心和帮助，我们太麻木了。我们身边有这么多需要我们当观世音菩萨的地方，我们不知道利用这些机会修功德、修福德。

文阿姨的病治好了，动了手术。十一月还要再去复检，又花了两千多。她那间保洁公司不管。为什么不管？没学佛，不知道这叫布施。老板没智慧。她得写申请爱心基金的报告（其实这都是张经理帮她写的），文阿姨怎么写的呢？

各位领导好！

我是公司的一名普通员工。因有困难特向公司求助。因二〇〇九年十月底生病，检查费、手术费、药费等共用了一千八百多元。我家收入不高，两个孩子，其中小儿子还在上幼儿园。我与丈夫的收入，每月除家里开销及支付孩子学费后，所剩无几。我希望领导给予帮助。我在公司一定好好听领导的安排，好好地干活，来报答你们对我的关心。

谢谢！

文某某

以后张坤跟我说，为这件事她哭了好几次，觉得太晚了，觉悟了！我成天在办公室给她讲佛法，讲《了凡四训》，讲修福，没动力。

送月饼之后，就是这件事。前面给大家讲了，送月饼的时候还委屈得哭呢，但是想着给女儿修福：别人骂我，消灾；人无辜被恶名，子孙往往骤发。到了十一月就觉得文阿姨太可怜了，我身边怎么还有这么可怜的员工，我失职。这才是人事行政部的主要工作，胡总说的没错。到了转过年来的春节送脐橙，帮助江西的三标乡三标村的果农，她就彻底地转变了。现在她已经不想着为孩子修福、给老公修福、给家庭修福，就觉得这是应该做的，是她这一辈子最应该做的事情。

人事行政部经理转过来了，套用我的老师的一句口头语："那还了得！"员工归她管，她是正报，员工是依报，依报随着正报转。这个岗位太重要了！我刚开始没想到她会转变，我也不知道她实际上没有转变，对这东西不接受。

通过送月饼，挨骂、难过，到明白为女儿修福，消灾、积德。我当时说，以后你女儿当部长了，考上哈佛了，没别的，就是妈妈挨骂挨出来的，你挨骂女儿沾光。她心平气和了。这次文阿姨这件事，她又掉眼泪了。到了春节年三十，自己在家吃热饺子的时候，想到远在千里之外的江西三标乡三标村一万三千一百零一人、三千一百零九户果农，今天也能安安稳稳地过上春节了，我跟大家讲，这一系列的事件彻底把她收了。她被感化了，她转化了。这中间没有批评，没有教育，强制性的要求也没有。我就是拉着她和我一起干。

张经理的转化对我是个很大的鼓舞：人真能变，感化是这么有魅力的一件事情，感化是这么的"随风潜入夜，润物细无声"，不知不觉当中就发生这么大的变化。人是可以教育好的，《了凡四训》上说，十条为善当中第一条就是**"与人为善"**，与别人一道做善事，在不知不觉当中转化他。张经理的转化很可喜，很喜悦。我十三个中层干部中，张经理是第一个转过来的。

小张的婆婆　爱心基金到现在（二〇一〇年七月）为止，启用十五六次了，总金额达到了十几万。

下面这条短信是公司一位员工的婆婆发给我的。爱心基金的第二号通报，也已经挂在公司的局域网上了，为的是让大家都能看到，受教育。一次，员工可能觉得老板是不是沽名钓誉？咱得坚持做，让员工真有信心：胡小林是拿这玩意儿当真了，真是有钱要往这地方花，而且一点儿都不吝啬。收到老人家的这条短信之后，我就给全体员工写了一封信，我很少自己起草文件，这份文件是自己起草的。

忙什么呢？就忙这个。

人 事 行 政 部 通 报

致：全体员工

我昨天收到员工小张的婆婆发给我的短信，现将此短信发给你们，望认真阅读。短信内容如下：

胡先生您好，我是贵公司员工小张的婆婆，请原谅我冒昧地给您发这个短信，因为您的员工实在太让我感动了。在上周，我的腰扭了一下，导致脊椎骨错位。这是个老毛病了，直到本周二疼得实在起不了床了，就让小张请了个假，陪我去看病。您的人事部经理得知后关心地打来电话，询问了我的病情，当得知我这个老毛病需要长期按摩医治时，还好心地帮我介绍了一位骨科推拿按摩的葛大夫，并热心地帮助我联系了去按摩的时间。我带着拍好的片子，抱着试一试的态度去葛医生那里看了一下，去的时候连腿抬一下都费劲，但葛医生只帮助我按摩了十分钟就抬起来了，腰也没有先前那么疼了。

在现在的这个社会，人们的关系都很冷漠，我真的没有想到您的人事部经理能这么热心地帮助我们，我们本想买些礼物送给她表示感谢，可她坚决不收。她在电话里对我说："我们公司的每一位员工都会这么做的。是《弟子规》教会了我们做人的道理。"

我听完心里热热的，很感动，但是我还是想感谢她，所以冒昧地发了这个短信给您。虽然我不太了解《弟子规》（一百年没有这种教育了），但您培养的员工都这么优秀，我们的孩子在您这里工作，我们很放心。谢谢您！

一位被您的员工感动、被《弟子规》教育的老人。

我携公司全体员工向小张的婆婆表示感谢，谢谢她老人家对我们的教育、鼓励和鞭策。其实我们做得还很不够，特别是我做得很不够。我应该继续努力改造自己，为大家服务。依报随着正报转。

我携公司全体员工向张坤经理表示感谢，是她用一双爱心的眼睛发现了员工的疾苦和困难。从打扫卫生的文阿姨到一般员工小张的婆婆，她使我们感动，她是我们的榜样，特别是我的榜样。我们要向张坤经理学习，学习她的爱心，学习她的智慧。"见人善，即思齐；纵去远，以渐跻。"

我呼吁公司全体员工，特别是公司各个部门的负责人，要关心身边的同事的疾苦，积极向公司主动反映员工的疾苦，让我们一起解决这些疾苦，把公司营造成为大家的一个共同的温馨的大家庭。在这个大家庭里面除了爱，什么都没有。谢谢大家！

末学常惭愧胡小林敬呈

二○○九年十二月十日

"是《弟子规》教会了我们做人的道理。"张经理真是好样的，她不转变能说出这话吗！

　　我在后边写的那几段话，得表态呀！胡小林不变，员工变不了，中层变不了。

　　小张的婆婆治了一次以后就不治了。为什么？老人感动是因为我们帮着她联系了医院。她是下岗职工，按摩治疗不在她的可报销医药费的范围之内。这时候我们就启用爱心基金，四十块钱治疗一次，一个疗程十二次，即四百八十块钱，她的病需要两个疗程才能好，总共近一千元。

　　下面这个通报十二月十一日发出，是在我写的那封信的一天后追加的，为善不能等。为什么？她不去治了，不去治我就着急了，比我签不着合同还着急。怎么老人家不治了？就因为没钱。没钱咱们有钱。老太太说："别给人添麻烦了，哪能用别人的钱治病，算了吧，已经可以了，老板的心意我领了。"我说："不行，张坤，这个事你一定给我办好，办到位，一定要让老人家真正地用这个钱把病治好。"所以，这第二封人事行政通报就是关于小张婆婆的。张经理这文章写得真感人——署名是我，其实不是我写的，是张经理帮我写的。

人 事 行 政 部 通 报

　　致：全体员工

　　　主题：关于公司使用爱心互助基金的喜讯

　　我司于二〇〇九年十一月份已经正式启用了第一笔爱心互助基金。在这不到一个月的时间中，我们的爱心互助基金管委会的委员们用他们充满爱和智慧的眼睛，又看到了正在等待我们帮助的人。

　　二〇〇九年十二月八日，我们公司爱心互助基金管委会的委员们了解到，材料部员工小张的婆婆由于长年劳累致使腰肌劳损，脊椎骨错位，已经无法走动了。我们的委员们赶紧帮忙联系推拿按摩医生，帮助老人家积极治疗。在几次的治疗中，老人家恢复得很好，现在已经可以正常走动了。我们的委员们都非常高兴，老人家能恢复得那么好。但是我们又从按摩大夫那里了解到，老人最近两天没有去治疗。我们的委员们赶紧给老人家里打电话了解情况，才知道原来是因为每次几百元的治疗费又让老人犯了难。老人已经退休了，每月老两口就只有千把块钱的收入，老人支付起来确实是比较困难的。我们的委员们马上就想起了我们的爱心互助基金。

　　是啊，我们的基金不是只给我们的员工提供帮助的，面对我们员工的家人也一样要提供帮助，"凡是人，皆须爱"。所以，我们对老人家讲，让她安心治疗，治疗费由我们公司的爱心互助基金支付。老人非常地感动，她感谢我们的委员们，感谢我们的领导，更感谢把我们教育好的《弟子规》。

胡小林董事长

爱心互助基金管理委员会

"凡是人，皆须爱。"《弟子规》中的这句话多到位，画龙点睛！

我们的爱心互助基金有个管理委员会。你看张经理多负责任，他们打电话到按摩大夫那儿跟踪了解情况。

这是个普通员工，在我们公司工作了五年。不是骨干，也不在关键岗位上。我们启动爱心基金，给这个员工解决了困难。钱花出去了。我跟张经理说："咱们有了这么个基金，我每个月掏一万也罢，掏两万也罢，你可千万别看菜下饭。譬如说，我们爱心基金只有十万，可员工那边实际需要十五万，咱就只管十万？我可不是这意思，我是说，咱们有爱心基金这个壳，需要多少钱你可别看你的账，你看我的账，需要多少我兜底。"她说："我明白您的意思，不是说咱们有十万就花十万，有十二万就花十二万，该花多少花多少。"

这个钱花在员工身上一举数得。

第一，无畏布施了。无畏布施我得健康，我修了福；我有了福，有福的儿子怎么会有有病的爸爸妈妈？说"胡小林真有福，爸爸妈妈身体多好"。你什么时候听人这么说过"胡小林真有福，你看，爸爸妈妈都住院了！"没人那么说。我修福谁沾光？《地藏经》上讲，悦帝利罪女因孝顺的女儿为她布施修福上了天，跟她同在地狱里受罪的这一批人，都沾她的光上了天。所以，我一个人修福，全家都跟着沾光。

换句话说，这个钱是大家的，通过我们的爱心基金委员会把它布施出去，全体员工都得健康。

因为什么？自性没有大小，没有多少。不是说你胡小林掏两万，您修的福就大；那个员工掏十块，他修的福就小。不是。自性不可称量，自性没有大小。**"斗粟可以种无涯之福，一文可以消千劫之罪。"** 关键在于**"三轮体空"**。

第二，这个爱心基金，让我终于找到了一个救赎人心、帮助员工的契机。我紧紧抓住这个契机，我天天围绕这个契机，我给你们送钱，我帮助你们解决困难。这个时候要随缘，因为你们有灾，我随有灾这个缘，我帮助你们从灾难当中走出来，你还能说学佛的人不好吗？你还能觉得传统文化是虚吗？你还能认为中国传统文化是糟粕吗？你还能认为中国传统文化是腐朽的、没落的、束缚人手脚的文化吗？不攻自破。不争论，争论什么？做出来，**"惠以真实之利"**——《无量寿经》上讲了，自然他就跟着你走了。将心比心。

放生：又一个同事的转变

公司成立爱心基金是报恩的一个具体措施。从二〇一〇年开始，公司每年再拿出一百万元做放生，放生的功德回向给公司全体员工以及他们的家人。

七月，公司安排员工体检。文化行政部的一位女同事病很重，胸椎弯斜三十度，另外，还有胆囊息肉，直径五毫米。一天，她体检完到我这来，非常喜悦地跟我说："胡总，好事！第一我减了十斤，第二大家都说我变漂亮了，有脖子了。"她原来因为胸椎弯斜，看不出脖子，好像脖子杵在胸腔里似的。她说："您知道还有什么吗？我这个胆囊息肉，从五毫米变成三毫米了。大夫说挺奇怪的！没有听说胆囊息肉还能变小，不长大就已经很不错了。"这东西只是向一个方向发展——往大了长，大到一定程度就要手术。

她也学佛，我就跟她讲："依报随着正报转。当时咱们放生，很多人还有看法，说，'拿出一百万来放生？！公司这么多员工，这一百万分给员工多好。'"

"为什么做放生，我们的身体就好呢？为什么放生有这么大的功德？"我说，"不学佛不懂这个道理，救人一命胜造七级浮屠，众生的命跟我们的命是一样的宝贵。"

我这个说法可能不正确，但这是我的体会：

第一，我们放掉的这些众生如果是正报的话，那我们是它们的依报。依报随着正报转。你救了它的命，它的心里多感激你，正报处在什么状态下？感激，爱，报恩。有这样的正报，我们作为它的依报，我们能不好吗？不可能不好，依报随着正报转。

第二，它这一生是鱼、是虾、是蛇、是鳖。过去呢？过去无始，未来无终。它的父母呢？你怎么知道曾经当过它父母的人没有在这里当部长？你怎么知道它们的兄弟姐妹就没有当个银行的行长？

过去无始，未来无终。肯定每一个众生都与它们有缘分，每一个人，包括我们，都曾经是它们的父亲母亲、兄弟姐妹、亲朋好友，你要说不是，那就是有限了，就不叫无始了。无限减一就是有限，有一个不在无限里就不能称之为无限，之所以是无限就是无所不包。所以，你只要说出一个人来，他就在他的父亲里边；你只要说出一个人来，这个人就曾经当过他的妈妈，这叫无限。如此说来，今天我们救了这些众生的命，曾经跟它们有缘的这些亲人，现在都跟我们生活在一起。

救人一命胜造七级浮屠，我们每个月八万块钱用来买放生命，哪止一命！

所以我和这位同事说，她的息肉能从五毫米降到三毫米，绝对的，就是因为我们的正报好了，我们这个依报就好；我这个正报好了，你这个依报也会好。大家互为主伴。我们天天在做淑世、改善社会的工作，天天断恶修善，我们今天有这种果报是肯定的，否则的话，佛法就不灵了。

她说："我跟您在一起这段时间，越来越信佛了，我原来觉得我也学佛，我到今天才体会到什么叫信佛。"

佛在《华严经》上讲，**"信是宝藏第一法"**《大方广佛华严经》。

这句话可了不得！为什么说佛经上的一句话你明白了，你就得度了？**"信是宝藏第一法"**，宝藏里边无所不包。藏，含藏。第一是什么？信！最重要！所以信佛很重要，"信解行证"，"信"是放在第一位。

这个员工没有申请爱心基金，大夫说了，年纪越大肌肉越无力，到最后有可能导致瘫痪。我吓坏了。一九八〇年生的，我儿子辈的，到四十就有可能瘫痪了！我问："有什么办法吗？"

她说："只有按摩，缓解、恢复肌肉的疲劳。"

我就跟她说："姑娘，你得按摩。"

前面给大家汇报的那位给小张婆婆按摩的葛大夫，那是咱们认识的人，按摩技术高。我说："你去看吧，赶快！"

看了两个星期，她就不去了。她坐在办公室，身体是歪的。我问她为什么不去看病了，她说："大夫上班我也上班，等我下班了，大夫也休息了。我也不能放着班不上，利用上班时间去治病呀。"

就她胸椎这个病，我和我们文化行政部的张经理讨论该怎么办。张经理说："胡总，不能开这个口，要是所有的员工都像她这样上班时间去治疗，那公司还能管吗？"

有人问："胡小林，你在公司忙什么呢？公司还有事情要你处理吗？"有！这就是其中一件。怎么看待这个问题？首先，我们认为其他员工将来会利用这类事情占公司的便宜，这与《十善业道经》不相符，经上说："**菩**

萨有一法，能断一切诸恶道苦。何等为一？谓于昼夜常念思惟、观察善法，令诸善法念念增长，不容毫分不善间杂。"（《佛说十善业道经》）

我说："你这么想员工，认为他们会利用上班看病占公司便宜，威胁公司，挑战公司的制度。作为管人事的经理，你对员工没有一个基本的认可，这很危险。"我说，"人心都是肉长的，他们都是员工，他们站在同一个层面上面对资方。如果老板能因为这个员工有病，允许她上班时间治病，人同此心，情同此理。如果换了是你，你会怎么想？"

她说："那我很感激公司。"

我说："是啊，你有良心，谁没良心！'人之初，性本善'（《三字经》），大家都是自性本善，这是性德。你怎么能有这样的担心？"

"反正我就觉得公司办了十几年，从来没有人能在上班时间看病。"

"公司办了十几年，不就这三年刚学习传统文化吗？"

"那倒是。"

公司做了十几年，最近三年开始学习传统文化，三年之前不就是愚痴吗？过去，那叫贪瞋痴慢，叫自私自利，没人教，不懂呀。"过不论久近，惟以改为贵"（《了凡四训·改过之法》）。《了凡四训》上说了，咱们都学了，今天明白了，明白就得改过来！

我说："今天咱们就定了。"

她说："我们再商量商量？"

我说："不能商量！"

胡小林你学了佛怎么这么不柔和？应该**"柔和质直摄生"**《修华严奥旨妄尽还源观》。今天的果断就是柔和。

我说着说着就掉眼泪了，我说："她跟我儿子一样大，她就是我的女儿，我在想，如果是我的孩子有这种病，还要挤公共汽车，还要坐地铁，歪着个身子每天来上班，我真忍不下去。"

她说："胡总您都学了佛了，怎么还那么激动？"

我说："佛也掉眼泪。"

她说："佛也掉眼泪吗？也有情执吗？"

我说："当然有了。世尊当年在世的时候，波旬魔王跟释迦牟尼佛说，他要想方设法破坏佛法。释迦牟尼佛说，'我的法是正法，邪不胜正，你没有能力破坏我的法。'波旬魔王说，'等到你末法时期，我让我的魔子魔孙穿上袈裟出家，来破坏你的佛法。'这个时候释迦牟尼佛一句话不说，流眼泪了。这是为谁哭？是为苦难众生。"我说，我这个哭也是为她哭，这是觉悟的眼泪，不是因为喜怒哀乐爱恶欲。我知道自己的发心。都是掉眼泪，佛法论心不论事。

我说："从今天开始，公司得给她开这个口，一个礼拜保证两个半天去按摩。"

破天荒！利用上班时间去看病。

二〇一〇年中，我的大儿子从国外回来，想看看祖国的山河大地，这么多年我就没陪过他，我不是做买卖就是念经——错了，这个佛学的！得度儿子呀。我这一路下来陪着孩子，从杭州到青海，从大连到长春论坛。临走的时候儿子跟我说："爸，你给我一本《弟子规》和蔡老师的光盘，我回去学中文，我就从这儿学起。"他参加论坛了，知道这是好东西了。

这名有病的员工跟了我两年，我不知道她一直对我有看法。最近她给我发了条短信，短信中她管我叫"干爹"，这不是我让她叫的，我能让人叫我干爹吗？再说，现在这80后的孩子，自己亲爸爸都不叫，管我叫干爹！

干爹，上午好！会感恩的心一定是没有对立的心。青海的美，一定蕴藏在它的宁静与和谐之中吧。我在去医院的路上，忆起两年的过往，泪水一下盈满眼眶。我从小被教育成一个爱憎分明的人，我出身工人阶级，大学学的又是农业，所以和劳动人民的感情是深厚的，心里面唯独和老板没有什么感情。

这不是说我呢吗？

"老板是资本家，花的是劳动人民的血汗钱。"这是从小就被框死在我脑子里面的概念。

对立。

即便我来到汇通公司，即便我看到一位乐善好施的老板，我认为那都是应该的。当老板的挣大钱，拿点儿小钱回馈社会，只能说明还有点儿良心。

这是我的员工！

大部分的老板都是没良心的。这种强烈的对立情绪是被您的真心慢慢地化解的，您像心疼自己的女儿一样心疼我的身体，又像亲人一样给我家提供帮助。

她爸爸住院，我们启动爱心基金，给了一万元人民币。

您的布施用的不是钱，而是真心，这个真心是爱，是光，是热，拯救了我顽固不化的、对立的心。女儿。

感化，不能用对立，不能用行政手段，不能用批评。从让她看病，给她找按摩大夫，到她爸爸住院我给联系医院、给钱；常给她讲《了凡四训》……太多了。一次一次地感化。

张经理转过来了，干女儿转过来了，当这种老板——君子乐得做君子。

没钱怎么修福？

前面向大家汇报了，我在公司是如何本着感恩与改过这两条思路，展开中国传统文化教育的。我们在公司提出的口号是：感别人的恩，改自己的过。

可能有朋友会觉得：你是老板，你能成立爱心基金，你可为呀！像我们就无能为力了，没有钱还能修福吗？

《了凡四训》上有这么一个故事。张畏岩很傲慢，**"积**

学工文，有声艺林。"很有名气，文章写得也很好，用现在的话说，在理论界、文艺界很有名。一次乡试（考举人）他没考中，于是就**"大骂试官，以为眯目"**，说："你眼瞎了，我的文章写得这么好，你居然判我不被考取！"这时，有一位道长在一旁微笑，**"张遽移怒道者"**，张畏岩便移怒这位道长说："你笑什么笑？"道长就告诉他：**"命不该中，文虽工，无益也。"**你命里不该中，文章虽然写得好，你也考不上。张畏岩就被这个道长折伏了。（《了凡四训·谦德之效》）

清凉大师在《华严经疏钞》中讲，佛菩萨接引众生一般采用两种方法：一个叫摄受，一个叫折伏。对弱者、可怜的人，走到绝境的人，摄受之；对那些狂傲的人、自以为是的人，令他折伏。所谓是摄受弱者，折伏狂者。这个张畏岩就是狂者。

云谷禅师对袁了凡属于摄受。袁了凡当时万念俱灰，他被孔先生算命给算得一丝一毫都不差，到了南京栖霞山碰到了云谷禅师，云谷禅师给他讲**"命由我作，福自己求"**的道理，这就给他燃起了希望。云谷禅师让他放下，改变了他自暴自弃、破罐破摔的状态。

《了凡四训》全文是以摄受开始，云谷禅师摄受袁了凡；文章以折伏结束，张畏岩这个故事是最后一个故事。所以，我们不能小看《了凡四训》。老人家从三十五岁碰到云谷，一直到六十九岁写出这篇文章，字字珠玑，是至精至邃、至真至正之理。否则，印光老和尚不会推荐这本书，这本书我现在看了快有一百遍了，每天早晨起来都读一遍。

这是闲话，我们回到正题。张畏岩就提出这个问题，他说，我一个贫寒的读书人，没有钱，我怎么做善事？这时候道长说了这么几个字：**"善事阴功，皆由心造。常存此心，功德无量。"**（《了凡四训·谦德之效》）是得有钱才能做善事、才能积阴功吗？不是，全由心造。

我虽然作为老板，手上有资源，可以用钱来布施，成立爱心基金，帮助员工的困苦，可有些病、有些事真的是不能用钱解决的，爱心基金也无能为力。但是老板这颗心很重要，这颗心完全可以修善事、造阴功。

我们有一个司机姓崔，这是二〇一〇年一月二十日，我们给全体员工发的内部通讯，这时候我们的人事行政部已经改成文化行政部了，通报是我写的。

致：全体员工

主题：我们身边的事

小崔的故事乍听起来有些不可思议，太玄了，是不是有些迷信？我们观察小崔跟母亲的关系，他是个山东人，血管里流淌着山东人那种根深蒂固的孝顺父母的热血，母亲重病期间他心急如焚，吃不下睡不着，暗地里不知流下了多少痛苦的眼泪。他曾发愿：我宁肯自己得病，也不愿病魔总是缠绕着妈妈。他倾其所有的金钱为母亲看病，他跑遍了北京几乎所有能看这类精神病症的医院。他绝望，他天天企盼，老天爷救救我的妈妈吧。人以善感，天以福应。就是小崔这颗爱母亲的深切的爱心，感来了老天爷对他母亲的照顾，感应的现象发生了，母亲的病好了。

真的有感应吗？

日本江本胜博士做了十几年的水试验，发现水能够知道人的念头，人的念头善，水的结晶美丽；人的念头恶，水的结晶丑陋。水是物质，物质都知道念头的好坏，更何况大慈大悲、万德万能的佛菩萨？他们怎么会没有反应呢？佛门中有一句话听起来好像有点玄——佛氏门中，有求必应。

为什么我们有求时佛菩萨不应呢？问题不出在佛菩萨那边，问题出在我们这颗求的心是否真诚，是不是无私。《了凡四训》的故事告诉我们：向真心求，不为自己求，就一定应验。

所以我们每个做儿女的如果真想爸爸妈妈好，我们每个做父母的如果真想儿女好，小崔就是我们的榜样，拿出爱心，拿出真诚，向真心求，感无不通。下面就让我们一起分享小崔的故事，共同为他高兴吧。

末学常惭愧胡小林敬呈

二〇一〇年一月二十日

我为什么说"佛氏门中，有求必应"？因为公司学佛的人少，我想借这个机会向大家说说佛菩萨真存在，感应真存在。

下面我们就听听小崔的故事，他是我们公司的一名司机。在我们公司员工的身上，佛菩萨示现，救了他的妈妈，从此小崔学了佛、信了佛。公司里大家都曾一度认为佛是迷信，在小崔的带动影响下，这种氛围大幅度地缓解，很多员工转变了看法，认为佛法真实不虚。

这是小崔写的他妈妈的故事。很长，我们节选了一部分，拿出来跟大家分享。

我的母亲今年六十五岁，五年前得了一种很奇怪的病，在山东、北京各大医院求医四年没有结果，最后在全家几乎绝望的时候，多亏胡总在一个寺院给我母亲立了牌位，并让我母亲每天念佛。一年后我母亲的病痊愈了，像五年前的身体一样，所有的家务活儿和地里活儿都能干了。

……

二〇〇八年十二月，我来到了汇通公司上班。胡总得知我母亲的情况后，就自己花钱在一个寺院给我母亲立了牌位。半年过去了，并没有看到什么效果，母亲依旧是靠大把大把地吃药来维持。后来胡总告诉我，应该让我母亲念佛。没想到三个月过去了，我母亲的病真的开始好转了，逐渐减少了药量，一天服三次的药改成服两次，又减到一天服一次、两天服一次、五天服一次……到了二〇〇九年八月，母亲彻底停药了，病彻底好了。一直到现在，母亲的身体精神完全正常，体力和生病以前一样好。

五年来母亲看病走过的路，给了我们全家很多重要的启示。从母亲莫名其妙得上怪病，求医看病四年没有效果，再到立牌位、念佛，最后病好，这五年的经历改变了我们以前的一些错误的想法、看法和做法。

谢谢菩萨！谢谢胡总！

崔某某

二〇一〇年一月五日

小崔这几年的积蓄一共是六万元，这些钱全花在妈妈看所谓"癔症"病上（这病类似我们老家说的邪病）。这是我的员工，我跟他说立牌位，自己每天念佛，求佛菩萨，就真有了感应。

这个故事对我们的启示是：不一定非得有钱才能做善事，不一定非得有钱才能帮助别人，不一定非得有钱才能弘法利生。就是《了凡四训》上那位道长说的，**"善事阴功，皆由心造；常存此心，功德无量"**。

这件事情也解开了长期困扰着我的一个问题、一个疙瘩，那就是，我们总是在求，求什么呢？求我们的老师长久住世，法体安康，六时吉祥；在老师面前下跪，求老师悲悯我们这些苦难众生，多留在世上教化我们，好像这样就能救我们了，我们得救不得救，就靠老师住不住在这个世界上。

"徒向外驰求……内外双失。故无益"（《了凡四训·立命之学》）。所以与其跪在那痛哭流涕，撅着屁股跟那儿求，不如回家断恶修善，按照佛法教导的去做，自己成为圣者，提高境界，造福一方，这是上报四重恩。

让老师教育我们这个善因真正地结出善果，造福于人类，造福于国家，造福于社会，我们这么多学佛之人，真要都发这个心，舍旧图新，发愤图强，按《了凡四训》上说的，从我做起，从现在做起，断恶修善。我们的老师就会有源源福报，这是题中应有之义。

当然，大家这个善心和愿望是好的，但是用错了地方，应该反躬内省，向内心求。向自心求，则**"内外双得，是求有益于得也"**（《了凡四训·立命之学》）。我们应该在哪儿下力气，这就清楚了。

小崔这个故事表明一个道理：我们只要常存此心，就一定能够广积阴功。不要在外边讲条件。

敦伦尽分

爱心基金让全公司的员工都能参与进来。成立爱心基金真正的目的是什么？弘法。我如果不学佛，能拿出那么多钱来回馈公司的员工吗？道场在哪里？慈悲喜舍是。哪里有慈悲喜舍，哪里就是道场。公司就是道场。为什么？

能搞慈悲喜舍，全公司的人得到利益——包括他们的朋友和亲属，得谁的利益？得佛光的利益。《了凡四训》上说了，君子的存心，就是爱人敬人之心，**"吾合爱合敬"**，我们跟圣贤人同样的心、同样的意来爱一世之人，这就是代圣贤佛菩萨来**"安一世之人"**（《了凡四训·积善之方》）。

我们今天成立爱心基金就是弘法利生，为什么？接引众生第一要"布施"，也就是要多请客、多送礼。我每次出差、到外面讲课，到了机场都要买些东西：钥匙链、小钱包、书包。原来烦，谁愿意到机场买这个？都是为自己买点儿东西，给家里人买点东西都很少。现在不了，我到澳大利亚、到新加坡，回来时在机场免税店就划拉一大堆东西：二十个包，三十个口红，十盒巧克力……到了办公室，每个部门经理都来了。"刚回来，我给你们买点儿东西，还有这次会议的资料，拿回去看看。"没人打送礼的！常生欢喜心。"胡总一出差还老想着我们"，你说员工是什么感受？

真是用心要细。

咱就拿坐飞机这件事举例来说吧，如果心里装着别人，他就不会将座位向后倾斜，为什么？后边有人，往后靠，后边人的空间就小了。所以，**"善事阴功，皆由心造"**。非得讲经说法，才是做善事、积阴功、弘法利生吗？不用！**"常存此心，功德无量"**。福由哪儿来的？福由心造，不是由钱造。

四摄法的"利行"也在爱心基金之中。你有困难，我来

帮助你达到你的目的,促成你的善事。**"成人之美,代人之劳"**《印
光大师文钞菁华录·三、示修持方法》)。我帮小崔立牌位,我给他出主意,不就
是代人之劳吗?我可不可以不管?可以。那你就不是菩萨,你
不是学佛的。为什么在小崔这件事情上我这么认真?随缘。不
是说大街上找一个人我就帮你立牌位,那叫攀缘。他来到公司,
变成我的员工了——总在遇缘不同,这个必须照顾,花多少钱
都要帮忙。大街上的呢?大街上的没缘,不认识,不管。

敦伦尽分的"伦"是什么?"伦"是关系,我跟小崔
有关系,领导和被领导的关系。"尽分"是尽什么分?"作
之君、作之亲、作之师"。

我不同意很多老板放着自己的员工不爱,放着自己的
同事不照顾,给外边一捐就是好几百万,甚至几个亿,好
不好?好!可是,放着身边的人不照顾,这是攀缘。《孝
经·圣治章第九》中说:**"故不爱其亲而爱他人者。谓之
悖德。不敬其亲而敬他人者。谓之悖礼。"**与你没有伦常
关系的,你孝敬他,这是错的。

你知道吗?员工来到你的公司,那是无债不来。"敦
伦尽分"这四个字好像跟佛法没什么关系,实际上有。你
是这家的儿子,你为什么给这家当儿子?跟你有伦有分的
这些人,都是前生前世结的缘,不是他欠你的,就是你欠
他的,你不先把这些债主打发了,你去跟那些八竿子打不
着的人敦伦尽分?你跟他没伦,你跟他没分。

我们说要活在当下,我们讲要从身边的人做起,这

里边有大道理。印光老和尚说的**"敦伦尽分，闲邪存诚，诸恶莫作，众善奉行"**（《印光大师文钞菁华录·三、示修持方法》），第一条就是敦伦尽分，告诉了我们着力点在什么地方。我们每一位同学都要从身边与自己有缘的人做起，"随缘妙用"，没有说"随便妙用"。要珍惜这个缘，要重视这个缘。

小崔的母亲出现了这个问题，依佛学的常识判断，小崔叔叔的岳父大概是在鬼道里，鬼道众生有天眼通、天耳通、他心通、宿命通、神足通（佛跟我们讲鬼有五通，除了漏尽通没有，其他的五种神通他都有），他可能知道小崔会在二〇〇八年五月来汇通公司——那时候我已经开始学佛了。他叔叔的岳父就折腾她，谁能说不是为了让我引起注意，不是来求帮助的呢？

所以，每一个众生的呼唤，每一个员工的疾苦，实际上就是发给我们的信号，也包括我们身体的病痛——不是坏事，是你欠人家的，都是你应该做的，都是你必须做的，不能讨厌，不能不高兴，不能烦。这些都是你生命中的内容，必须把它们化解了，必须把它们摆平了，必须把这些单给买了，你临终的时候才能走（去西方）。否则，放着这么多的伦不敦、这么多的分不尽，你最后想去好地方？不可能。

我说得浅显点儿，敦伦尽分实际上就是消业障。要把累生累世的这些亲情债主都给安抚好，最大的安抚，当然是教他们念佛。

第六章　我的父亲母亲

父母的转变

妈妈的转变　二〇一〇年七月的一天，我和妈妈出来吃饭。妈妈特别兴奋地跟我说："儿子，我原来不敢说你，你老说别谤佛谤法的，这事要不是发生在小崔妈妈身上，我真不相信有佛菩萨存在。要是别人跟我说，我绝对不相信，哪有的事儿！绝对是迷信！"

我的母亲是名老共产党员，坚定的唯物主义者。十四岁参加革命，当了兵，拿着双枪跟日本鬼子干。

现在北京市政府为了建设"绿色北京"、缓解交通拥堵，汽车按车牌尾号每周限行一天。那天我母亲的车不能开，公司就派了这个小崔司机跟老太太一天。妈妈告诉我，那天小崔一边开车一边跟她说："阿姨，真有，您别不信，佛菩萨真灵。胡总干的是好事。"他就把他妈妈的故事跟我母亲讲了。

　　我学佛三年了，就没想到用这个教材跟我妈妈沟通。我那天不在北京，这个司机就把我妈给度了！我真感谢三宝加持。我们公司十几辆车，小崔跟我母亲不是很熟。而且平时我母亲的车不能开的日子，都是我妹妹单位的司机来帮个忙。那天阴差阳错的，怎么就让小崔给我母亲开了车？那就好好给老太太开车吧，干吗聊这事？

　　小崔母亲的故事中提到的这些医院，都是北京最有名的好医院。几万块钱的药都吃进去了，不灵；立个牌位，念念佛，拜拜佛，就好了？！这和老太太一辈子的认知差距太大了。所以，我妈妈在饭桌上就详细地问我：这是什么道理？真有佛吗？佛是做什么的？

　　我一听，高兴死了，真是踏破铁鞋无觅处，得来全不费工夫。做好事真是有好报哇，妈妈能转变！她今年八十岁了，我心急如焚，以后怎么办？一天一天地临近这个日子了。教导我们如何为人送终的《饬终津梁》我看了，也给妹妹看了，我跟妈妈说这事儿，妈妈就一笑："享受今生吧！"就是这，我真是急死了。

　　这次她问了，我就一一解答。

　　她说："儿子，这太有道理了！你跟我说说念佛是怎么回事？"我就跟她讲印光老和尚说的那两句话：**"世出世间之理，不出心性二字。世出世间之事，不出因果二字。"**（《印光大师文钞菁华录·八、释普通疑惑》）佛门三藏十二部，世尊一代时教，其实就是六个字——性相、理事、因果。理不离性相，事不离因果。我这人能白话，妈妈问了，咱不能**"失言失人"**：不该说的说了叫失言，该说的时候你不说叫失人。

老太太说："那我走的时候，你可得帮我念，我可没那功夫。"

我说："妈，您放心吧，您只要听儿子的，这事就好办，就有出路。"

那天下午两点钟，我还得送大儿子去机场，他正在美国读研究生，所以，从中饭一直说到不得不走。

我特别喜悦，我们老太太能转过来，了不得了！人以善感，天以福应，妈妈转变了！

送完儿子，回到办公室，上了香，我就给佛菩萨磕头——磕响头，谢谢佛菩萨！

我天天求佛菩萨："救救我的爸爸妈妈，让他们信佛。都是儿子没有德行，缺德，爸爸妈妈不信佛法。"没福气，什么人的儿子最有福气？爸爸妈妈学佛的儿子最有福气。

回了家还不敢多说，说了她不高兴，老跟我说她那一套。我想：得了，随顺吧，机缘不到。没想到小崔把我妈妈给度了！

我妈妈以前老说我痴迷，说我执著。她对我刚开始学佛、学《弟子规》时的那些做法，一直心有余悸。那时我一说要回家，她就跟阿姨说："日本鬼子要来了，宪兵要来了！赶快，把家里的肉、酒都收起来。可了不得了，鬼子进村了。"

学佛学错了！我当时在学佛的误区当中。到了家，就数落妈妈、呲打爸爸："你们还吃？地球都快到末日了。吃吃吃吧，就为那三寸舌头，不给孩子留点儿吗？"原来没学佛的时候还说不出这么多头头道道，学了佛以后动不动就是"业障""没善根、一阐提""佛不度无缘之人"。弄得我爸我妈特烦："儿子，你以后别回家了，你爱到哪儿到哪儿去，你到了家我们就气得直哆嗦，你是看我们来了，还是气我们来了？你一来，提前两个小时，我们家就得收拾东西；看见水池泡着衣服，就数落我要节约用水；我们用餐巾纸擦个嘴，你就说要节约，地球快到末日了，给孙子留点儿，别吃光用尽！——哪有你这么学佛的？"

　　慢慢地转变，学会不批评、不对立。**"行有不得，反求诸己。"**

　　我儿子这次从加拿大回来，老太太问他："你爸爸学佛了，你觉得怎么样？"

　　我儿子中文不太好，他说："他的这一命全变了。"

　　我妈说："什么叫'一命'？"

　　我说："妈，这个'命'在英文里叫 life，他是说生活全变了。"

　　她说："你觉得你爸变得怎么样？"

　　他说："我爸变得特好，特别的 nice（就是特别的可爱，特别的亲切）。"

　　我妈说："看来儿子学佛了，孙子认可。那你爸爸要出家呢？"

儿子说："我举双手赞成，我爸爸愿意做的事情肯定是正确的事情，特别是学了这。"

爸爸的转变　我爸比我妈固执，我学佛三年后，他也转变了。

我的爸爸是一九二五年生人，属牛。他的转变也特别奇怪。

老人家眼睛不好，"文化大革命"受冲击，造反派把他的眼睛打坏了。当时我特恨打他的那个造反派，对我爸爸的行为也不理解。

造反派为什么打他？那时候我爸爸在公安部的一个消防器材厂当党委书记。全工厂上千名职工，国家每个月拨给工厂三百元的贫困补助。有个工人家里特别困难，一共就三百块钱，爸爸给了他二百二十块钱。如果都给了他一人，别人有点儿难怎么办？所以，我爸说，得给其他员工留八十元。这名工人就不高兴了——他家可能是真困难，就这么一个过结。

"文化大革命"开始了。

消防器材厂里，净是钢棍之类的家伙。那个工人是钳工，手特别有劲儿，我爸爸是"走资派"，挨批斗的时候，那个工人一棒子下去打在我爸爸的腰上，就把第五、六、七三节腰椎打坏了，站不起来了，他接着又是一个大巴掌——他真是铁砂掌，打在我爸爸的眼睛上，打出了血。后来把爸爸送到一家医院，大夫一看吓一跳，怎么把人打成这样了？当时处理了一下，也没有给什么特别的治疗。那个年代，不可能给"走资派"找个好医院看病。再说，医院都是军代表接管了，"走资派"不招人待见，谁给你认真看？就这样，眼睛留下了积血。

对父亲的眼病，我特别着急。他已经基本看不见了。

我常跟孩子一起，闭上眼睛，看看爷爷是什么感受。没有一次孩子不掉眼泪的。我们闭上眼睛，拿起毛衣穿上，能把扣子对上吗？我们闭上眼睛，到了卫生间，能找到手纸吗？我们闭上眼睛，在餐桌上，我们能夹住菜吗？我跟儿子说："今天的爷爷就生活在这种状态当中。"

问题出在哪边？出在我这边。有福的胡小林，爸爸怎么会眼瞎？

天性相关！当年，有位居士给印光老和尚写信问父亲的病，老和尚回信：至诚念观世音菩萨，决可痊愈，因**"父子天性相关"**（《印光大师文钞菁华录·三、示修持方法》）。我当时看到这儿，不太理解，怎么叫"天性相关"？就是你跟你爸爸这个自自然然的关系。毁，也是你毁爸爸毁得快；帮，也是你帮你爸爸力度大。所以儿女与父母，因为这层关系，要想帮、要想毁非常容易。总在遇缘不同。

我一直在求佛菩萨。我每个月拿出八万做放生，一年就是一百万，回向给公司的全体员工以及他们的家人，也包括我的爸爸妈妈。每年拿出一些钱助印法宝。学佛三年，挣的钱就没怎么留。

我每天求。到二〇一〇年，我找到了给毛主席看过病的、北京最好的中医眼科专家。每次去看病，给开两个月的药。吃了半年后，我问爸爸眼睛怎么样，他说："反正好点儿。"他是为了安慰我，我知道他没好，因为我经常问家里的阿姨。我想：真是的，怎么就不行呢？佛说的没有根据呀？——**"佛说无稽矣"**（《了凡四训·积善之方》），这是《了凡四训》上的话。

做了这么多，怎么爸爸的眼睛老是不好？咱们现在明白了，**"行有不得，反求诸己"**。肯定是我德薄、福薄，肯定是我不够至诚，所以不能感通。胡居士老问我该如何发露忏悔，爸爸的眼睛就是我发露忏悔的缘。爸爸的眼病为什么在我面前出现？在发我的露呢！

学佛了，做了这么多好事，可爸爸的眼睛总也不好，所以我当时挺沮丧。我就求佛菩萨："您可不能让我爸眼睛不好，大家都知道我是学佛的，我学了佛，爸爸眼睛还不好，让人看了像什么样子！这佛学得有什么用？咱们不为胡小林的父亲，咱就为众生的信心，佛菩萨您也得帮帮我。"我不太懂祈祷的词，就说大实话。我说，"您救救我爸爸，好让众生看到说，你看，胡小林学了佛，爸爸都跟着沾光。"

到了二〇一〇年六月，老爷子发烧，烧到三十八度五，眼睛没好，前列腺又发炎了。我说，这玩意儿，怎么弄呀？真觉得是屋漏偏逢连夜雨，雪上加霜，特别沮丧。怎么办呢？父亲的前列腺增生是三十年的老病了，小便不畅通，尿不出来他难受。每天夜里起来，得在马桶上坐一个多小时，有的时候睡着了就摔倒了。所以小便对他来讲是一件特别困难、而且非常痛苦的事情。也做过电切，岁数大了，用大夫的术语讲，这叫尿动力不足。

这么大岁数了，三十八度五不能在家待着，就住进了医院。住院后，一检查是前列腺发炎，大夫说："这次要彻底地治。既然来了，咱们就先检查吧。"检查了半个多小时，特别详细。现在这医学进步，设备特别先进。

那天我正在上班，突然接到妹妹的电话，她说："哥，爸爸一定让我给你打电话，说他检查结果出来了，还是三十年前的老结论——增生，爸爸特别高兴。"

父亲住了院以后，特别紧张，一直担心是前列腺病变了。我的感觉跟他一样，我心想："完了！肯定是癌症。"前列腺癌，亚洲人得的很多。我想："今年是虎年，老爷子牛年没走，今年看来是够呛。"

结果出来了，不是！

我母亲也特别高兴，拿着我父亲的病例，找到三十年前给他看过病的一位医生，全中国最好的泌尿科专家，世界上也是有一号。他看了看，说："不错，从七七年到现在，三十多年没有癌变，很不容易了，老胡是怎么治的？"我妈妈说："他每天坐盆泡。您看现在该怎么办？"医生说："尿动力不够，自己排不出尿来，做一个尿漏吧。手术特别简单，只要四十分钟，给膀胱充上水，扎一针下去，造一个漏。"也就是说，以后排尿就从那个漏里出来了，就不走正常渠道了。

特别不可思议，我父亲本来肚子特别大，脚就和馒头似的，连踝骨的骨节都看不见。手也肿肿的，胖胖的，胳膊绷得跟萝卜似的。到后来我才意识到，那是父亲身体里的水分出不来，全憋在身体里了。本来他的腰就被造反派打伤过，现在肚子又大，行动不便，眼睛再瞎，您说他得多难！所以，他就容易着急，一着急就容易生气，越生气对眼睛越不好，恶性循环。

做完尿漏之后，小便不受他控制了，身体里多余的水分就出来了。我再去看我爸爸，瘦了，肚子都没了，而且人有轮廓了，不是圆咕隆咚的。原来我认为我父亲不错，脸色这么红润，胖胖的。我跟他吃饭，看他也不吃什么东西，怎么那么胖呢？今天看来全是水分。

我一去医院，我父亲就拉着我的手说："儿子，我的眼睛越来越好了，"他说，"歪打正着，今天早上我一醒，就看见那个窗帘没拉好，有一条缝儿。"

当时我的眼泪就下来了。看见窗帘了！窗帘离床挺远的。

"对面沙发的轮廓都看见了，"他说，"儿子，你这么坐着，我都能看清楚了，床底下的拖鞋我也看见了。"

当时发烧真是三宝加持。这道理咱懂，真正的病因不在眼睛，是小便不畅火往上走，代谢不正常。现在正常了，父亲的腰也细了，脚也瘦了，胳膊上的皮也耷拉下来了，脸有轮廓了，脸上也没这么多潮红了。特别是眼睛的变化。他说："我一天比一天好，闹了半天是小便的问题。"

当时那位泌尿科专家还说："八十多了，还能发三十八度五的烧？"我妈说："是啊。"医生还说："老胡这身体真棒。"因为年纪大了，身体弱了，体征反应迟钝，有炎症不能暴露，所以才危险。

我心里想，真是佛菩萨加持，不发烧、没有症状不会去医院呀。我们认为眼睛有病，就得治眼睛，其实他的病因不在这儿。

我一般都是晚上七点钟到病房去看他。他九点钟休息，我陪他两个钟头，就我们爷俩。

我说："爸，高兴吧？"

他说："高兴，真高兴。"

我说："你得好好活着，多活一天多给儿子一天机会，儿子现在有钱，也做好事，为您老人家放生，修了那么多福，您应该好，这是题中应有之义。"我说，"爸，您承认不承认这都是儿子念佛念的？"

"完全承认！"捂着我的手，"儿子，就是你念的。好好念，你越念佛，我这病治得越快。不过理论上还是要弄清楚，不能瞎念。"

我说："爸，您放心，为什么念佛身体就能好，《华严经》讲得特别明白。爸，您现在信了吗？"

"我信了，我这病好了，我就信了，佛菩萨保佑。"

我父亲是一个非常不容易服从的人，眼睛见好了，折伏了！

我学习传统文化、学习佛法，如果我的家里一塌糊涂，我连父母都照顾不了，身边最亲的人都照顾不了，不能让他们从中得到利益，我拿什么成绩来向大家报告？我还侈谈什么"佛氏门中，有求必应"？

佛氏门中，有求必应

父亲六月份炎症感染、发烧这件事，让我对佛菩萨越来越感恩，真觉得没他们老人家的加持，不可能有这么多的巧合。公司十几辆车，那天怎么就是小崔去给我母亲开车？你给老太太开车就开吧，你干吗谈佛法这事？他跟我母亲不是很熟。阴差阳错的，那天就换成我这个小崔了。

二○一○年七月是个丰收月，爸爸妈妈在这一个月中，对佛法起码是不反感了，觉得孩子学佛是好事。佛菩萨太伟大了。

我爸爸脑子清楚，特别爱看书。我要跟他说，三千年前的佛菩萨，头戴毗卢帽，手持金刚杵……他实在接受不了，距离他的生活太远了。

有一次我问他："王力教授您知道吧？"他说："知

道，北京大学的语言学专家。"《王力古汉语字典》就是他主编的。

我说："您知道王力老教授的老师是谁吗？"

"谁呀？"

"赵元任老先生。王力是他的研究生，王力在他当年写的一篇论文中，曾经下了个结论。赵元任老先生读后，在这篇论文上批语：'说有易，说无难。'"我说，"爸，你没看见可不能就下结论说没有，这是科学的态度。赵元任老先生那是严谨的治学态度。"

我爸就不说了。"哦，那是肯定的，人的认识是没有进程的，绝对真理跟相对真理的关系是，绝对真理是由相对真理组合的，是一步一步地靠近绝对真理的。"

我说："对呀，这就是修行，爸爸。绝对真理就是自性。相对真理就是我们的世智辨聪，它是随着我们修学境界的提高，通过一个一个的相对真理，逐步地走向《矛盾论》说的绝对真理。当你达到绝对真理了，"我说，"爸爸，那就是佛说的大圆满，就是我们净土宗说的常寂光土。"

什么是绝对的？古文叫绝待，自性是绝待的。没有条件，什么东西产生自性？没有因，"法尔如是"。这不就是绝对嘛。相对呢？相对于因就产生果，这叫相对。一念无明是怎么来的？没有因，你不能问因，所以一念无明是绝对的。

父亲的转变，母亲的转变，是我二〇一〇年最大的收获。二位老人对佛法终于有了新的认识，一个是通过小崔，公司的司机，再一个就是我父亲的疾病。所以我深深体会到"人人是好人，事事是好事"。如果因好，就是遇到恶缘，结出的果都是善果。

通过父母的变化，我对佛法更加感恩，更觉得佛菩萨没有离开我。通过三年的修学，通过一次次的示现和一个个的事件，坚定了我的信心：一切法从心想生；相由心生，境随心转；依报随着正报转。妈妈爸爸是我的依报，我正报好了他们一定会好，一定应该好，必须好，不好都不行，因为我们是一体的。

我的父亲　有朋友说，你怎么在汇报中不讲讲你的父亲和母亲？讲得是很少，以前总是讲企业。

我原来自以为是，总觉得自己运气不错，学佛、做好事跟爸爸妈妈没什么关系……我就利用这个机会讲讲我爸爸做的好事，要不然儿子哪会这么有福呢。

接着前面说的老人家在"文化大革命"中挨斗。后来打倒了"四人帮"，就开始整"三种人"了。"三种人"指在"文化大革命"中追随林彪、江青反革命集团造反起家的人，帮派思想严重的人，打砸抢分子。不能留造反派的残渣余孽，必须得清理这"三种人"。

那名钳工打了不止我父亲一个人，但打得最重的就是我父亲，致残了。调查组从我父亲"文革"期间工作过的那个城市到北京来找到我父亲核实情况，说："老胡同志，我们跟你核实个情节，您只要看了认为情况属实，您就签上字。回去就给这名钳工判刑了！"我父亲说："我不能签这个字。我要是签了这个字，他就家破人亡了。我了解这个工人，他是个非常质朴的人，他是受了蒙蔽，一时糊涂。全党、全国都在犯错误，你怎么能要求一个工人不犯错误？我的意见：教育教育就行了，下次不要这样做了。整个党都在犯错误，能把这个责任推给工人吗？"

　　《了凡四训》上说："**上失其道，民散久矣。如得其情，哀矜勿喜。喜且不可，而况怒乎。宰为之霁颜。**"

（《了凡四训·积善之方》）这段话是说古时候浙江宁波有一位杨自惩在县衙当书记官。一次，县太爷"**偶挞一囚，血流满前**"，他鞭打一个囚犯，打得遍身是血了，怒还没有消。杨自惩便跪下求县太爷："这个犯人您别再打了。"县太爷说，这个人"**越法悖理，不由人不怒**"。杨自惩就跪下来求他说："**上失其道，民散久矣**"，上边有过失，老百姓就乱了；"**如得其情，哀矜勿喜**"，你已经把这个案情都审出来了，得可怜他，不能高兴。高兴都不行，你还发怒吗？就更不应该了。

　　这县官——咱们今天说叫县长——听劝。杨自惩最后果报很殊胜，两个儿子官做到南北吏部侍郎，侍郎相当于现在的副部长，孙子中一个是刑部侍郎，一个是钦差大臣，都是当时很有名的贤德大臣。

　　自己行善积德，儿孙显贵。子孙沾老祖宗的光，都发了。我父亲不就跟杨自惩一样吗？

我跟爸爸说，这真是**"行有不得，反求诸己"**。不能埋怨人民、埋怨群众。我说："爸爸，真是暗合道妙，你不知不觉地就符合传统文化了，多做自我批评，这就是传统文化。你积了大德了，爸爸，我才明白为什么胡小林做买卖能挣点儿钱，能学佛，要不是您老人家积这个德，我怎么可能今天有这么殊胜的学佛因缘呢？"

　　"道人善，即是善；人知之，愈思勉"（《弟子规》）。爸爸做这个好事，得宣扬，得鼓励他，得感恩，感别人之恩，改自己之过。父亲的恩得感，给了我这个肉身，给了我生命，还为我修了这么大的福。

　　"人之无过咎而横被恶名者，子孙往往骤发。"这是《了凡四训》上说的。我的父亲无辜吗？无辜。披恶名呢？何止是恶名，挨打！钢棍一棍打下去，腰椎五、六、七粉碎性骨折。他到骨科去复查，骨科大夫还说：老胡你还能站起来走路，真是不可思议！一巴掌上去把两只眼睛都打坏了，我到医院给老人家检查：眼底充血。根本就排不出来，没办法，大夫操着浙江口音说："一塌糊涂。"

　　遭了这么大的罪。人无辜被恶名，子孙往往骤发。我今天能给大家做汇报，能够学佛，这是多大的福气！为什么？**"不有正法，何以参赞天地？何以裁成万物？何以脱尘离缚？何以经世出世？"**弘扬正法，那是一般人能干的吗？都是因为老人家的德行。

　　"远思扬祖宗之德，近思盖父母之愆"（《了凡四训·立命之学》）。

父亲有问题吗？有！他因为身体不好，老跟阿姨发脾气。"愆"就是过错，"盖"就是掩盖，不能说这事。这是字面上的意思。我们更深地理解这句"近思盖父母之愆"。实际上有父母的过错吗？没有！父母最大的过错是什么？就是你胡小林不学好，不积德，父母把你带到这个世界上，你给世界造恶，这是父母最大的愆。你要想把这个愆给盖住，没别的，断恶修善，父母就没过错了。父母在我的面前表现出有过错，那是因为我有错。"心外无境，境外无心。"父母是境，它在教育我。本着这个理念，就不再埋怨爸爸了，也不再挑妈妈的毛病了。

人生最重要的就是要有感恩心　我在开头给大家讲了"七个儿子跟一根拐杖"的故事，那位老人家——老婆罗门上街讨饭，七个儿子都不养他，把他轰出来。佛陀碰到他，告诉他，就感恩这拐杖吧，不要埋怨儿子了，你别老想着教育儿子回头孝养你，你就踏踏实实地止在这根拐杖上，只想着拿好这根拐杖，这是教他止。观呢？拐杖帮你走路，不摔跟头了；有恶狗来可以用它赶走恶狗，保护生命安全；过河的时候知道水的深浅。这是观。止，止在拐杖上，止在走路上，活在当下，什么都别再琢磨了，别再埋怨了。观，观这三件事，观这根拐杖的恩情，感恩它，感恩就能转化儿子。最后七个儿子全都争着要孝敬他。

这是真实的故事，佛陀利用这根拐杖把老人家的七个儿子全给度了。老人家最大的问题是什么？不知道感恩。

这个故事很深刻，纵然是像叫花子这样贫贱到了极处的人——贫是穷，贱是没有地位——他都有感恩的地方，那就是他手里的那根拐杖。感恩的心只要一出来，就有福了。懂得感恩的人最有福。七个儿子被感化了，他们忏悔，惭愧，争先恐后地要奉养他。

你胡小林着什么急？爸爸的眼睛不好，妈妈不学佛，自己得好好地练。**"徒向外驰求，内外双失"**，无益也。我要是劝爸爸"不能老发脾气，小阿姨比咱们孙子都年轻"，能有多大作用？佛陀让老婆罗门到法院跟七个儿子打官司了吗？有说儿子有赡养老人的义务？或者，佛陀把这七个儿子叫来教训一顿？没有。以佛之明哲，何不能以一言教之哉？佛这么聪明的人，教育教育他们不就完了吗？没有！福自己求。老人家福薄，有七个儿子可没人养他。星期一到星期天，一个儿子养一天，你都不至于出来要饭，你今天沦落到街头要饭，能埋怨谁？命苦不能怨政府，点儿背不能怨社会。——还是得埋怨自己没福。福在哪里？福自己求。如何求？怎么才能求来？佛陀当时说："人生最重要的就是要有感恩心！"

成立爱心基金，帮助小崔……这都是感恩的具体落实。感恩"感恩"！从二〇〇九年九月成立爱心基金到二〇一〇年七月底，启用了将近二十万块钱，使十三个家庭得到了利益。

我的家庭得利益了吗？

　　父亲眼睛的事，真是曲径通幽，歪打正着，治疗前列腺，眼睛开始见好了。真正的病根在哪儿？咱们认为是眼睛，佛菩萨万德万能，他大概不这么认为，他认为是下面出了事，所以他让你发烧住院。如果不发烧，没有症状，也不会去住医院——三十年的老毛病了，也没想着要住院。老年人发烧受不了，必须得住院。这一住院，大夫说索性请泌尿科来会诊。泌尿科教授做了检查，说："算了，这么大岁数了，弄个尿漏吧。"当时医生还劝我爸爸："很多老同志都做了这个尿漏，挂上一个塑料袋，挺好的。以后再也不为它费神了。"我爸说："好，那我就挂吧。"没想到这一来，视力开始恢复了。

　　我们要想解决问题，我们要想过幸福的生活，我们希望有健康的身体、圆满的家庭，一定要感恩，一定要改过。就全办了！

　　问题不在外边，哪有自性以外的境界？没有！牛奶在哪里？牛奶在水里，水在哪里？水在牛奶里。佛举了很多这样的例子，告诉我们：境外无心，心外无境。

我的母亲　这是讲了我父亲在"文化大革命"中的一段经历，再讲讲我的母亲。

　　我的母亲二十世纪八十年代初在市政府的一个机关单位工作。一个偶然的因缘，得知北京火车站平均每天发现六个弃婴，没人管，其中女婴居多。这些弃婴都有残疾：兔唇、先天性心脏病、佝偻病……大概都是到北京来看病的，治不好了就扔了。我母亲说，单单是北京站每天就有六个，那全北京市一天得多少个！老太太是做对外友好工作的，成天跟外国人交流，不是搞妇女儿童工作的。我们老太太当时就发了心：这些孩子太可怜了，得救他们。

老太太就去央求市领导："您给块地吧，我们准备盖一个残疾儿童幼儿园。"

"您那么大岁数了，算了吧，您享享福，弄这干什么？"

"哎哟，不行，我看那些孩子我吃不下、睡不着，你一定给我块地。"

老太太说着说着就给当时的市委书记跪下了："给块地吧，书记！"

她也算是老革命了，有些影响。就这么着，一是看着老太太的面子，二来为了孩子，这也是件好事，市政府领导把这事拿到办公会上，"行。"就给老太太批了块地。

二十年前的北京郊区，很荒凉的，不像现在都成城市了。我母亲他们就在郊区盖了一个幼儿园。盖了幼儿园，得有老师呀，谁愿意照顾残疾儿童，又没有编制！挣钱容易编制难，国家干部的编制就和城市户口似的，谈何容易。

老太太开始在市政府各个部门之间，不知疲不知倦地跑上了：拿批文、批指标。

请老师，薪水少了，谁干？那时候，社会上也有私立幼儿园了——高薪。老太太又开始给老师争待遇——盖宿舍，我给你们分房子。

那时候还没什么商品房的概念。这又一轮开始求，没钱呀！平地抠大饼、唾沫粘家雀、空手套白狼。老太太就求建筑公司，因为她哥哥在北京市主管过城市建设，她有关系。建筑公司是国企，国家单位，可是不给钱能干吗？为什么说党和国家好，现在这个年代，哪个民营企业家愿意干这赔本赚吆喝的事？所以，不能忘了国家的恩，不能忘了党的恩。

"老太太，您写个报告吧。"

老太太一分钱没有，就生让施工单位自己出钱给她盖了个幼儿园，又盖了老师宿舍。

老太太这回又成了儿童福利院的院长。福利院收留的全是残疾儿童。老太太怎么着？她的工作是接待外国友人的，外国友人来中国参观的最后一站就被安排到了儿童福利院，来看看社会主义制度的优越性。老太太为此成立了个旅行社，在全世界招揽这些善男子、善女人，到北京旅游，最后一站，参观儿童福利院。

这些国外来的大菩萨，一看到那些残疾孩子，就受不了了，没有一个不掉泪的，纷纷捐钱，自己的美元、日元、欧元、法郎、意大利的里拉，全都捐出来了；情到极致，金银首饰，手表、项链也摘下来了。

多圆满！既对外宣传了社会主义国家的优越性，又解决了幼儿园的财政问题。老太太不明白，咱们学佛的知道，实际上还帮着这些外国人修了福。斗粟可种无涯之福，一文可消千劫之罪。这些人来到中国玩了一圈，参了观，搞了友好交流，临走的时候还在中国这块福田上为自己种了福。

老太太没搞过妇幼工作。她哪来的智慧？爱心起作用！

老太太做这儿童福利院有二十多年了，几次提出说："我不能再干了，让年轻的同志干吧，我干这个这么多年了，八十多岁了，身体也不行了。"福利院的工作人员都不干。他们知道我母亲真爱他们，真为他们着急。

一到冬天，我母亲就跟我说："儿子，给点儿供暖费吧，儿童福利院锅炉要烧煤，妈妈代他们跟你磕个头？""老太太，您这不折我寿吗！要多少钱您拿吧。"

我们老太太求我，那真是……

到我们家就开衣柜。儿子，这棉被不要了吧？拿来；这枕巾都破成这样了，你也不缺这个，买点儿新的吧——旧的不去新的不来。天天到我们家划拉，不穿的背心、不用的枕巾、军大衣、棉被……都不破，现在哪还有破东西？划拉划拉就拿到儿童福利院去了。

我姨在铁路系统工作，她就求我姨："妹妹，那软卧车上的棉被，你们不是有淘汰的吗？你们淘汰不用的，我拿回去洗洗给孩子当尿布，现在这尿不湿太贵了，没钱买，行不行？"

我给我妈妈配了辆汽车，她每天到各个单位搜集东西，怎么都行！给钱也行，有钱出钱，有力出力。到了餐厅，说："你们剩的这豆包，早餐不吃的东西别倒了，我拿个大盆来，你们帮着给装上。"然后开着车就去了，再送回福利院。多远的路呀！汽油钱我掏。

孩子要体检、要治病。给兔唇的孩子做美容手术，说得让孩子活出尊严来。你知道缝一个兔唇多少钱吗！我妈妈又找到北京市卫生系统的领导——那真是大菩萨："你帮帮大姐。"

那位领导说："大姐，就凭您干革命一辈子这功绩，现在还弄这个？现在谁还管这个呀？"

先天性心脏病做一个手术要三十二万，我也不明白，反正是修复什么的。老太太到了专门治疗心血管疾病的医院，说着就哭："就剩四个孩子没做了，您还要钱吗？""不要了，大姐，冲着您，我们免费给做。"

天天围着这些孩子，就没见老太太干别的。

孩子大了怎么办？没有劳动能力，十三岁的大小伙子、大姑娘还住在幼儿园吗？不行了，是不是？老太太就苦思冥想，照顾孩子三昧现前！她真有智慧，她把这些十三岁的大儿大女们送到北京的郊区县，送到农民、山民的家里。一家收养一个孩子，一个月给五百元人民币补贴。给孩子们定期体检，"六一"接孩子们到市里一起过儿童节。

老太太不含糊，还整个检查小组。我问她："您怎么个查法？"

"我有办法，"她跟我说，"弄几辆汽车，每天在山里转，抽查，突击性的，事先不通知。到那去看看孩子有没有挨打，身上有没有长虱子，吃什么，洗干净没有，脖子上有油没有。还带着医生顺便给孩子做体检。要是发现对这孩子不好，立刻把孩子带走，不再给这家收养。"好家伙！这可意味着一年少一万块钱的收入。不得了喽！山民靠种山里红、核桃、栗子，一年挣不了多少钱。收养的孩子就是一个小财神，得供着，可不能让财神走了。

就这么着，孩子到了十三岁就离开幼儿园。八十年代建的幼儿园，到今年二十多年了，第一批孩子都已经二十多岁了，跟这些农民有了感情，成了一家人了。

咱们学习传统文化了，我们看看这个"孝"字，上边一个老字的上半部，下边是儿子的"子"。老祖宗有德，儿孙享福。

我原来总是很傲慢，自以为是，觉得我胡小林聪明，我能干；做买卖我辛苦，我勤劳；我就是运气好；做事认真，关注细节，细节决定成败，知识就是力量，学习改造命运——似是而非。细节决定成败？现在我不抓细节了，不是每年合同照来吗？而且每年还有百分之十、百分之二十的增长。

是祖宗有德。所以，我今天能学佛，这么好的因缘，不简单！这是我们老太太修来的。我得感谢我的父母。

我以前总觉得我的爸爸妈妈都特别愚痴。很早就出来闹革命了，可一辈子没什么光辉业绩，没有突出的成就，也没什么学问。今天再冷静地看，了得吗！你胡小林能比出这种境界来吗？学佛四年了，怎么跟爸爸妈妈比！惭愧！

"道人善，即是善。人知之，愈思勉。"

我现在找到跟爸爸妈妈沟通的内容了，到家咱就赞叹，称赞如来！他们不是如来吗？如来在哪里？如来在家中。谁不是如来？我们自己眼睛有分别，我们认为有些人不是如来，其实个个都是。魔和佛是一不是二，你心里有魔，你就感召魔来教育你；你心里是觉悟，就感召佛来帮助你：**"惟人自召"**《太上感应篇》。

现在常跟爸爸妈妈一起回忆往事，想起挺多他们做的好事。

一九五九年至一九六一年，"三年自然灾害"，副食品采取凭票限量供应的办法。妈妈是处级干部，定量虽比一般工人多，可一个月就一斤黄豆、两斤动物饼干的票。从工厂没走到家就给了工人了。为什么？那个工人没有她这样的待遇，他的儿子饿呀，就爬到树上，大把大把地吃槐花，可吃完槐花就大便困难。所以，老太太顺手就把黄豆和这两斤动物饼干的票送给了这位工人。我当时才五岁，这件事我印象特别深，回到家我爸还跟我妈不高兴了，说："孩子在幼儿园吃不饱，好不容易回家了，就等着两斤动物饼干，你还给了别人。"我妈说："咱们再难也比他们强，咱们还有办法，工人太困难了。"

那时候，国家是计划经济，涨工资不像现在，老板有钱想涨多少涨多少。那时，一百个员工的单位，只给两个调薪的额度。我记得我爸爸六次涨工资全让，他说："人家工资太低了，我工资比较高，让给那些需要涨的人。"
老太太亦复如是。他俩从来就没为自己考虑过。

这是我小时候的记忆。

我现在岁数大了，回想起来有爸爸妈妈陪伴的这个成长过程，真是觉得我有今天，还有点儿善根，都是跟二位老人的教育分不开。他们积了德，他们修了福，所以我今天才能那么好。

他们把传统文化给我演出来了，他们做到了。我要继承他们这个优良的传统，发大心：尽虚空、遍法界是我们的服务对象。他们没有这种认识，是因为他们没有碰到佛法——总在遇缘不同。长江后浪推前浪，我得干！**"远思扬祖宗之德，近思盖父母之愆。上思报国之恩，下思造家之福。外思济人之急，内思闲己之邪"**《了凡四训·立命之学》。了凡先生说的这"六思"，就是座右铭！天天要做到。**"心常谛住度世之道"**《无量寿经》，这就是度世，度自己就是度世。

咱们得有福，自己要修福。

怎么叫有福？婆罗门女念佛成了圣者，妈妈修了大福就从地狱出来了，是一不是二。

福从哪儿来？我们真要报师恩，就要从我做起，从现在做起，从身边的人做起。要做好样子，要给众生做好样子。我们是学佛的，我们要把佛法演出来。

我的衣服兜里，都是餐巾纸，前几天长春论坛桌上的餐巾纸、早餐没用完的餐巾纸，都拿回来了，不舍得扔。

我差这张纸吗？不差。为什么不舍得？没用完呢。上卫生间洗完手，不用再扯一张新的了，就用这旧的。报佛恩！家人看到，同事看到，给他们做个好样子：给孩子们留点儿。

事情不在大小，常存此心，功德无量。

一体的理论

中国传统文化讲的是什么？就我们企业这个层面，从事上说，讲的是感恩与改过——感别人的恩，改自己的过；从理上讲，中国传统文化告诉我们，一切众生跟我们是一体。如果有了这种认同，你改过和感恩就会非常地主动，非常地坚决，毫不犹豫。

在企业中落实传统文化，是"一把手"工程。作为企业的第一把手，只有我明白了，我带头做了，我给员工把这其中的理讲清楚了，整个企业才会被带动起来。所以，在用中国传统文化带动我们企业发展的整个过程当中，一直伴随着理论的讨论：为什么要感恩？为什么要改过？中国传统文化儒释道，特别是其中的释（大乘佛法），讲的是什么道理？

佛法里的六和敬是：一、见和同解；二、戒和同修；三、身和同住；四、口和无诤；五、意和同悦；六、利和同均。六和敬是大乘佛法。为什么？小乘不能六和吗？不能。为什么？因为小乘不涉及自性。自性是一不是二，所以才能和。如果自性是二，一跟二不一样，有区别就没法儿和。这是之所以六和能达到的理论基础。

《三字经》上说，**"人之初，性本善。性相近，习相远"**。我们要把自己的习性进行彻底的洗涮，让它回归自性。六和能达到。因为自性本有，法尔如是。

如何回归我们的自性？如何达到六和？那就是要改变我们的习性；改变我们的习性，就是我们经常说的修行。所以，改自己的过才能与他人达到六和。

什么是对、什么是错？什么是邪、什么是正？什么是善、什么是恶？标准在哪里？这些标准就在儒释道的三个根里——《弟子规》《太上感应篇》和《十善业道经》。

我们用这些标准对照自己的行持，对照自己的身、口、意，不相符的就给它改过来。我们的习性越靠近自性，大家和的程度就越高。真的有一天我们彻底地回归自性了，我们就成佛做祖了，我们就得度了，就跟西方极乐世界相应了，因为**"心净则佛土净"**（《维摩诘所说经》）。所以改正习气的过程就是回归自性的过程。中国禅宗六祖惠能大师在《坛经》上说过，**"何期自性，本自清净"**（《六祖大师法宝坛经》），所以，改正过错的过程就是回归清净的过程。你清净了，没什么说的，恭喜你，西方有分，得度了。一人成佛，九族升天。家里的人全跟着你沾光。

如果在这个世界上，有四个人真正通过改过回归到自性，见和同解，跟佛知佛见同和同解，地球就有福了。所以，自己修，自己跟西方相应，出世了；四个人修，这个地区的人得救了。自他不二，自度才能度他，这叫圆满。光自己得度，度不了别人，这不是佛法，佛是不二法门。

问题是，众生怎么是一体？大乘佛法告诉我们：同类相即相入，异类相即相入。相即是就体上讲的，你就是我，我就是你。当我是你的时候，相即，我就没有了，我就是你，你就代表我。当你是我的时候，作为相的你消失了，你就是我，我就代表你，这是就体上论。

说"胡小林的爸爸"，这就够了，你不用再问胡小林的爸爸是谁，叫什么名字，那这时胡小林的爸爸消失了，这叫相即。相入呢？作用保持着，就像两面镜子照着：左边的镜子有右边镜子的影，右边的镜子在左边镜子里边独立存在；左边镜子在右边镜子里边，也存在，相入。作用完全是两样，各是各的，但是你中有我，我中有你。体呢？我就是你，你就是我，这是相即。你保持你的作用，我保持我的作用，这叫相入。

举个例子吧。

相即，强调的是体。我举个例子——这不是我的例子，这是清凉大师在《华严经疏钞》上讲的例子，我特别受启发，也想拿出来供养大家，它把我们大家是一体这个道理讲清楚了。

他说有两个月亮。一个是我们在地球上看的月亮，小月亮，就跟乒乓球差不多大，离我们很远。这都是事，小、远、亮、圆。大月亮呢？当你到了月球上以后，你站在月亮上，那也叫月亮，对不对？你不能说它不是月亮。但是那是大月亮。你在大月亮上看不清楚这些事：什么小、亮、圆，它是地球人类计时的工具，它离地球很远。没有远，它就在你脚下。圆吗？根本就不圆，它是平地。亮吗？根本就不亮，地有发光的吗？没有。事完全不一样，这就是相入，各是各的。

体呢？一个。你不能说这大月亮跟地球上看的小月亮是二。大小不二、远近不二、亮不亮不二。地球上看到的月亮是全部，在月球上看到的是局部，局部全部不二。我们在地球上看的时候，大月亮隐了，大月亮不见了，隐了你不能说它不在，因为你没在月亮上，所以大月亮没有了。你到月亮上看，小月亮隐了，小月亮隐了不是没有。隐显同时，隐显是一，不隐不显，非显非隐，又隐又显。

同类是这样一层关系，都是月亮。举个例子。到了胡小林家，胡阿姨隐了，一九五五年出生的胡小林显了。那一九五五年出生的胡小林有很多事是胡大居士所没有的。第一，胡小林是男的，她是女的；大月亮小月亮。第二，我在内地，她在香港；全面的月亮，局部的月亮。我是学工科的，她可能是学艺术的；亮的月亮跟不亮的月亮……事上有多门，理是一个。到了胡大居士家呢，胡小林隐了，胡显出来了。我跟胡是一，只是隐显不同而已，这叫相即。

她就是我，我就是她，总在遇缘不同。这道理很深。

同类是这种关系，异类呢？《华严经》上讲，异类亦复如是。到了山河大地，我们看到香港海，胡小林隐了，香港海显了。到了老胡家，香港海隐了，老胡家的胡小林显了。异类，一个是海，一个是人。

如果这个道理我们真认同，理明白了——我虽然没有感觉，虽然我现在没有证得这种境界，但是做起来心里踏实，真敢干呀。这是我的体会。所以经教不能不学，祖师大德的这些注疏不能不学。

所以，建立在这样一种基础上的慈悲是真正的慈悲，我就是你，只不过遇缘不同。这个理我们今天没有证得，但是我们明白，明白就要照着去做，越做得多，你对这个理的理解越深刻，感受越直接，取得的殊胜果报越大。

四种缘起　我们学经教这么多年，什么是缘起？咱们查丁福保的《佛学大辞典》，缘起是"事物之待缘而起也"。事物依靠缘分而起，事物依靠条件而起。佛法里说有四种缘起，"小、始、终、顿、圆"，不算"顿"教、不算禅宗，即小乘教、大乘始教、大乘终教和圆教（就是华严宗）。四种教下，四种缘起，后后包括前前。

小乘教的业感缘起，讲事物是怎么来的。讲惑业苦三道辗转，因果相续。因惑造业，因造业受果报，因果报而受苦，事物是这么出现的。对吗？对！有因就有果。印光老和尚说：理不出心性，事不离因果。业感缘起只讨论到因果这个层面，没有把自性、阿赖耶识、如来藏拉进来，这是小乘。

大乘始教呢？也就是法相宗，叫阿赖耶缘起。就是说你看到的事物是怎么产生的呢？阿赖耶识里的种子变现的，三细相变六粗相，六粗相最后变成我们这个世界。玄奘大师，法相宗创始人。因为有些知识分子较劲，你必须给我说清楚世界怎么产生的，芸芸众生怎么产生的？那咱们没什么说的——佛教心理学，告诉你物质精神、业相、转相，见分、相分、自证分、证自证分……你不给他掰开了揉碎了说，他不信。所以法相唯识宗解决这个问题。

第三种缘起叫如来藏缘起，大乘终教。如来藏在哪里？如来藏在烦恼当中。烦恼是什么？烦恼就是自性。如果用电视机的荧光屏和电视机中的图像举例，则阿赖耶识只谈到荧光屏上面出现的这些图像，并没有涉及荧光屏本身。而如来藏缘起是把荧光屏拉进来，告诉你荧光屏上的相（图像）是由这个荧光屏产生的。荧光屏在哪里？荧光屏在图像上。图像是什么？图像就是荧光屏。所以说，境外无心，心外无境。又比如说，金子在哪里？金子在金器当中。金器是什么？金器就是金子。**"全妄即真""全真即妄。"**（《楞严经直指》）这是如来藏缘起。

圆宗[1]（如华严宗）呢？**"圆宗叵测"**（《修华严奥旨妄尽还源观》），

---

(1) 圆宗：乃以大乘真实圆满之教义为旨之宗派。

不好理解。法界缘起，什么意思？你看到的所有万事万物，尽虚空遍法界，一时顿现，要来大家一起来，要灭大家一起灭。这个关系讲得透。这个法界当中不是说张三没有，就没胡小林了，不能谈这张三了，这个法界当中有一粒微尘没有了，你就不能存在了，要来大家一起来。你还别看不起这粒微尘，没他就没你，一时顿现；要有大家一起有，山河大地，蚊蝇蚂蚁，粒粒微尘。这是法界缘起，一时顿现。

今天胡小林能当老板，有天伦之乐，能学佛，能去西方，你还别牛，你还别傲慢，我告诉你，要是没有屋里这粒微尘，就没有你自己。更何况我们的父母，更何况我们的员工，更何况我们的兄弟姐妹呢。

《华严经》不是拿来谈玄说妙的，是告诉我们法界是怎么形成的。这个道理明白了，你要真做到了，你就成佛成祖了。佛就是这么成的，这是他的境界。我们一定要加大自己的学习力度，学习不能不认真。

参加六和敬的会，我也很感慨。我自己暗暗地下定了决心：尽形寿，学好，把佛菩萨、祖师大德传到我们这一代的佛法，要不遗余力地学，能学多明白就学多明白。每一个基本概念、每一个基本方法、每一个基本境界都要搞清楚。学，咱们就像个学的样子，学好做好，下大力度真干；同时传好，要把佛法传下去。这么好的东西，这么好的教育，千万千万不能毁在我们手上！这种责任感我现在越来越强烈。

能救世界，能经世出世，这是《了凡四训》上说的。经世，就是你这一辈子活着，在世间，它能帮你经营，能帮你管理，能够帮你达到完满幸福的人生。出世呢？能够做佛做祖。**"法者。万世生灵之眼目也。不有正法，何以参赞天地。何以裁成万物。何以脱尘离缚。何以经世出世。故凡见圣贤庙貌。经书典籍。皆当敬重而修饬之"**（《了凡四训·积善之方》）。

我们是佛弟子，我们身边就有这些经教，就有这些法宝，我们怎么对待？我们要学好，做到，传好，要把佛菩萨的教诲在生活当中演出来，让人看了信服。那你就是善财童子，你就是在表演。善事阴功皆由心造，不是需要多少钱，也不是需要什么水平、经验。**"善事阴功，皆由心造。常存此心，功德无量。"**

行有不得

我们整个公司在落实传统文化，我带动大家，我先学，我先做，我先传。怎么传？言传身教。怎么言传身教？员工跟我在一起，反正我就记住这两句话——感员工的恩，改自己的过。怎么感员工的恩？把员工放在心上，随缘妙用无方。员工有什么缘出现，我们就随什么缘。

我们工程部有个小刘，一直有人投诉他。说甲方总找不到他，打电话给他，不是关机就是无人接听，开工程例会也不来，甲方特别有意见。他当时是刚刚从售后服务部调到工程部主抓项目的，甲方通过销售部对他投诉得更厉害！

当时公司想过要炒掉这个小刘，太失望了！造成了极坏的影响，直接影响了开发商对我们的信心。

《了凡四训》上说：**"行有不得，皆己之德未修，感未至也。"** 又说：**"谤毁之来，皆磨炼玉成之地。我将欢然受赐，何怒之有。"** （《了凡四训·改过之法》）小刘这种逆境出现了，也是磨炼玉成之地，何怒之有？欢然受赐，赐是什么？赐是皇帝给大臣、给平民百姓的东西，是上级给下级的。你看看人家这些古人，对逆境的看法——赐给的，感恩吧。

我说，我们不能一出了问题，就是员工的问题。员工是领导的镜子，员工身上的问题绝对就是领导的问题。阿赖耶识里没有这些乱七八糟的东西，你感不得在你眼前看到的这种景象。换句话说，这个工程师的表现在教育我们，我们缺这一课。我们领导不负责任，我们领导不认真，他教育我们要反省自己，员工是我们的镜子。要生起惭愧心。病没好，这门课不及格，感得老师再次来到身边教育我们。小刘这位老师来了，公司肯定在教育员工、在工程环节上存在问题，他就钻你这个漏洞，把问题给你暴露出来，你不能说他不是老师，要不是他做这个示现，你怎么知道你的工程管理环节上会有疏漏？你怎么知道我们感员工的恩、感开发商的恩、感甲方的恩做得不彻底？教育没跟上，员工才会出现这个问题，教育要是跟上了，员工会这样做吗？还是自己有问题。

问题暴露出来了，这就是我和中层干部有交接点的时候。平日，你不找胡小林，胡小林不找你；你找了我，咱们就拿佛法、就拿《弟子规》说事儿。

小刘就是一面镜子，这面镜子照出我们脸上有疙瘩，疙瘩不在小刘身上，疙瘩在我们领导的身上。把我们领导的脸治好了，镜子上的这张脸就好了，小刘这事就不在了。一定是这么一个知见，对此要坚定不移。

我经常跟我的员工和中层说日本公司的管理模式。日本公司是怎么做的？发现了问题，大家不埋怨，不指责，不找责任，一起把问题找出来；找出来以后，大家一鼓掌，互相一拍手，问题解决了。是领导的问题，领导包了；是员工的问题，员工提高觉悟。日本人哪来的这智慧？中国传统文化教的。

对小刘的投诉来了，客户很反感，而且这是很重要的客户。我说，咱们要转变观念，再也不许用罚、扣，甚至是解雇的方法。我的经理问我：那咱怎么办？

我说：怎么办，你回去开你的会，你不是部门经理吗？查工作流程，看是哪个环节疏漏了，导致他这样做。据我的猜测，肯定是教育的环节，平日只重视做事的教育，不重视做人的教育，才导致今天这个恶果。你得给员工恢复做人的教育。

我们这位经理是个职业经理人，特别重视程序、制度、规章、流程，典型的一个白领。说到传统文化，说到讲道德、讲伦理、讲因果，不重视。反正你老板这么说，我也不能说别的，但是你是你，我是我，两张皮。

这时知道，小刘有困难。——他在试我的底线。小刘上班去工地，五点多起床，到了工地也得八点半了，所以想买辆车，可钱不够。他的主管经理就反映到我这儿了。都是要炒掉的人了！

上辈子不欠他的，你根本就听不到这几个字。阿赖耶识没这个种子怎么会起现行呢？借钱给他吧。

小刘的身上还发生了一件事，我们启动爱心基金，帮助了他的姐姐和姐夫渡过了一个难关。

这是他的姐夫给我们写的一封信。

感谢信

尊敬的公司领导，各位员工，大家好！

我叫李杰夫（化名），家住在河北廊坊，是贵公司员工刘同（化名）的姐夫。今年五月底，我们仅八个月大的女儿李汇京（化名）被诊断出患有腹膜后畸胎瘤。

由于当地的医疗条件有限，我们夫妇二人只好带着小女赴京求医。我们家经济条件比较拮据，爱人怀孕后由于胎心不稳就没有参加工作，一直在家休养，我们家的经济来源一直靠我的工资支持。我在廊坊开发区一家民营企业上班，平均一个月的收入加上年终奖金不足三千元，扣除房租费用、生活费用及其他各种花费，一年下来只有微薄的积蓄。

女儿出生时由于早产，在医院的特护病房住了一个星期，前前后后一共花了近二万元，本来不多的积蓄也所剩无几。这次小女生病，身在京城，除了不菲的医疗费用外，吃住行等花费也不少。住院之前，各种检查化验、药品等费用就已经花了八千元，做手术住院还要再交二万元，这就使我们本来不宽裕的生活更加捉襟见肘。进退两难之际，贵公司领导知道了我们的情况，胡总立即决定启用贵公司的爱心基金，并无私地伸出援助之手，无偿地援助我们一万元人民币，为我们解决了燃眉之急。

女儿手术很顺利，一周后出院，如今已痊愈，在家静养。在此，我们夫妻二人感谢贵公司领导，感谢贵公司所有员工，感谢贵公司设立的爱心基金，在我们最困难的时候雪中送炭。此期间，我们知道贵公司的宋经理、张经理一直在关心着我们女儿的治疗以及手术情况，在这里我要特别感谢这两位领导，这段时间让你们费心了。

通过小刘，我还了解到贵公司董事长胡总，正在带领公司所有的人一起学习传统文化，学习《弟子规》。我还浅薄地了解到，传统文化《弟子规》给予现代社会人带来的好处。现在我们全家已经开始学习传统文化了，开始学习《弟子规》了。并且我会努力地宣扬我身边的所有人来了解传统文化，学习传统文化。

在医院结算清所有费用后，贵公司所捐助的一万元未能全部用完，剩余一千元。我夫妇二人决定把这一千元捐助于贵公司的爱心基金，让它去帮助所有遇到困难的人。在接受无私的援助、温暖的关爱的同时，这也使我们夫妇二人在心里做出决定，在我们的能力范围之内，我们会力所能及地帮助别人，把这种爱心，这种助人为乐、雪中送炭的精神再传递出去。

再次向贵公司致谢！

李杰夫携爱人刘芝婕（化名）、小女李汇京拜上

二〇一〇年六月三十日

腹膜后畸胎瘤，什么意思？原来是双胞胎，一个胎儿死在另一个胎儿的肚子里了，落在腹膜后。这个病很危险，八个月大的女儿！

我就不知道他是需要两万。经理没汇报，读到这儿我才知道，我应该给他两万，少了。

这个小刘后来还收到了甲方的表扬信，表扬他敬业、付出、奉献……就这个意思吧。这对我来说是个特别大的意外，这么一个错漏百出、让每个人对他都丧失信心和希望的员工，怎么搞的？他现在变得这么好！我们工程技术部这么多年就没有几封甲方给我们写的表扬信，不让人感

动到一定程度，怎么可能！甲方是上帝，是父母官，你挣人家的钱，人家还给你写表扬信？烧的呀？

为什么？不能批评，不能对立，要采用感化的方法。

人是可以变的。**"行有不得，皆己之德未修，感未至也。"** 为什么感未至？至诚感通，为什么我们感通不了？因为我们不至诚。是什么东西使得我们不至诚？自私自利，对立的情绪。

善有半有满 做善事不能著相，一著相就变成半了。《了凡四训》上说，善有满有半，有真有假。如果不著相，则**"根心者真"**，发自内心的是真的。**"袭迹者假"**，说，爱心基金有了，前边都给了，这次尽管心里不愿意，但是也得给，这叫"袭迹"，按上一次的惯例做。**"无为而为者真，有为而为者假"**。（《了凡四训·积善之方》）他表现好就给，表现不好就不给，那不就是有为吗？你有目的。

"内不见己，外不见人，中不见所施之物。是谓三轮体空，是谓一心清净。则斗粟可以种无涯之福，一文可以消千劫之罪。" 小刘这件事，内不见己了吗？见己了；这是我的钱，怎么能够给一个快被开除的员工？外不见人呢？见了；他是小刘，他要是小张可能就没问题了。中不见所施之物：几万元！开什么玩笑？一千块钱就算了。所以公司福薄，你心不清净。一斗的粮食可种无涯之福，一文钱、一分钱可消千劫之罪；善事阴功皆由心造，心不清净就全完了。

　　小刘转变了，他的姐姐、姐夫转变了。而且，他姐夫开始学习《弟子规》了，还要带动他身边的人学习传统文化，要雪中送炭。这就是佛法的力量！说什么呀，现代的企业管理能达到这种局面吗？活，活干出来了；人，人变了。君子乐得做君子。

　　一分忠诚等于一百分管理，人心过来了，他对公司忠了，他对公司爱了。依报随着正报转，小刘是正报，客户就是他的依报，甲方就是他的依报，我胡小林也是他的依报，正报一转，我这个依报能不变吗？所以利益别人才是利益自己。

　　这个故事对我们的教育很深，我们就及时总结。总结不能落在事相上。拿大乘佛法讲！你们不都说，佛法这东西，是老头儿老太太、没文化的人学的吗？学佛的人，理也讲不清楚，事也做得不够好；不学佛还像个人，一学佛还贡高我慢，满眼地看人家不是，挑别人的毛病。我们今天给大家做个好样子。

　　"上报四重恩"，第一重恩就是国家的恩。你怎么报？佛弟子不能挂在嘴边从嘴皮子上划过。这是不是上报四重恩？我们为百姓解决困难，为社会化解灾难，为社会减轻负担，这不就是报国家之恩、报父母之恩吗？拿什么报？我修了福，我帮助人，谁的原因？爸爸妈妈的原因。爸爸妈妈不生这么一个好儿子，胡小林怎么能帮助别人。爸爸妈妈能没福吗？有福的人能不长寿吗？有福的人能不健康吗？有福的人做事情能有障碍吗？没有！所以，帮助小刘就是孝敬父母，自他不二。大月亮小月亮是一，孝敬小刘就是孝敬爸爸妈妈。广修供养讲的就是这个道理。

为什么要广修供养？我们跟佛是什么关系？他是主，我们是伴，依正庄严。我们是佛菩萨的依报，我们供养了诸佛，诸佛欢喜。诸佛最欢喜什么？法供养为最——你们真照他说的去做！他觉得我在这世界上还有人需要，你们就这个需要的感，他就留这了。佛菩萨没有自己的意思，我干吗要活八十、活九十，你需要我九十我就九十，**"随众生心，应所知量"**。

众生要改过，众生要学习，随你们这个心我就待在这儿了。所以不是撅着屁股磕头，请求老师长久住世。你需要他教，他就留下了。这件事你求他没用，得求自己。你学了以后，你贡高我慢，越来越自私，越来越跟人家不合群，越来越给社会造成危害，你这就是轰老师走呢，你不需要他。你这是造恶，毁坏正法，断佛慧命。

忙什么呀，每天？小刘这件事情来了，中层干部一到会议室，咱就一个钟头，谈体会，大家说说这件事。我现在不开销售会，我也不布置工作，我也不检查你们花了多少钱，我用不着。

七个儿子和一根拐杖的故事咱们明白，你感拐杖的恩，七个儿子争先恐后来把老婆罗门——那个乞丐请回家去孝养。还是那句话，佛陀没让老婆罗门去找街道居民委员会，也没让老婆罗门去法院跟七个儿子打官司，要儿子尽义务。没有。佛陀说，你好好感恩你这根拐杖，你的儿子就能转化。

依此逻辑推理，我好好地感恩员工，合同是不是就能来？公司是不是就能挣到钱？是不是开发商就争先恐后地把合同给我？是的！信为宝藏第一财，你信不信？世尊当年在经上讲，"信为宝藏第一财"。你没福，你不信，这第一财你没得到！要信佛，信佛是真难，但是一旦信了，了不得了。

所以我没有批评小刘，那几个月我也没找过他谈话，上班时见着了："小刘，来了。""胡总，来了。"要搁我过去，我会怎么着？"小刘！到我办公室来一趟……你小子争点儿气，我把你留下来了，你不看僧面也得看佛面，你要做得不好，不是为难我吗？你不冲别人得冲着我，公司得一碗水端平呀。"你看，这全都是别人的不是。这在我过去算是客气的，我不骂你、不开你，还说你得好好干，你得给我争口气，我认为这就够可以的了。问题在外面吗？是小刘不好好干、不给我争气吗？不是，是自己福薄。你福薄，才会感得这样的事情出现。福厚的人怎么会碰到这种情况？

福从哪儿来？命由我造，福自己求。什么是修福最好的方法？感恩，改过。就齐了，什么都甭琢磨了。一天二十四小时，十二小时感恩、十二小时改过，你大富大贵，李嘉诚有望。我想李嘉诚老先生肯定上一辈子就是十二小时感恩、十二小时改过，人家今天就这果报。福修得太厚了，点石能成金。

做买卖的人没有不羡慕李老先生的。我有同事以前在老李先生的公司工作。一九九七年亚洲金融风暴，香港有跳楼的，解雇员工、公司倒闭关门的事情太多了。李嘉诚先生怎么做的？员工一个不炒，工资一分钱不降，只降福利。公司在这个时候跟员工共渡艰难。

知道老李先生为什么发了吧？忍人所不能忍，行人所不能行，成人之美，代人之劳。能不能炒？可以炒。公司亏了吗？亏了。**"行有不得，反求诸己。"** 这跟员工多少没关系，跟员工的工资多少没有关系。这件事不关乎别人，关乎自己的福气。

我们学了大乘佛法，学了圣贤人的教育，心明眼亮，这点儿事情执行起来坚定不移。我有决心，中层就有决心。因为这是胡小林的钱，只要胡小林不说 No，大家还有什么说的。所以，鼓励大家，一次一次地鼓励大家，不仅不批评，还多做感化工作。

《了凡四训》上说，当年舜帝在湖边，见到老弱病残都在浅滩急流钓鱼，年轻力壮的都抢那深潭厚泽。他一句批评都没有，见人有抢的，压住不说；见人有让的，揄扬而褒之，表扬。**"朞年，皆以深潭厚泽相让矣。夫以舜之明哲，岂不能出一言教众人哉。"** 第二年，大家彼此都会谦让。舜帝这么聪明的人，这么有水平的人，为什么不

能说句话教育大家呢？**"不以言教而以身转之，此良工苦心也。"**（《了凡四训·积善之方》）

要学圣贤。这是中国传统文化的精髓，至真至正，至精至邃。你不学，你不用，你命薄，你福薄，这你怨谁？所以，命苦不能怨政府，点儿背不能怨社会，是自己不争气，《弟子规》上说的"自暴自弃"。

所以，我们学了传统文化就是要干。干，落实在两件事情上：感别人的恩，改自己的过。就行了，你就有福了，你就踏踏实实地吧。君子乐得做君子，小人冤枉做小人。你不明白，你看错、想错、说错了，你可怜！宝藏第一财——唾手可得的东西，你不信。

一本《正蒙宝典》，里面的东西太多了——《太上感应篇》《弟子规》《了凡四训》《朱子治家格言》《百家姓》……什么都有，北京广化寺恭印，我们助印的。两块钱一本。用得着计算机吗？不用！会用计算机的人为你服务，你当甩手掌柜的。到香港来需要托运行李？不用！背一本《正蒙宝典》就够了，再拿本港澳通行证。有福，有福的人不用忙，没福的人白忙。

福是越修越厚　学习传统文化能带来真实的利益，不是风花雪月。我们想得到传统文化的利益就要落实在感恩与改过上。福是越修越厚，《了凡四训》上说，改过之后，**"经一七二七，以至一月二月三月，必有效验"**。**"明须良朋提醒，幽须鬼神证明。"**很多不可思议的现象就发生了。

跟传统文化在一起三年半了，这样的事情太多了，因为天天跟《弟子规》生活在一起。我再给大家讲一件不可思议的事情。

我们的售后服务现在越来越扩展了，有二十万个用户。维修站的规模不够，怎么办？得扩充。扩充就得重新租房，重新建维修站。重新建站得找地方，我们就找了个地方。在北京东南五环，有个乡里的一个大队，有一个一千多平方米的房子。年租金三十八万五。咱们也想着省点儿钱，也不是为自己省，想省下来印点儿《弟子规》。我的朋友在那儿当领导，每平米每天一块二降到了九毛。我的售后服务部经理就给我打电话说："胡总，按着您的意思，就别再压人家了，一块二降到九毛可以了，一块钱以下。一般仓库每平米每天还六毛五呢，咱这写字楼九毛钱差不多了。"我说："行，就这么着吧。反正背着抱着一边沉，是你的该来就来，差不多就得了。"

那天是星期四，晚上正好区领导请我吃饭。为什么区领导请我吃饭？因为她的乡里有个人得了肝癌，我给介绍了位中医大夫，看了以后不错，效果挺好，大姐非要感谢我，感谢这位大夫。说，人家大夫来北京了，咱们今儿晚上一块儿吃顿饭，谢谢人家。这病看了一年多了，挺好。

这位病人是个普通人，当初大姐跟我说："你多照顾照顾他，你有路子，认识人也多。"那咱就尽心尽力吧。当时还有夹杂，因为大姐是官，有权力。她给我布置的活儿，我得好好照顾着——心不清净。他的癌症很重，肝硬化变成肝癌，三分之二的肝脏都切除了。中医治了一年，不错。大姐要请大夫吃饭。

她说，你到哪儿哪儿来，我给你订个单间。但是我不能陪你，我隔壁还有一桌。我去那儿给你们把这桌一开，敬杯酒，我就去隔壁照顾，你跟大夫一块儿吃，你代表我感谢大夫。

我说："行，大姐您放心，您忙您的，这点儿事儿我来。"我们就去了，是星期四的晚上。

当天下午我的经理给我打电话，谈妥了，第二天星期五签合同、付定金。年租金三十八万五，先付二十万。大姐本人就是从这个乡出来的，这个乡里的乡长晚饭也参加了。租房的这层关系是乡长给我们介绍的。

吃饭的时候，大姐开完桌就到隔壁屋去了。快吃完饭了，就要结束了，大姐回来了。我们这时候都上水果了。大姐就问："怎么样弟弟，最近生意还行吧？"

我说："还可以，大姐，托您的福，我们现在到您的乡里建一个维修站。"

"干吗跑那儿去？穷山恶水的。"

我说："大姐，您客气了。到您的码头上了，您以后还得多关照我，弟弟在您那儿弄个售后服务维修站，挣点儿钱，您多帮忙，多罩着点儿。"

"没问题，在哪儿呀？"

我说在哪个哪个大队、什么地方租的房。她的脸一下就拉下来了："别介呀，今儿下午刚开了区长办公会，那个地方要全部拆迁，三十亿买断。"她就批评那位乡长："你怎么让胡小林签那个合同？那地方马上就要拆，你知道吗？"

他说："大姐，我不知道呀！"

"下午区里刚定的，你赶快吧，别跟他签合同了。"

乡长说："大姐，这怎么弄？我那儿还有新开的4S店呢，人家都装修到一半了。"

"那你赔人家。"

乡长说："大姐，赔是一回事，耽误人家的事儿可不行，那4S店都是特别豪华的装修，你赔人钱，人到哪儿找地方去？"

大姐说："这是你骡子杠子的事，你自己倒霉的事，自己去处理。"

咱就躲过去了。谁想到下午区长开的会，晚上我跟大姐见面，第二天本来就要签合同了。

我说："大姐，我这站怎么弄？"

她说："你怎么糊涂啊！另外一个村规划都完成了，不再拆迁了，绿化改造都完了，它的村委会不是搬了新楼吗？村委会的四合院多好，九百平方米的建筑，还有个大院子。"

我说："能行吗？"

她说："怎么不能行？你让乡长帮你联系。"

当时，饭桌上，乡长就给那个村的书记打电话。村书记问：胡先生给多少钱？有人出五十万，都准备租出去了，地方都腾出来了，桌子都搬走了，下礼拜就要把这房子交出去了。

乡长跟他说："千万不能给，这是咱们的朋友，咱们那谁谁（说那病人的名字）就是胡哥给一直看着呢，这事不是钱的问题，是情分的问题。"

村长问："能给多少钱？"

乡长就问我："你能给多少钱？"

我说："还是四十万呗。"

他说："别人出五十万。这么着吧，就四十二万，我做主了。"

四十二万。比原来那边三十八万五多了多少钱？多三万五。可是不一样啊！面积都一样，这是个大院子。这个院子，我能盖两个仓库，把我原来的仓库搬来。一个仓库每年二十万我省下了。四十二万再减二十万仓库钱，我只花二十二万。钱省了，仓库还跟我们在一起了。原来我想着，这个三十八万五的，是一个小楼，仓库问题解决不了，没地方盖。因为维修站需要备件，原来得到五十里以外的库房取件回来，再放在办公室的小仓库，多麻烦！

现在这个有院，而且还是个封闭的院子，我不仅可以盖个仓库放零备件，还可以种蔬菜，绿色的，环保。

我还让装修公司布上线，放阿弥陀佛佛号。原来那个三十八万五的楼没有职工食堂，那边没有天然气管道，只有电，用电做饭不行。现在里面有职工食堂，吃饭问题解决了。这是一个 U 形的建筑群，还有宿舍、浴室、职工食堂，有仓库，有个培训中心可以学习，再加一个佛堂，全有了。关了大门就是一个院子。

这人福气来了，就得到这么一个好的果报。所以，福地福人居，福人居福地。

我现在不看报纸广告了，也不开会布置工作了，也不检查财务部的收入了。这件事情出来了，咱们请上中层，利用星期五下班之前，拿出来分析分析，碰碰头。这都是大家经历的事，我用佛法总结一下，大家觉得对不对？不对，提出疑义；对呢，感谢三宝加持。

我就是这么样，拉着这几个人一次一次地揉制，掰开了揉碎了，深入浅出，条块分明地讲。还让大家提问题，还有什么不明白的。教学相长，我教，大家提问题。真有提的，真有学的，这就是一个问题，不容易回答呀。

员工说："胡总，我提个问题，您别不高兴。"

我说："不会的，学传统文化了。你学习、提问题我还能生气吗？"

"我可不是不尊重您，我觉得《了凡四训》有问题。"

我一听这个，《了凡四训》有问题？我说："你行了，别瞎说八道，印光老和尚推荐的，不明白你就说不明白。《了凡四训》上中峯禅师说，'**凡情未涤，正眼未开，认善为恶，指恶为善，往往有之**'（《了凡四训·积善之方》）。所以，你正眼未开，不能瞎说！"我说，"你说吧，有什么问题？"

这个人还真是学了，她说："您说，孔先生给了凡先生算命，怎么就没算出来袁了凡三十五岁会碰到云谷禅师？既然二十年都算得那么准，怎么他就没算出来了凡以后会学佛？这不能说他准，什么原因？"

我一听这个，学半天还真没人提过这问题。我也是因为成天念佛念经的，心清净了，就给大家讲。今天正好咱们拿出来讨论讨论这个问题，我这个答案不一定对，我是这么认为的。

是，孔先生没算出来他三十五岁会碰到云谷，这是人生重大的转折，理应算出来。因为这个事件让了凡的命运有了很大的转变，如果这都没算出来，那这个孔先生应该有问题。有这么一个考虑点，袁了凡遇到孔先生那天一直到三十五岁，这二十年他有变化没有？有！什么变化？即要妄想，亦无可妄想了。跟云谷禅师对坐三天三夜，没有闭目。云谷禅师问了凡：**"凡人所以不得作圣者，只为妄念相缠耳。汝坐三日，不见起一妄念。何也？"**三天三夜没有一个妄念不是小功夫，这不是普通人能做到的——只因为妄念相缠。他说，我被孔先生算定。**"即要妄想，亦无可妄想"**。（《了凡四训·立命之学》）我想也是白想，所以也就不想了。这妄念一止，不造业了：好的也不想了，坏的也不想了。

这说明什么？妄念，折损福报。妄念一息，福报现前。三十五岁碰到云谷前，不能说孔先生算得不准，换句话说，他碰到了凡那天，了凡的命运走向和生命轨迹是当时的数据决定的。他一定会在五十三岁那一年的八月十四日丑时寿终正寝。命中无子，当选四川一大尹，没有考中功名。

但是了凡先生遇到孔先生之后，这些数据变了。没妄念了。没妄念就不造恶了。随缘，逆来顺受。好坏都一样，争也没用，就不跟别人结怨了，都是命里有的。老实了，听话了，随缘了。就这随缘一条，你看多大的福报！不再跟人掰扯，不再攀缘了，兵来将挡，水来土掩，就这么着了！——福报现前。

我就这么回答了我的员工的问题。不一定正确。但是确确实实袁了凡遇见孔先生之前和之后，唯一的一个变化：一切**"澹然无求矣"**（《了凡四训·立命之学》）。

这个故事从侧面告诉我们什么？妄念折损福报，有求折损福报。所以，了凡先生说的那句话，大家得仔细认真，**"一毫觊觎"**，觊觎就是非分的希求；**"一毫将迎"**，将迎就是患得患失，阿谀逢迎，为了获取意外的收获；**"皆当斩绝之矣"**（《了凡四训·立命之学》）。他这两条做到了，非分的希求没有了，患得患失没有了，知道都是命中注定的。所以，福报现前了，碰到云谷禅师了。这么一代高僧大德被他给碰到了！了凡先生他自己没有回答这个问题，但是，我们熟读《了凡四训》，就能看出了凡先生这一生的轨迹。

　　所以，跟同事们一块儿学习《了凡四训》是很有意思的一件事。用它能解决公司发生的事情，同时，同事们对经教也越来越有兴趣，觉得说得对。小崔妈妈的病治好了，维修站选址这么不可思议，星期五就要定的事情，星期四晚饭就发现了问题，避免了公司的损失，一点儿都没耽误。而且还歪打正着，搂草打兔子，打来了这么好的一个维修站。大家的信心也慢慢建立了。

十善　《了凡四训》上说有十善："**与人为善**"，"**爱敬存心**"，"**成人之美**"，"**劝人为善**"，"**救人危急**"，"**兴建大利**"，"**舍财作福**"，"**护持正法**"，"**敬重尊长**"，"**爱惜物命**"。（《了凡四训·积善之方》）抓住这件事我就开会，你不找我，我找你，这是要布道了。贪瞋痴慢的事儿你也别找我，我也不找你。这事我得抓着你们，这是劝人为善。开会、举扬正法，尤当勉励，这是护持正法。

　　我们对照《了凡四训》这十善，再看我们的日常工作当中，每一件事实际上都在贯彻这十善。我们有时不知道这是善，这善来了你没抓住；或者你认为那是善，可实际呢？未必然，不一定的！甚至终身勤励，不知是在造孽。

"跳悬崖"的例子　我的体会，生活工作当中，认认真真地学《了凡四训》，够了！真做到就不得了了，西方有分。

　　戒律，我们有《弟子规》《太上感应篇》《十善业道经》《沙弥律仪》。理呢？那就是《了凡四训》。

　　《弟子规》是给孩子讲的，这个阶段不能讲太多的道理，只能告诉你事儿，你只要记住，坚持这么做，等大了就明白了。成年人学习《弟子规》，障碍就在这儿，你老跟他说，你得这么做。为什么呀？太枯燥了！这跟我的生活习惯太不一样了。特别是对现代城市生活的这些人，你得把道理给他讲清楚，现在人根器差了，要问个为什么，要打破砂锅问到底。

我在公司经常给他们举"跳悬崖"的例子。他们的问题特别多，一大堆的问题，全都是说外边如何。有些时候他的问题都给他回答好几遍了，但是他还是要经常提。有一次我就想，我怎么才能让他们不再提这个问题，老老实实地修学。我说："你这些问题问了好多遍了，我就不再正面回答了，挺累的，我给你们讲个故事。"

佛说，众生分四根。从理上说，大家都有佛性。从事相上讲确确实实有区别，根之利钝，有上、中、下三种，还有一个，没善根———阐提。

有个一千米的悬崖。咱们这些中层干部都到那排队，跳啊！不能跳是吧？跳要死吧？那还用说吗？肯定不能跳，这一千米的悬崖跳下去能不死吗！你看，不问为什么他就理解，他就回头了，回去了，不跳！上根。上根一说就懂，示转，佛三转法轮。这是示转，一说你就明白了，不用啰唆。

我跟我的中层说，中根什么样啊？得问啊："胡总，为什么这一千米的悬崖不能跳？"

"跳就死了。"

"为什么就死了呢？"

"摔死的。"

"为什么就会摔死呢？"

"你想，物理学上重力加速度，每秒的平方九点八米。m 是你的质量，就是你这八十多公斤，再乘上九点八，再乘上一千米，你算算，你落到地面的时候，多大的动能。"

"这么大的动能又怎么着？与我有何干？"

"这个动能就转变成势能了，势能就产生力。"

"产生力又怎么呢？"

"作用在你的机体上。"

"那又怎么样？"

"肌肉承担的塑性变形应力，每平方米十八公斤，你这已经到了三十六了。肌肉就裂了。"

"那又怎么样？"

"血管就破了。"

"那又怎么样？"

"血就流了，血流了就没有氧气的载体，脑缺氧，就脑死亡。西方医学认为，人死亡有三大死亡，其中有呼吸系统死亡和脑死亡。你就死了。"

"哦！明白了，不能跳。那是不能跳，闹了半天是这个结果，回去吧。"

这是中根。

下根呢？你讲这道理，我不明白，我还是要跳。佛说，你别跳，我跳。嘣！他跳下去了，摔成肉酱了。作证转。一看，摔死了？！不撞南墙不死心，不见棺材不掉泪。明白了，不能跳。这是下根人。

还有那一阐提怎么着？你摔死了，我还是得往下跳！那就是下一辈子咱们再度你吧。

我说："我希望你们都当这种上根人，一说你们就听、就信、就认。你要不行，胡小林就陪着你们，咱们给你转法轮，给你讲道理。知识分子问题多嘛。世尊四十九年所说之教法，三藏、十二部，就是给这问题多的中根人讲的，掰开了揉碎了讲，你们爱问问题。你要说，中根都不愿意当，非要当下根的，那我就往下跳了。人是能转变的。干女儿原来认为我是老板，她是工人阶级，很对立的，转了没有？转了。证明了佛的教育真实不虚。证明了人是可以转变的。证明了之所以不能转变，问题不在对方，在自己这儿。作证转。你还有什么说的？"

"胡总，照这么说，我们都得当上根人，不能问太多问题。"

对了，老实念佛，踏踏实实地学习，别问那么多问题。

了凡先生人家这本书，是写给他儿子的。那是闹着玩儿的吗？他爱儿子呀，我们看这本书，我们不就是他的儿子吗？你要是想当他的儿子，这个爱你就能接过来了，你就有福了。他能害自己的儿子吗？害谁也不能害儿子。再者，《净土圣贤录》中有袁了凡的名字，人家真去了西方了，这不是跟你闹着玩儿的，他是有修有证的。

所以，我在这里呼吁大家，认认真真地学习《了凡四训》，这《了凡》里边可有意思了，它就是佛经。

佛之法印：**"诸恶莫作，众善奉行，自净其意，是诸佛教。"**（《增一阿含经》）前二句**"诸恶莫作，众善奉行"**是《了凡四训》第二篇"改过之法"、第三篇"积善之方"。**"自净其意"**呢？**"过由心造，亦由心改"**；**"吾心不动，过安从生"**；**"大抵最上治心，当下清净，才动即觉，觉之即无"**。（《了凡四训·改过之法》）这不就是治心吗？

所以不要贪多嚼不烂。你说，我还**"行有余力，则以学文"**（《论语》），我觉得学《了凡四训》还不太解渴，它是讲了因果，讲了命运，讲了修福，讲了改过，讲了积善，但是它没有涉及圆宗，我还想究这个理，因为我有这个力量，我要学习，我有这个理解力，我有这个天赋……

知识分子倒霉呀！问题多，不容易服，傲慢。你像我这硕士研究生就是这样，你不讲清楚道理你让我干，也不能说不干吧，总是心里疙疙瘩瘩的。所以，弘一大师建议知识分子读清凉大师的《华严经疏钞》，第一，部头够厚，分量够大，能够长时间地定在一部注疏上；第二，《华严经》就是佛学概论，佛法的根本法轮。我一看，没别的，读吧！

我本来就不是学文科的。从二〇一〇年二月份自己看完第二遍《修华严奥旨妄尽还源观》之后，我就开始看

《华严经疏钞》。真喜悦！我跟大家说，我小学的时候在搞"文化大革命"，汉语拼音都不会，到今天拼音字母怎么念我都不会，不怕大家笑话，我的汉语拼音是后来从英文倒过去的，是摸索出来的，觉得它好像是这个音，实际上不准。b、p、m、f，什么声母、韵母，这都说不清楚。像我这么一个青瓜蛋，读《华严经疏钞》都能读出味道来，何况诸位！

我建议大家准备三套工具书。第一套就是《汉语大词典》，第二套就是《汉语大字典》，第三套就是丁福保老先生的《佛学大辞典》。真正有这个福报的，踏踏实实地读清凉大师的《华严经疏钞》，一门深入。懂不懂不管，字查出来，概念从佛教辞典腾出来。什么叫十玄，什么叫十对，什么叫四句、百非，它是特别的庄严，你不看你不知道，你还傲慢，你还牛，牛什么呀牛？

各位同修，武则天那是皇帝啊，不是佛门的高僧大德，就她为《华严经》写的那篇序文，我整整看了八个小时，才看了一半还不到。为什么？用的全是典故，四个字就是一个典故，没有一个典故是咱明白的。本来就是繁体字，文字又晦涩，再查查字典——得把那典故弄清楚了。你就知道人家那皇帝，可了不得了，女的！

所以当你深入到这样的经藏当中后，原来的傲慢，自以为是，自以为了不起，什么都行——惭愧！而且，佩服、感激的心情油然而生。

　　这本《华严经疏钞》是一千二百年前的，又大又厚的本子一共四本，每本大概三寸厚。那时候连电都没有，有纸了。我就想清凉大师他得自己拿毛笔写出来呀，良工苦心。这么好的经典，我们今天有缘碰到，我们如果有这个能力，如果有这个时间，还是要把它学好。一门，深入下去，把它掌握了。

　　我早晨八点半一上班，没什么事，一直到晚上八点半，十二个小时，心常谛住《华严经疏钞》，妄念就没有了，还有什么妄念？十二个小时在这上边，不是翻词典，就是翻字典，看得晕晕乎乎的，不容易呀。心不清净根本就看不懂。但是，这件事是一举数得：文言文懂一点儿了，佛法的基本概念有了，借着玄义部分，对《华严经》有了个笼统的概念。所以觉得非常非常的喜悦。

　　再回过头来看《了凡四训》，再回过头来看《无量寿经》，觉得明白，是这意思，也不知道怎么搞的，就认了，不掰扯了。真明白《华严经》了？也没有，可看着看着好像觉得它说的话就是对，对在哪里，也说不清楚。比如：书上说到莲花，原来我老觉得真的有莲花吗？没感觉。现在，慢慢就觉得它是真的了，真是有莲花，自然也就觉得我们跟这莲花有一种联系，很不可思议。而且开始有喜悦了，原来读那偈子一个哈欠接着一个哈欠的，这是什么呀？文字简单，没有一个不认识的字；语言直白，好像没什么学问；还不押韵；也不用查什么字典——但是真的不明白它指的是什么。于是就很懊恼。等我一天十二小时地定在上面，慢慢地就看懂了。懂什么了？我还说不出来，心里明白，哑巴吃黄连——苦在心里，茶壶煮饺子——有嘴出不来，就那种感觉。真喜悦！就觉得佛菩萨离我不远，我这一辈子有指望，可能能行。信心越来越足。

佛菩萨的生活令人向往——庄严、美好，应该做佛做祖，这是我的事儿。我是个凡夫，但是，看了《华严经》之后，我觉得我有戏，不那么难——只要照他说的去做。很欣欣向荣，很跃跃欲试。我原来想搞点儿布施，挣点儿钱，这一辈子身体好。当佛是过什么样的生活？六七个月了，看了《疏钞》一本的三分之二，觉得那个真好。

我们现在这个末法时期，社会的染污很重，我们要亲近圣贤人，亲近真正爱我们的人。是谁？祖师大德。我们身为中国人，我们有这种语言上的方便，我们要跟他们为伍，要跟他们在一起学习，他们是有修有证，真正是**"大悲救物""大智照真"**（《修华严奥旨妄尽还源观》）！跟圣贤人在一起的机会，不能错过。

回过头来说，感别人的恩、改自己的过，道理要明白。就会感恩感得喜悦，改过改得喜悦，因为目标清楚了，这辈子要成佛成祖。我们一定要把目标定高，必须得这样。因为咱们是做买卖的，有个概念：要留有余量。比如产品能卖三万台，打个八折，咱们说能卖两万四千台。取法于上，得乎于中。咱们照着常寂光土、照着实报庄严土努力，最后到了凡圣同居土，挺好。你说我就想凡圣同居土，未必能得到，结果搞不好"扑通"一下，阿鼻地狱去了。

出差带不了那么厚的书，我就抱着《了凡四训》。每天早晨起来读一遍，剩下的时间就念佛，生活和工作当中就落实《弟子规》，就这"三段式"。落实《弟子规》第一个就是改过，后面这一部分讲的全都是我真刀实枪地改正过错的经历，讲的全都是自己脏心烂肺的东西。这才知道"过恶蝟集"是什么意思。

这次我汇报的题目是：《中国传统文化带动企业走向成功的启示》。汇报的两大部分就是学习《弟子规》、学习传统文化要落实在感恩和改过上。再进一步说，就是学习中国传统文化要感别人的恩、改自己的过。前面的汇报主要讲的是如何落实感恩，感别人的恩。这个"别人"的范围比较广泛，包括客户，包括员工，包括我们的分包，包括我们的竞争对手，包括陷害过我、坑我的、占我便宜的这些朋友。改过就是要改自己的过。

改过篇

不能跟过错对立。要跟烦恼和平共处。烦恼就是菩提。

我感恩烦恼。

改过的过程，就是靠近自性的过程，就是修行的过程。

第七章　不能跟过错对立

烦恼就是菩提。佛是不二法门，这点儿理上说清楚了。

这些过错都是菩萨，累生累世对你不离不弃。为什么？它来到你的脑海里，来到你的生活中，就是因为你还不及格，就是因为你还缺这门课。诲人不倦，它二十四小时陪伴你，其恩情比父母还大。就好像正是因为有地球的吸引力，才锻造出我们坚强的骨骼和肌肉，我们正是踏着烦恼的台阶，一步一步地克服烦恼，走向觉悟。

所以我们不能怨恨烦恼，要与烦恼和平共处，要跟烦恼和谐，因为它们是菩萨。你睡觉了，梦中还在搞贪瞋痴慢，老师不休息，在梦里还在教育你，告诉你，要改正过错，在梦里还给你出考卷，看你境界有没有提高。我们一生到哪儿去找这么慈悲的老师？自己累生累世没修好，感得这些老师、又麻烦这些烦恼再次过来教育我们。

比如说我喜欢占便宜，我就会碰到占我便宜的人，通过占便宜的人在我面前的示现，我要觉悟，这是菩萨学处，要直下承当。我如果不爱占便宜，就碰不到占我便宜的人；占便宜的人的出现就是来帮助我、来教育我的。我要是这么看，我就要提高警觉了。朝乾夕惕，早晨要勤奋，晚上要警惕，不敢疏忽懈怠。如此，这老师就没白来。你爱生气，让你生气的人就来；你想占便宜，占便宜的事情就发生。你信不信？这是佛说的。

所以烦恼是老师，因为你缺这一课，它要给你补上。它也不需要你说"谢谢"，它也不需要你给它钱。什么时候你有这个过错，它就什么时候来，什么时候你改了这个过错，它就不打搅你了，它就走了；**"随众生心，应所知量。"**

所以我们要从理上对烦恼有一个正确的认识，不能跟它对立。与它对立是什么？就是跟老师对立。因为它是老师呀，上报四重恩当中有一重恩是师恩。那烦恼是老师——魔也是老师，是因为你心里有魔，魔才来。它来告诉你：你心里可有魔，你招我来了，看到我来了，你知道你心里出问题了。你心里的魔一去掉，它就不见了。

我是这么看待烦恼的：要感恩烦恼。

生活在感恩的世界里没有条件，"人人是好人，事事是好事"也没有条件。说帮助我的人是好人，帮我的人应该感恩——不！对烦恼也得感恩，而且得心生惭愧：没学好，没改正，感得老师、麻烦老师再来一次帮我补课，惭愧！感恩完了呢？报恩。什么是报恩？改呀！

如果这个朋友、这个同事、这个亲戚、这个邻居、这个兄弟姐妹在你面前造的这个恶，提高了你的境界，提高了你的觉悟，甚至成就了一个圣人，那这个恶就是善因。

如果你跟他结怨，如果你跟他搞对立，你堕落了不说，下辈子还得见面不说，他也倒霉了，因为他造恶了，他的恶引得你的恶，你们俩一块儿堕落。《地藏经》中婆罗门女的母亲悦帝利罪女因生前造恶死后下了地狱，觉华定自在王如来有智慧，把这个恶因变成了善因，婆罗门女念佛一天一夜成了圣人，她的母亲因此沾了大光，上了天了。

所以我们不能跟我们的对立面结怨，不能跟那些整我们的、陷害我们的、欺负我们的、占我们便宜的、诋毁我们的、说我们坏话的人结怨。结怨是自毁毁他。一念觉，不结怨，知道这都是自己感召来的，心现识变，我们把这些东西化成提高自己的境界、提高自己的觉悟、帮助自己成佛的一个台阶，那我们自己成就了，这些朋友也成就了。

过错有时非常细微，不怕念起，只怕觉迟。大家不要懊恼，不要自责，应该感觉很温暖——还有这么多烦恼的老师陪着我们，给我们提醒，让我们看到烦恼是什么，让我们知道缺点是什么，我们把它克服了，它就走了。所以，三人行，必有我师：一个是自己，一个是好样子，一个是坏样子，好样子、坏样子都是老师。

对于过错绝对不能手软，要咬紧牙关。改起来是真难，因为这牵扯到自尊心、牵扯到面子、不好意思等这些问题。我给大家讲一讲我改正自己过错的心路历程和一些真实的体会。

向司机道歉

二〇一〇年一月二十二日，正是春节前夕，春节前都比较忙，做买卖的，应酬也多。几位区领导和曾经帮过我的各局委办的头头、兄弟、朋友，说一起吃个饭。我的公司在西二环，吃饭的地点在东四环。那是个周末，北京那天还下雪，而且是雪加雨，地面特别滑。北京这交通，车辆多，又是星期五，又是下雪，六点钟吃饭五点钟就得走。我看《华严经疏钞》痴迷了——实际上还是自己的贪心，舍不得放下，应该随缘。晚了那叫佛弟子吗？不持戒、不六和了。可我就是舍不得，一会儿看看表才五点一刻，再待会儿，一会儿五点半，再待会儿。结果弄到六点钟才出门，那边都已经吃上饭了。上了车就跟司机说：你赶快开，抓紧时间，只要不违反交通规则，咱们就加快速度。

他走城里这条线，那多堵！应该怎么着？因为吃饭地点是在城边，我认为应该从南四环走到东四环那么顺着环路绕过去，北京的南城没那么多商业，车辆少。结果他选了走二环路，正是城中心。

我这就不高兴了，我说："你怎么不走脑子？"我还说人家不走脑子。我说："你放着南四环不走，你怎么能走北二环？北二环多堵啊！你怎么一点儿心都不用。"

他说："胡总，走南四环到东四环，那桥下还得掉头，那桥下特堵。"

我说："那咱们应该走北四环啊，从北面绕过去绕到东面。"

"北四环那儿没出口。"

哟！我这就不高兴了："我这说一句，你就一句等着我，你以为怎么着啊，你？我学佛了就好欺负吗？蹬鼻子上脸，摆不正自己的位置……"这就全来了，一路上就数落他，就是因为我是董事长。**"势服人，心不然；理服人，方无言"**（《弟子规》）。

这司机岁数跟我儿子一样大，是当兵的出身，也有点儿小脾气，说："胡总，我知道，知道了，您别再说我了，我这不也挺着急的。"他汗都下来了，大冬天的。

很不愉快。

到了餐厅，我就觉得不合适了，成天外面甩开腮帮子跟人家讲传统文化，今天怎么能在车上跟司机这样呢？烦恼习气又现前了，觉得不好意思。不好意思怎么办？承认错误呗。**"过能改，归于无；倘掩饰，增一辜"**（《弟子规》）。你让员工做到的，你做到了吗？做不到，难！

我到了餐厅都七点半了，到九点钟结束这餐饭，我出来三次给这位司机师傅打电话。

我说："刘儿，好好吃饭。""刚才做得不对，你多原谅"这话到嘴边就又回去了。"好好吃饭，该吃什么吃什么。"这我都说得出来。"辛苦一天了，这屋结账，知道我这屋的房号吗？"

"我知道，您那二二八房间。胡总您别管我了。"

胡老板请客还想着司机吃饭，从来没有这样过。我在单间里请客，司机在外面吃，我这屋结账，这都已经成为规矩了。专门出来打个电话，忐忑不安，如坐针毡。想承认错误，尽量别过夜，六点钟犯的错误，七点半承认了多好！真改，给员工做个好样子，**"过能改，归于无；倘掩饰，增一辜。"** 错了，有错必纠。"人非圣贤，孰能无过？"道理全明白，"忏除业障"，这都懂。

过了半小时就觉得心里……领导都说："你怎么搞的？吃饭你就踏踏实实吃呗，本来你就来得晚，来了你又心不在焉。"我说："没事儿没事儿，家里出点儿事儿。"

又出去了："小刘，吃了吗？"

"胡总，您不是刚才给我打过电话了？吃了，吃得挺好的。"

"别忘了照顾司机师傅，一人给一百块钱，快过年了。"

他说："您放心，您吃您的吧。"

"没事儿吧？"

人家有什么事儿？我这有事儿！还问人家"没事儿吧"。

"没事儿没事儿，胡总，您忙您的。"

"我刚才不对"，我刚想说这个。一想算了吧，有什么不对的？这么大岁数了，学了佛了，又吃素，挺不容易的，咱还干了那么多好事儿……难于启齿，又回去了。

快吃完了，又出来打电话："刘儿，我们吃完了，马上下楼了，把车调过来，拉领导走。"

"胡总，是，是，我们知道，就在您下车的地方等您呢，您没别的事儿吧，胡总？"

我说："没别的事儿，准备点儿学习资料，领导走的时候一人给送点儿《弟子规》什么的。"我吃饭都带着资料。

"行！您放心吧，我都准备好了，那几份资料我都放在领导车上了。"

这个星期五晚上，就没张开这个口。一晚上都没睡着觉，就觉得怎么能对司机这样呢？二〇〇七年一月到二〇一〇年一月份，这都学了三年了！懊恼，觉得窝囊，恨自己没出息、功夫不得力。这就是菩萨考验你呢！平常你不是老跟人家说"得忏悔、得感恩、得报恩"，你怎么还骂菩萨，还骂老师？哪有你这么恩将仇报的？哎哟，翻来覆去地，就这几句话。

第二天早晨困耷耷的，也没睡好觉，很疲惫。——好啊！**"知耻近乎勇"**（《论语》）。了凡先生说，**"耻之于人大矣，以其得之则圣贤，失之则禽兽耳"**，胡小林知道可耻了，知道不好意思了，认错了。

第二天是礼拜六，不上班。早晨，阿姨做好了饭摆在桌子上，说："胡先生，饭给您摆好了，您吃饭吧。"

不行，不能再错过这个早晨了。我就给小刘发了个短信，承认错误。我当时想：不留余地，该说到什么程度就说到什么程度。这个短信一直存在我的手机里，凡是遇到那些要跟我照相的人，让我签字的人，说我是什么胡大德的人，让我留言的人，我就先给他看看这条短信。一月二十二日星期五晚上，二〇一〇年，半年前的胡小林，我不是什么大德，我没那能耐，我也没那德行。**"世之享盛名而实不副者，多有奇祸"**（《了凡四训·积善之方》）。

各位同修，你们要是真爱护我，你们不能给我鞠躬，你们不能让我签字，你们每一个躬，每一个字，那都是往奇祸上推我，求求大家了，我没那德行，我真的不行，我不是跟大家在这儿哗众取宠，拿这事儿闹着玩儿。如今学了佛，咱懂，奇祸、飞来横祸是闹着玩儿的吗？

我给大家读完这短信，大家就知道了为什么我这么着急。我现在成名人了，但是名不副实。高僧大德们的德行跟这名，它配。我这不配，太不配了，德不配位。

我给大家读读这条短信：

"小刘，你好！昨晚周五，路上堵车，我发脾气。"

这不能含糊，就是发脾气了！我当时还想着编个瞎话："身体不舒服，有点儿着急，客户很重要……"干吗？错就是错了，哪有说往大便上还涂粉的。咱没那德行，老老实实跟这位司机承认错误，把这脏心烂肺的东西给说出来。

每个字我都斟酌，而且咱也是四个字四个字的——经书上常是四个字一句，咱这四个字一句是认错书。

"昨晚周五，路上堵车。"这就八个字了。"我发脾气，态度恶劣。"这又是八个字。

"向你承认错误，向你道歉，我错了，对不起你，使你受到无辜的伤害。"这不能留余地。

"只因过去的恶习太重，"如断毒树，直斩其根，别啰唆、别给自己留余地，既然承认错误，咱就一步到位。

"改起来需要一段时间，希望原谅和理解，并多给我一些时间、耐心和等待。有你们的帮助，我一定能改过来。"诚恳，你得有个态度！

"感恩你的照顾和支持。"人家司机照顾你，给你买饭，给你买东西，司机就和半个秘书似的。

"常犯错的胡小林呈报。"

呈报，拿出对皇帝的态度，他是菩萨嘛！菩萨比皇帝高多了。你能不能拿出这恭敬心？

我再给大家读一遍：

小刘，你好！

昨晚周五，路上堵车，我发脾气，态度恶劣。向你承认错误，向你道歉，我错了，对不起你，使你受到无辜的伤害。只因过去的恶习太重，改起来需要一段时间，希望原谅和理解，并多给我一些时间、耐心和等待。有你们的帮助，我一定能改过来。感恩你的照顾和支持。

常犯错的胡小林呈报

这条短信发出去了。

第二天，礼拜一，开班子会。我不想听什么歌功颂德的话："胡总您现在变化太大啦，你现在不得了了！"我感大家的恩是应该的，这么多员工拿出宝贵的时间，到我这儿来成就我，我给点儿钱算什么？当有一天拿钱买不来清新的空气、拿钱买不来干净的水的时候，我们宣布金钱是无用的。周老师讲课时引过一位印第安酋长的忠告："只有等到最后一棵树被砍掉了，最后一条河被污染了，最后一尾鱼被捕食了，人类才会发现金钱并不能充饥。"[1]

礼拜一，十三个中层开例会，会上不批评任何人，批评自己，指责自己，挑自己的毛病，员工才有信心，才愿意跟着你改过。你是真的。

为什么要改过？

我们之所以沦落到六道，我们之所以今天在这受生死疲劳，生死的根本，《无量寿经》上说，就在于我们有过错，佛法当中称之为烦恼。我们身上有过错，是题中应有之义。

我觉得，说自己有过错，嘴上容易承认，什么"我业障深重，习气重，烦恼多"，但是一到现实生活当中来，

(1) 周泳杉：《21世纪健康饮食》，北京：中国社会科学出版社，2009年版，第167页。

我的这些朋友，包括我自己在内，总是觉得好像自己没什么过错，看不到自己有什么过错。就像《了凡四训》上说的，**"常若不见其有过者"**，原因是**"心粗而眼翳"**（《了凡四训·改过之法》）。因为我们的心太粗了，我们的眼睛有障碍，所以发现不了自己的过错。

《三字经》上说：**"人之初，性本善。性相近，习相远。苟不教，性乃迁。"** 我们的本性本善，习性不善。改正过错的过程——我们在讲习中反复强调——就是要把自己的习性淘洗干净，依照自性、称性的这些标准，把它修正、改正过来，使习性不断地靠近自性。靠近自性的过程，就是修行的过程。这当中，从初发心一直到圆满成佛，除了改过就没有什么别的内容。

《弟子规》是标准，《太上感应篇》是标准，《十善业道经》是标准，照着这些标准来修正自己的习性。通过长时间的薰修，长时间的改过、真干，慢慢地把自己的习性改过来，这个过程就是一个学佛的过程。所以，我总是强调：学习传统文化就是改过，改过才算是学传统文化。

所以，我们必须提高认识。《了凡四训》上说，我们是**"过恶蝟集"**，"蝟集"是比喻众多的意思，我们确实有很多很多的过错。用《了凡四训》上的话说：**"彼何以百世可师，我何以一身瓦裂？"**（《了凡四训·改过之法》）圣贤、佛菩萨是百世可师，百世令人景仰，是众人的学习榜样；"我何以一身瓦裂"，什么都不是，什么都提不起来？"一身瓦裂"，是指像瓦罐摔碎了一样，都是裂纹，是个破罐子。我们一定要对自己有这个认识。

毕陵慢心

在继续汇报之前，我先给大家讲一个故事，这个故事对我有很大的启发。在丁福保老先生编的《佛学大辞典》二千零三十九页中间有这么一段故事，这个故事的名字叫作"毕陵慢心"。

慢心，就是傲慢的心。毕陵是什么人？这里边有个介绍：毕陵全名毕陵伽婆蹉，又作毕兰陀筏蹉，是位比丘。这个名字翻译过来叫作"余习"，剩余的习气，因为他有很强的高傲、傲慢的余习的缘故，所以管他叫"余习"。后面还有一段解释：

《法华文句》二曰："毕陵伽婆蹉，此翻余习。五百世为婆罗门，余习犹高。"《法华玄赞》一曰："毕兰陀筏蹉，此云余习，言毕陵伽婆蹉，讹也。五百世中为婆罗门，恶性粗言。今虽得果，余习犹在，如骂恒河神，故名余习。"

长老毕陵过去五百世是婆罗门，脾气不好，说话粗。虽然证果了，余习犹在。所以管他叫余习——剩余的习气。有个例子，他骂恒河神——河神，那是怎么回事？他怎么骂的恒河神呢？

智度论二曰："长老毕陵伽婆蹉，常患眼痛。是人乞食常渡恒水。到恒水边弹指言：小婢，住，莫流。水即两断，得过乞食。"

《大智度论》第二卷上说，长老毕陵的眼睛有疾病。他是释迦牟尼佛的弟子，经常要跨过恒河水到对面去托钵乞食。到了恒河边，弹着指头说话了："小婢，"就是婢女，就是咱们今天说的家里的佣人，北方人讲话叫小保姆。很傲慢，他管恒河神叫小婢，"住，莫流。"停住，别流了，我要过去。他证果了有这种能力。恒河水就断开了，给他让路，恒河的河神帮了他这个忙，所以他能够跨过这条河去乞食。

"是恒神到佛所白佛：佛弟子毕陵伽婆蹉常骂我言：小婢住莫流。佛告毕陵伽婆蹉：忏谢恒神。毕陵伽婆蹉即时合手语恒神言：小婢莫瞋！今忏谢汝。是时大众笑之。云何忏谢而复骂耶？"

这个恒河神到了佛居住的地方，向佛汇报这个情况——告状来了："他经常骂我，说，'小保姆，停下来，让我过去。'"佛告诉毕陵伽婆蹉："忏谢恒神。"你要忏悔，忏谢就是忏悔，你要面对恒河神忏悔，这样对人不礼貌，不尊重人，骂人家，释迦牟尼佛就让这位毕陵长老向恒河神忏悔、谢罪。

忏悔吧，老师让忏悔。你看毕陵长老是怎么听释迦牟尼佛的话的，毕陵伽婆蹉一合掌，对恒神说："小婢莫瞋。"

他到这时候还说这话！"小保姆，你别生气。今天我向你忏悔。"这个时候大众就哈哈笑上了，你给人家忏悔，还管人家叫小婢，告的就是你这个状，说的就是你这个错误——不尊重人，说"小婢住莫流"——你忏悔的时候捎带着还这么称呼人家？！这个时候大众就笑了。你怎么能这样？这忏罪呢，怎么又开始骂人家？

咱们注意听——

"佛告恒神：汝见毕陵伽婆蹉合手忏谢不？忏谢无慢，而有此言，当知非恶。此人五百世来常生婆罗门家，常自骄贵，轻贱余人，本来所习，口言而已，心无骄也。如是诸阿罗汉，虽断结使，犹有余习。"

佛告诉恒河神："你看见他给你忏悔、谢罪了吗？"忏谢了他肯定不傲慢，他都向你承认错误了，他还能傲慢吗？佛说，"当知非恶"。你看，**"无心非，名为错；有心非，名为恶"**。这个恶，不是有心的，他不是故意的。

那是什么原因呢？为什么他会这样，忏谢的时候还骂人家，还用"小婢莫瞋！今忏谢汝"，我向你承认错误？佛接着说："此人五百世来，常生婆罗门家。"他是贵族，婆罗门是贵族。"常自骄贵"，骄贵，我查了字典，骄傲有两层意思：骄是一种心理状态，自以为是、清高、比别人强，但是他不侵犯别人，你跟他在一起的时候，能感觉到他看不起别人，是一种心态；傲呢？傲是不守礼貌，不守规矩，对人无礼。骄是心理状态，傲是无礼。所以佛说他常自骄贵。贵，就是他的地位很高。他骄傲，有优越感。

"轻贱余人"，对其他的人轻贱，看不起，不尊重。"本来所习，口言而已"，是过去的习气，嘴里捎带出来了。"心无骄也"，他的心里并没有骄傲的感觉。"如是诸阿罗汉"，这个毕陵长老已经证阿罗汉了，"虽断结使"，结使就是烦恼，虽然断了烦恼，"犹有余习"，还是有余习。

佛就向恒河神解释了他为什么会有这样的习气。

这个故事给我们一个启示。毕陵长老是阿罗汉，我们是什么？我们什么都不是，道道地地的凡夫。毕陵长老尚有余习，何况我们？

所以身有过恶，过恶猬集是正常的，再正常不过了，否则的话你就不在这儿待着了。我们必须直下承当，我们一定要把我们做人的时针拨回到零。我们什么都不行，我们一身瓦裂。学习传统文化就是要改过，改过才算是学习传统文化，这是大白话，也是真话。

我们之所以，按《了凡四训》上说的，**"德不加修，业不加广者，只为因循二字，耽搁一生"**（《了凡四训·立命之学》）。因循在哪方面？不改过。

所以，我们一定要冷静地看待我们今天的现状，不改过，你的习气就改不了，有习气就不清净。六祖惠能说：**"何期自性，本自清净。"**习气使得我们不清净。而**"心净则佛土净"**；你有习气，你不清净，你跟净土不相应。

不是说念佛才能去西方，——心净才能去西方。佛念得再多，心不清净就跟西方不相应，这一点大家一定要清楚。心净则国土净，心净当下就是西方。你说我一天念十万声佛号，我做了几百次三时系念，我《地藏经》念了多少部，《无量寿经》念了五千部，没用！指标不在这儿，指标在你心清净了吗？那我心为什么不清净？你有过错，改了它你就清净了。一个改过的人，是一个真想去西方的人；一个改过的人，是真正落实信愿行的人。你说，我信西方，我也愿意去，我也念佛了，你改过了吗？不改过全白搭，全浪费了。你不要耽误这个时间。所以我们要紧紧地抓住改过这个环节。

我的意思是说，我们每个人都有过恶，只是大家习气不同：毕陵长老是慢心，还有些人是色心，还有些人是吝啬、执吝……我们一定要对照经典，看看我的过错是什么。《了凡四训》上说，**"先儒谓克己须从难克处克将去"**（《了凡四训·积善之方》），先前的儒家这些大德们说，改正过错、克服烦恼要从最难处下手。孔子说，为仁也要"先难"。难能可贵，正是因为难，所以才可贵耳。

谈我自己的改过过程之前，我先给大家啰啰唆唆地讲讲过错，讲讲我们为什么要改过，希望大家能有一个正确的认识。

能改过的人是有福气的人。为什么？《尚书》上说：**"满招损，谦受益。"** 谦虚受益。诸位没有一个人不愿意受益的。你要想受益，你要信他的话，——谦受益，你谦虚吗？你谦虚，你得利益。《了凡四训》第四篇"谦德之效"开篇就说——这是《周易》上的话：**"易曰，天道亏盈而益谦，地道变盈而流谦。鬼神害盈而福谦，人道恶盈而好谦。是故谦之一卦，六爻皆吉。书曰，满招损，谦受益。"**（《了凡四训·谦德之效》）

　　下面的问题就摆在我们面前：我们怎么谦虚？我想谦虚，因为我想得利益。我忙活那么多年学佛、学习传统文化，我想得利益。那你就要谦虚。什么人最谦虚？承认过错的人。承认过错，承认自己不行，"我错了！"还有比承认过错的人更谦虚的吗？没了。大家要想得利益，大家要想得传统文化的真实实惠的利益，就得改过。**"满招损，谦受益"**。

　　所以回顾我学佛三年半的改过过程，我的过错确确实实像《了凡四训》上说的，**"过恶猬集"**，太多太多了。我给大家汇报自己如何感别人的恩，可能讲个一两天就讲完了。做好事嘛，感社会的恩、感国家的恩、感大家的恩、感员工的恩。但是我要汇报我改过的这些问题，那真的不是一天两天能给大家汇报完的，我只能拣自己比较突出的、比较明显的过错拿出来供养大家，抛砖引玉，以启发大家。我们回去对照经典，把自己的过错找出来，把它改了。

　　改过的过程就是靠近自性的过程，自性清净，那你就西方有分。能不能去西方，不要问别人，问自己改不改过。你真拿出改过的决心，拿出改过的行动，西方有分。看得见摸得着，这东西很真实。

第八章　过恶猬集：员工说真话

"你过去的工作，那都是贪瞋痴慢。"

我第一个要给大家汇报的是这么一个故事。

我有一个同事是文化行政部的。她来我这之前，在一个编辑部工作了六年。她的父亲肝脏很不好，二〇一〇年春天要住院治疗，春天是肝病比较容易发的时候。没有床位，住不进医院，我就帮她联系了医院，住进去了，我还启用了公司的爱心基金，给了她一万块钱。我说，我不是大夫，帮不了你太多的忙，只能帮你找找关系，住进医院，同时我拿出一万块钱，你给你爸爸买点儿东西，也算是孝敬孝敬老人家。

她父亲比我大五岁，今年六十。我的这个同事年龄就相当于我的女儿，她现在也愿意当我女儿，管我叫干爹。我作为领导，要"作之君、作之亲、作之师"。

过了一段时间她父亲出院了，有一天她就到我办公室来，说："胡总，谢谢您。您在我父亲病的时候，找熟人把我父亲安排住院，您就已经帮了很大的忙了，您还给我钱，我怎么报答您？我真的不知道怎么感谢您。"

我说："姑娘，你别感谢我。——你是真想谢我吗？"

她说："我是。"

我说："你要真想谢我，你能不能说说你来公司两年，我做了哪些事，说了哪些话，让你最不好受，最伤害你的？"

她听了一愣。

我说："这就是对我最大的感谢。"

她说："胡总，您这么说我都想哭。"

我说："你为什么要哭？"

"我觉得压力特大，这怎么叫感谢您？我哪敢说您的不好……只要能把您的毛病说出来就算谢您了？"

我说："对啊，你要谢我，就拿出我身上存在的真实的问题，指出来，这就算谢。"

她特别紧张，作为员工她哪敢说老板的不好。

我的修学环境很差。在公司是董事长，谁说我啊，没人说我，犯得着说你吗？到你这打工挣一份钱，我成天说你老板不好，我找死嘛。所以没人说我不好，都是九字方针：好好好，是是是，行行行。这就把我给毁了，我听不到大家对我真实的意见。回到家，一家之主，家里的爸爸、妈妈、妹妹都不说我，说你干什么，你好不容易回来一趟！他们都认为我挺辛苦，家里的钱都是我掏的，司机都是我请的，保姆也是我雇的。不愿意让我不高兴，也就不说我。

二十岁以后的人，基本上就不再批评了，就靠自觉了。你有心，就自己悟；经典也有，你好好学。

所以我就进一步地跟我这个同事说："你要知道我们的修学环境、特别是我的修学环境很差，在我身边没有人说我不好，换句话说，没有大夫给我看病。"我说："你要真想帮我，你要真想对得起我，你一定得给我说一条——哪怕就一条，就好。"

她走了，她没有信心敢当面说我不好。她感觉胡小林还是比较诚恳，所以到了周末，她给我发了条短信，指出我身上存在的问题。我把这短信拿给大家读一读。

她说："胡总，我想起了您说过的最让我不舒服的一句话。"敢说了。

"您说我现在的工作很殊胜。"因为她在文化部工作，专门负责给大家接电话、寄法宝。

"这个我认同。但您又说，我原来的工作都是贪瞋痴慢。"就是说，来我这之前，她的工作都是贪瞋痴慢。

"不管这句话对不对，它伤害了我的感情。我从大学毕业就在农科院编辑部工作，领导对我就像对自己的孩子一样，关心帮助。编辑也是我非常喜欢的工作，工作六年收获很多，成长很多，度过了最美丽的六年青春时光。写这些话的时候，我的眼睛是含着泪的。今生有幸听闻佛法，若不改过、若不精进、若不成就，对不起曾经帮助过我的那些领导和老师。谨此。"

这就告诉了我，她在这工作两年中，我曾经对她的伤害。我自己都没过脑子，张口就来了："你原来的工作跟这儿怎么比？这儿工作多殊胜，成天寄法宝、接电话，用佛法教育大家。你过去的工作，那都是贪瞋痴慢。"说这话多缺德呀，伤害人家。

她能够跟我说出来我身上存在的问题，我特别特别感谢她。那天跟她开玩笑："只要你提一条我的错误，我就给你一万人民币。"我说，"我拿这个钱买批评。"因为我自己确确实实不知道我什么地方做错了、说错了。

"真倒霉，今天上个厕所都碰到胡小林。"

《弟子规》上说："**闻誉恐，闻过欣；直谅士，渐相亲。**"我们一定要拿出真诚的心，来感化身边的这些人，让他们说出你身上存在的问题，帮助你发露忏悔。这些可都是大菩萨，都是贵人。如果你身边真有一两个这种人，那可不得了，这是大福气。为什么？帮你改过，善莫大焉。对你最好的人就是数落你的人，就是指出你缺点错误的人。一个人有没有福，拿什么作为标准衡量？看他身边有没有人批评他，有没有人指出他的问题，这是福报现前的表现。

为什么？了凡先生说："**未发其福，先发其慧。此**

慧一发，则浮者自实，肆者自敛。" （《了凡四训·谦德之效》）就是说一个人的福现前之前，先是智慧出现。浮躁的人自然就踏实下来，放肆的人自然就收敛。帮助你改过，指出你存在问题的这些人，那不就是启迪你智慧的人？这些人不是贵人吗？完全是贵人！之所以我们不能让别人批评我们，我的体会是你没有创造一个让别人批评你的氛围，人家没有那种感觉，不敢跟你说。

最近国内有很多论坛，我也到一些论坛去讲讲。我带着同事们一块儿去听，听着听着同事们就开始对我有信心了，因为胡总在公司一开会就是检讨自己，觉得自己不行，什么地方说错了，什么地方想错了，什么地方做错了，出去到论坛上也跟人家说自己错了，看来胡总还真是想改过。大家也就敢慢慢试着跟我说说我的过去，现在的问题他们还是不敢说，过去的事情敢说了。

有一天，我们销售部的小陈和我一块儿去见客人。客人没到，我们俩先在餐厅等着。他来我这儿也有六七年了，也是学佛的。我就问他："小陈，我变化大吗？"

他说："您变化太大了。"

我说："你给我说说我过去什么样，我过去是什么状态？"

他说："胡总，您开我玩笑吧？那我哪敢说。"

我说："你看你不想帮我，你拿我当老板吗？"

"我拿您当老板，您是我们的恩人，我们的本事都是跟您学的。"

我说："你别跟我玩儿这个，你要真想感我的恩，你今天吃饭前一定得给我说出一个我过去最让你讨厌的故事，否则的话，我今天对你就不满意。"

他当时压力特别大，特紧张，客人快来了，胡总逼着他说自己的过错。他说："那我说了您真别生气。"

我说："我真不生气，我想知道我过去没学佛之前那个习气到底是什么样，我都忘了。"

"反正吧，"他说，"我给你讲个真实的事。就是小王上厕所的时候，碰到您在，回来我们就会说，'真倒霉，今天上个厕所都碰到胡小林！'"

就一分钟的事，还说真倒霉。

他说："当时我们私下就这么说。"

我说："我那时候就让你们那么讨厌？"

他说："您那时候，真是，不愿意见您，一见您就害怕，就和耗子见猫似的，想躲开。"

"现在呢？"

"现在愿意见您，但时间长了还是不行，还是紧张。"

"行有不得，反求诸己。"

"司机是您的晴雨表。"

我在讲习当中经常跟大家汇报自己的这些过错。现在因为学了佛，一次一次地发露忏悔，态度越来越柔和。同事们也敢跟我开玩笑了，也敢跟我说说我过去的表现了，这是非常可喜的现象，非常令人欣慰的转变。

我的人事部经理，也就是文化行政部经理，我经常在讲习当中给大家提到她的名字，她就跟我说："胡总，我们没见着您的人，一看您的司机，就知道您今天高兴不高兴。"

"为什么？"

"司机垂头丧气，那肯定是在车上挨了骂了，所以司机来到公司的时候就特别沮丧。"

司机归办公室管，所以司机会到办公室领油票或者报销。她说："司机是您的晴雨表。"

我说："现在呢？"

她说："现在太好了，司机特别高兴，说跟着胡总在一起很舒服。胡总经常拿一些书给他看，说'上班没什么事，你好好看看书'；还特别客气。"

这个司机是陕西人，爸爸是初期的中风、半身不遂患者。人家送给我的大蒜胶囊，听说有清理血管的作用，我就拿给那个司机师傅，让他给家里寄回去等这些事。过去，这些事根本就不要奢望了，胡小林给司机父亲送东西？根本不可能！拿司机不当人。所以自己在慢慢地发生着变化。

不乘一部电梯

　　我们办公室在三层，我记得那个时候——这是没学佛以前了，比如说下班坐电梯，从三层到一层，也就一分钟的时间，同事一见我在等电梯，转身就走，假装没看见我。电梯来了，那个轿厢里就我一个人，我说："走吧，一块儿走。""胡总您先走，我们坐下一部。"不愿意跟我坐一部电梯！就三层！诸位朋友，就一分钟的时间，都不愿意跟你在一起，讨厌你，烦你，有压力，紧张。

不自暴不自弃

　　学了佛了，我才知道为什么我的身体不好：血压高、血脂高。为什么？无畏布施得健康果报，你天天让你的员工、让你的家人、餐厅的服务员、你的司机、你的秘书紧张，让大家惶惶不可终日，你想你的身体好，怎么可能！你要是身体好了，佛说的就不灵了。"依报随着正报转"，员工是正报的时候，我老板就是员工的依报；如果员工的正报天天处在焦虑、紧张、恐惧之中，那我作为他们的依报好得了吗？我好不了。

　　依报跟正报是一不是二，是一体的，就像我前面给大家说的月亮的例子。

你在地球上看这个月亮是小月亮。你登月了，到了月亮上了，你脚底下那个月亮是大月亮。大月亮跟小月亮是一个月亮，你看到小月亮的时候，大月亮隐了，不见了；你登月了，到了月球上，你在地球上看到的小月亮隐了，你不能说这一大一小是二。

为什么举月亮这个例子？月亮就像我们的自性，自性里会呈现出大，会呈现出小，你可别认为它是二法，它是一法！只不过是观看的角度不同。这是祖师大德举的例子。

胡小林跟司机，二法吗？一法。站在胡小林家来看这个自性，它呈现的是胡小林；站在小刘司机家里，这个自性呈现出来的就是小刘。小刘、胡小林不二，是一体。

我们要从理论上这么认同了，你就知道其实每个众生都是一体，只不过是观看的角度和遇缘不同。

我们要善待别人，自己错了就要承认错误，做了不对的要改正。什么意思？伤害别人就是伤害自己，对别人不好就是不自爱。为什么？别人就是自己。你欺负别人、占别人的便宜，你对别人傲慢，你伤害的是谁？伤害的是你自己。这就是《弟子规》上说的**"勿自暴，勿自弃"**。你说，我自暴自弃是什么样子？你对别人不好就是自暴自弃，为什么？别人就是自己。你对你自己不好可不就是自暴自弃吗！

所以，《弟子规》这几个字千万不要从嘴皮子上滑过，这里面道理很深。**"勿自暴，勿自弃；圣与贤，可驯致。"**

你把它展开了，就是印光老和尚说的**"看一切人皆是菩萨，唯我一人实是凡夫"**。一切人都是菩萨，你对菩萨不好，你残害菩萨，你占菩萨的便宜，你欺负这些菩萨，你不是自暴自弃？菩萨和你是一体的，你对他不好就是对自己不好。你成天就想些、做些自暴自弃的事，那你肯定不能成圣成贤。不能做圣做贤你能去西方？西方是你去的吗？那里皆是**"诸上善人，俱会一处"**（《佛说阿弥陀经》）。

所以要不自暴自弃，就要尊重别人，因为别人就是自己。我们展开了讲，尽虚空、遍法界都是一个自己，要做到不自暴不自弃，不是说只要自己努力——要对别人好。

不自暴不自弃，是什么样子？对别人感恩，感别人的恩就是善待自己，善待别人就是善待自己。批评别人、指责别人、埋怨别人，错了！我们一定要给它转过来，那把刀子刀尖是冲着自己来的。

第九章　过恶猬集：讲课中的过错

我在国内的论坛上，跟朋友在一起的时候，老是检讨自己。有些人很忧虑："你到处说自己的不是，说自己的不好，会不会产生负面影响？"我说："我信佛。"

如果说承认错误、改正错误，说出来对自己不好，那普贤菩萨不会在第四大愿王[1]当中说**"忏除业障"**。"忏"是说出来，"除"是不二过。普贤菩萨十大愿王中就过错的改法，就这一条，"忏除业障"。一共就十条，如果这一条不重要，他干吗不说条别的？那就说明这句话对我们很重要——"忏除业障"。

一即是十，十即是一，你忏除了业障，你一定**"礼敬诸佛"**；你忏除了业障，你一定**"称赞如来"**；你忏除了业障，你一定**"广修供养"**；一个人没有业障了，他能不**"常随佛学"**吗？他能不**"普皆回向"**吗？不可能。所以，

---

[1] 普贤十愿：普贤菩萨的十大行愿，即：敬礼诸佛、称赞如来、广修供养、忏悔业障、随喜功德、请转法轮、请佛住世、常随佛学、恒顺众生、普皆回向。

忏除业障，对我来讲，根本的根本，非常非常重要。

偏要讲佛法

过恶猬集，刚才给大家讲的这些故事都是过去的事，近的要举这方面的故事，也太多太多了。比如，国内举办传统文化论坛，人家是有相关规定的，有些单位规定论坛上是不能讲佛法的，大概对于集体的宗教活动，政府规定一般应当在寺院等宗教场所内举行。 论坛上面讲道德、讲伦理，你到论坛上讲佛法，主办方压力很大。而且很多人对佛法有误解，你讲佛法，他们就会认为你是在宣传迷信，你在这里聚众闹事，很多学佛的人又热情，又执著，有些时候，还不管不顾的，所以主办方就很紧张。各个主办单位都说不要谈佛法，讲儒教可以，讲孝亲尊师这可以。其实咱们说，孝亲尊师就是佛法！但是因为佛法衰了这么长时间，很多人不理解，他们不知道佛教是什么东西。正是因为不知道，所以才害怕，所以不让谈。但我有些时候在论坛上，讲着讲着讲高兴了，就谈上什么三途、六道、轮回了，搞得大家压力特别大，特别紧张。

负责组织论坛老师的这些领导就写信批评我，说，"你就是逞能，你跟这儿过嘴瘾，你不管不顾，炫耀你自己学得多，解得明白，有悟处，你根本就不把传统道德教育的论坛的生存放在心上。"

我接到这封信，不高兴！很多身边的朋友都说："胡总，他太不像话了，怎么能写这个？完全是嫉妒，是障碍。"

这封批评信对我是教育。印光老和尚说了："**看一切人皆是菩萨，唯我一人实是凡夫。**"说到底，在我的自性之外，没有另外一个独立的人在给我写这封批评信，自性变现的嘛。我的自性为什么会变现出来这个人和这件事？因为他是菩萨，因为我有这个病，所以他来给我治病，他还给我出考题。他说对了，他救我一命，我改了，我反观自省了；他说错了，说错了也是帮我，为什么？《了凡四训》上说："**人之无过咎而横被恶名者，子孙往往骤发。**"如果我是无辜的，我被了这个恶名，以后我的儿子要是发了，不得感谢这些陷害我的人、说错了的人、让我背黑锅的人吗？况且人家还没说错，我真的是这样，我就是谝能，我就是显摆自己，我就是在讲台上炫耀自己，让大家佩服，给大家摄受、折伏。我就是这个心。改过要从心灵最隐微的地方默默地洗涤而去。

你为什么要讲佛法？佛法不论事，讲佛法也罢，不讲佛法也罢，打孩子也罢，不打孩子也罢，这都是事，佛法不拘泥于事相，关键在存心。如果是为众生，这个佛法就讲对了；如果是为自己，这个佛法就讲错了，不是说讲佛法就是对的。"**利人者公，公则为真；利己者私，私则为假。**"善有真假。

　　我跟朋友们说，我确确实实存在这个问题，我真的是这样一种情结，站在讲台上想显自己。自己觉得挺舒服、挺荣耀，感觉飘飘然。错了！老师一盆冷水泼过来，指出你身上存在的问题，不对吗？对！**"我将欢然受赐，何怒之有？"** "欢然受赐"，高高兴兴地接受。赐是什么？皇帝赐给大臣的，上级给下级、长者予少者的，你看多尊重！"何怒之有"？怎么能发脾气？不可能。所以，《弟子规》上说，**"闻誉恐，闻过欣；直谅士，渐相亲"**，说起来容易，做到不容易。

　　对待批评我们是什么态度？一定要抱着"欢然受赐，何怒之有"的态度。不要发脾气，不能发脾气，这都是你小子有福的表现——人家到这来数落你。

　　改过要从心灵隐微处改，改谁的过？别人没过错，**"若真修道人，不见世间过"**（《六祖大师法宝坛经》）。为什么修道人就不见世间过？因为所有世间的过，对你都是教育，都是菩萨示现：你有占便宜这个心，占便宜的人就出现；你愿意生气，生气的人就来。**"祸福无门，惟人自召"**（《太上感应篇》）。你招来的，它就是一面镜子，照到你身上的缺点，你改了它，下次你就看不到它了，它就隐了。就是我们说的大月亮小月亮，大月亮隐了，小月亮出现了。阿赖耶识里的这颗种子就不起现行了。什么起现行？那些善的种子、好的种子，遇缘起了现行。所以我们要改正过错。

说话带脏字

因为有一个积极的态度，愿意改正过错，愿意找出自己的问题，所以我的同事们也很乐于帮助我，慢慢就有了一个民主的氛围、平等的氛围。我在这儿再给大家举一个例子。

有一天我们公司的同事，也是文化部的，说："胡总，我必须得给您提个意见。"

我说："什么意见你说，太高兴了，今天没白来上班，你能提我的意见。"

她说："您讲课的时候，有时爱带脏字。"

我说："是，是习气。从小插队在农村，说话爱带脏字。"

她说："您是学佛之人，您在外面讲学，如果带脏字，影响不好。您一定要把这个毛病改过来。"

我意识到这个问题，但有些时候讲到兴奋处，自然不自然地随口这些脏字就出来了。问题是，你的同事敢当你的面直陈其非，当面说你做得不对，让你改，而且告诉你，你这样做会让大家不舒服，人家都知道你是学佛的，结果你在汇报当中还带脏字，影响不好，你可不能这样做。

诸位朋友，你说我这个下级、我这位同事，她是不是我的贵人？其恩重于父母。现在谁愿意说别人不好？谁愿意招别人不高兴？第二点，你胡小林有福气了，你遇到大夫了。得了病老碰不到大夫，福薄啊！

说话带脏字，而且是在弘扬佛法的过程当中带脏字，你这干嘛呢？阿鼻地狱！人家从地狱里把你给捞出来，救你！这要搁过去，我肯定不高兴，我有一大堆的理由：我觉得这样显得生动一些，活泼一些，别那么死死板板的；有些老板、有些说话比较糙的人，可能听了觉得亲切，对这样的人我契机。我会给自己找辙，会给自己找个理由，找个台阶。今天这台阶还能找吗？不能了，直下承当。带脏字不行，错了！**"过能改，归于无；倘掩饰，增一辜。"**

对于我这学佛的，不改过，心就不清净，心不清净就跟自性不相应，跟自性不相应就去不了西方，去不了西方，你这成天忙活什么呢？

"你胡小林还有过错吗？"

一个人有没有福，就看身边有没有人数落你，就看你身边有没有人指出你的问题。如果没有，你没福。大家说，胡小林，你讲完了以后我也想旁边有人数落我，我想有人帮助我，我想有人指出我的不足，我想有这份福气，我哪来这福气？**"命由我作，福自己求。"**我怎么求？拿出改过的态度，心存感恩的心，自然而然就能感应出这些朋友来到你身边。

我现在越来越喜悦，手机经常接到批评我、指责我的短信。

我前一段到长春去做汇报，讲了四个小时，在讲习中，还是围绕两个主题：一个是感恩，一个是改过。全场鼓掌的、跟我照相的、要我签字的，这家伙！又鞠躬又磕头的，飘飘然了。

讲完了，还没到北京呢，电话就从长春打到公司来了。说："你们胡总在论坛上说，他特别希望别人批评他，他想成就，希望大家多给他挑毛病，多说他存在的问题。我们不知道他到底是真的还是假的？"

电话是我的秘书接的，她说："我们胡总动真的，绝对承认自己有错误，欢迎大家的批评和帮助。"

"那我就给你们胡总说一条。他这次在长春，有句话我们听了很不舒服！"那位老居士、老菩萨说，"你们胡总动不动就说，'人都有过错，那你胡小林还有过错吗？'你以为你是谁呀！你还有过错吗？那口气好像你已经成佛了，佛还有错误吗？"

我一上班，我的秘书就哆哆嗦嗦地找我："胡总，她说，一定要转告您。"

我说："什么事？"

"长春一位老居士来电话，投诉您长春讲得有问题。"

我一听"咯噔"一下。我想："又有什么问题？前一段不让讲佛法，没讲佛法呀。带脏字了？没带脏字呀。"

"说您太狂，太不可一世，'你胡小林还有错误吗？'

人家说这口气不能让人接受，这不是佛弟子的态度，怎么这么不谦虚！”

傲慢、了不起了。谁接受你这个！我听到这儿，汗就下来了。

可不是嘛，每回都讲这个，好像是弄一个悬念，抖一个包袱："胡小林还有过错吗？"下面我要抖搂我自己的过错了。

改过要从心灵隐微处默默地洗涤而去。要不是根儿上的傲慢，你怎么会有这样一种句式、这样一种设问的安排？我之所以有这样的口气，前提就是自己很棒，很行了，但是很棒的人也有过错。这不是傲慢吗？关键是你不是很棒。

唐朝有纸了

所以，我们对待过错是什么态度？《了凡四训》上说：**"人不改过，多是因循退缩。吾须奋然振作，不用迟疑，不烦等待。小者如芒刺在肉，速与抉剔。大者如毒蛇啮指，速与斩除。无丝毫凝滞，此风雷之所以为益也。"**（《了凡四训·改过之法》）

大的错误就像"你胡小林还有过错吗"，在论坛上讲佛法、触犯主办方的规矩，这种"如毒蛇啮指"，就像毒蛇咬了你的指头，要立即举刀将指头斩断，不能有丝毫凝滞，"此风雷之所以为益也"。你看，说了，须发勇心。这是条件，对待过错不能因循退缩，因循就是得过且过，退缩就是不敢承认错误，不敢改正错误。否则你就没戏唱了。你的心永远是不清净的，你的心永远是染污的，烦恼常相随。你想去西方？还是那句话，不是念佛多就能去西方，心清净才能去西方。心要清净就得把过错改了，改了过错才跟自性相应。**"何期自性，本自清净。"**所以，改过——人生第一要务。

刚才说的在讲习当中带脏字，这也算大过错。讲堂这是什么地方？这是净土，在弘扬传统文化、弘扬佛法的讲堂上都敢带脏字，胆大妄为，不知死之将至，不知道将日沦于禽兽而不能自拔吗？这是大事，如毒蛇啮指要速与斩除。

小的呢？小的过错，要迅速给挑出来。小的如**"见未真，勿轻言；知未的，勿轻传"**一类的，常有发生。

我有一个朋友，是中央电视台的编辑，搞文字工作的。我刚从长春回来，有一天她到我那儿吃中午饭，就是这两天的事——远的事不说了，咱就说说最近的过错。

因为她的家里有困难，身体也不好，我经常给她一些钱，给她找大夫。每次她都说："我出差回家给您带点儿茶叶吧？我们那的花生米好，给您带点儿花生米。"

我说："这我都不要，姑娘，关键是老哥有什么问题，你说说，我求你了！咱们大概一个月见一次面，吃吃饭，你一定要把握住这个机会。如果在网上看到我汇报的内容有什么问题，发短信告诉我。"

她说："您对我那么好，我们全家人都特感谢您，您是我们的恩人。"

我说："是恩人，你就得恩将恩报，你得指出我的问题，要不然就是恩将仇报，看着我死你不帮忙。"

她说："您要这么说，那我就给您说一条。不是什么大事，是一个字，我觉得您不认真。"

这就是**"见未真，勿轻言；知未的，勿轻传"**。

她说："您老说，一分诚敬得一分利益，十分诚敬得十分利益。我觉得您在汇报过程中，有些东西您没弄清楚，张嘴就来。"

我说："什么事我张嘴就来？"

她说："比如说吧，您在读《华严经疏钞》，"那是唐朝清凉大师写的，"您说唐朝那个时候没有纸，就写在竹简上。其实唐朝已经有纸了，胡总。"

贵人吧！这没什么说的。**"见未真，勿轻言；知未的，勿轻传。"**这位朋友说唐朝有纸！

你多大的业障，背多大的因果！你这一讲，光盘在全国一流通，网络上一上传，不知道的大家可都认为唐朝没纸，胡小林说的。再一个，你是佛陀的弟子，你给众生做什么样的榜样？张嘴就来，不求甚解，这属于胡说八道啊！给大家造成的负面影响，影响的人越多，影响的时间越长，罪过就越重。

一滴水能反映太阳的光辉。你别看这件事小，说我不是就这么一件事没有查清楚吗，这能有多大罪过。能有多大罪过？一分诚敬得一分利益，十分诚敬得十分利益。你没诚敬心，还说什么！有诚敬心，你怎么能那么不负责任呢？一即一切，一切即一。就这一句话，你没诚敬。

我说："这真对不起。"

她说："我给您查了，纸是哪年有的，印刷是哪年有的，您得看看。您是弘扬中国传统文化的，这点儿基本的事儿你都得弄清楚。"

我从沙发上起来就给人家鞠了一躬。我说："谢谢，真的谢谢！不是你说，我这还胡说八道呢。"

所以我再次跟大家讲，我是一身瓦裂，浑身从头到脚都是问题、都是缺点。

我现在出名了，全国到哪儿去参加个论坛，可不得了了，前呼后拥的。《了凡四训》上说了：**"名亦福也，名者，造物所忌。世之享盛名而实不副者，多有奇祸。"**（《了凡四训·积善之方》）享世名而没有实德，往往有奇祸。要命啊，这个事儿！你还弘法利生，你还续佛慧命，奇祸等着你呢！这还不说，你还给世人做坏榜样，你真要有了奇祸，谁还敢学佛啊！要是这样，你给佛菩萨抹多少黑，你断多少人的慧命。

所以享盛名不怕，名是福，你是名人，大家愿意听你的，大家愿意跟你一块儿走。佛是不二法门，不对立，有名好，咱们就随这个有名的缘，关键你得把德行配上，德行配上这名，这就是好事，这就圆满了。我现在最大的问题就是没有德行而有这个名。为什么没有德行？有过错。过错改了不就有德行了吗？什么是最大的德行？改过，就这么简单。

"瞠目结舌"怎么读?

生活当中这些点点滴滴的过错太多了。咱们远的事儿不说，说了没什么意思，那都是过去的事儿了，老黄历了，说说最近的。

也是在长春，跟大家做汇报时说"瞠（táng）目结舌"，想当然了。**"小者如芒刺在肉"**，这是个小错，小错反映大境界。瞠目结舌，那字念"táng"吗？

我这位朋友给我发了条短信："胡总，您别介意，您也别生气，从您这儿取完法宝回来，在回家的路上，我想这件事我一定得告诉您。因为您现在到处讲学，遣词用字一定要斟酌，要认真。"人家还特客气，"您查查字典，我的记忆当中，这字念'chēng'。"

马上翻字典，可不是吗？瞠（chēng），瞠目结舌。

说你不好的朋友多了，你吃什么亏？什么亏都不吃，好事！所以要拿出个态度来，你有梧桐树，那个金凤凰就能落下来，你有改过的决心和态度，至诚感通，他就能感觉到你是真的要改过。

我们现在是佛教说的末法时期，自己又看不到自己的过错，如果不拿出真诚心，邀请朋友说出我们身上的过错，就完了，就一败涂地了，残局就不可收拾。五十五岁了，到今天还不知道自己的过错是什么，何谈改之？你怎么改！敌人在哪里都不知道，你怎么消灭他。一定要多交几个好朋友，**"直谅士，渐相亲"**，对你真诚的、对你谅解的好朋友，慢慢就来到你身边。我现在身边有这些朋友，敢说我、敢指出我的问题，所以我特别喜悦。

前面汇报的这些问题，没有一个是我自己发现的，大家注意到没有？说话带脏字、唐朝没有纸、论坛讲佛法、瞠（táng）目结舌、说话傲慢——讲什么"你胡小林还有过错吗"，这些都是别人发现的。老胡家有福了！福报现前，有人说我了，有人教育我了，有人帮我了，一个好汉三个帮。我现在为什么高兴？为什么喜悦？因为我每一次讲完了，立刻就有人给我发短信。关心我！普贤十愿其中有一愿叫"常随佛学"，现在佛常跟着我了！感召来的。

口气太傲慢！

北京的同修也很多，我在讲习的时候，表示自己要吃亏，落实佛菩萨教诲，下定决心，但是又是用傲慢的语气来表达。吃饭的时候一个朋友就指出来了。我请人吃饭就一个条件，你得说我过错，要不然我不请你吃饭，没那个时间给你耽误，你要说我好我就不听了，都说我好，对我都不是真心。

我对这位朋友说："在吃饭之前，你先说说我最近怎么样，有什么错误。"

他说："你有一个问题，你看，你讲你的销售副总汇报工作那段，你那个口气太傲慢。"

那段是讲我的负责销售的副总经理，到我这儿来汇报工作，汇报合同条款。副总说："胡总，签这个合同应该付百分之三十的预付款，开发商不同意，说现在资金特别紧张，能不能等我们安装完了，开发商再给百分之五十，调试完了再给百分之三十？"

这个付款的进度就往后拖了。公司的条件是你要先给我钱，我再给你买货，你不给我预付，我就给你订了货，万一你又不要了呢？我们一般讲，这种条款就属于恶性条款、不健康条款。要是过去我就会骂这个副总："这种条款你还拿回公司来吗？你不是让公司吃亏上当吗？万一你买了货他又不要了怎么办？"

现在不是学了传统文化、发了大心了吗？副总遇到困难了，到我这儿来，不骂他。

这位副总说："胡总，这个条款谈了两个礼拜了，也谈不下来，甲方就说合作这么多年了，我们你还不信任吗？……"

我说："行了行了，你别啰唆了。"

大家看着，就是从这儿就开始了。

"别啰唆了，啰唆什么啰唆！不都跟你说了吗？占便宜不会是不是？"

副总吓一跳："是，占便宜不会。"

"会吃亏吗？会不会吃亏？会吃亏就行，会吃亏在本公司就能找到工作。去吧！把亏吃到公司来我们就有福了。"

理上对不对？理上绝对对，但是那个口气是居高临下。**"柔和质直摄生德"**，这是佛教我们的。表现在外要柔和、柔顺，要和睦，质直就是真诚，内里面的心要诚敬。我那个口气——傲慢、居高临下、拿下级不当回事，没有尊重。

我这位朋友说："胡总，这个您可得改，不能跟下级这么说话。"

我请人家吃饭换来这些批评。要不是我这些朋友，何年何月我才能意识到自己这一身的习气。这些错误都不是我自己发现的，我自己发现的九牛一毛。

所以我们一定要提起警觉，我们真的有过错，**"过恶**

蝟集"，这是《了凡四训》上说的话。你要不是"**过恶蝟集**"，印光老和尚不会大量流通《了凡四训》，他怎么会坑你呢? 为了自己，我们一定要改过，为自己就是为地球，就是为国家，因为自度才能度他。

第十章 为 善

不徒向外驰求

昨天，一个母亲带着她的女儿来找我。她是西安的一个企业家，我们住在一个酒店，前一天在酒店的电梯间就遇到了她们母女俩。

昨天，在十层，这位妈妈说："我特别想向您学习，我有决心，我特羡慕您，您怎么进步这么快，您也是企业家，我也是做企业的，我怎么就做不到？我应该从哪儿做起？"

我说，"从改过做起。"我也就是随便给她举个例子，"比如说吧，你对待公公婆婆……"

我刚说到这儿，她一愣，说："您怎么知道我对公公婆婆不好？"

我说："我不知道，我给你举个例子，因为你不是女的吗，旁边带个女儿，那你一定有公公婆婆。"

"啊！我对我爸我妈好，我对我公公婆婆，说实话，不太好。"

我说:"就从这儿改起啊,回去就跟公公婆婆磕头。"

说着她眼泪就下来了:"您这么一说我就觉得,我一想到磕头那场景挺激动的,我一定回去按照您说的,给公公婆婆磕头。"

这时她旁边的姑娘就埋怨她妈:"就是!你老跟爷爷奶奶弄不到一块儿。"就好像是数落和埋怨,还帮她妈擦眼泪,"你看你就是做得不好。"

我一看这个,这孩子也得教育。我说:"姑娘,我刚从长春回来,论坛上有个真实的故事。"我也想拿出来给大家分享,这是非常非常感人的一个故事——为什么自己不自暴自弃别人就不自暴自弃。

这个孩子上初中,他的妈妈跟爷爷奶奶——也就是儿媳妇跟公公、婆婆之间关系特别紧张,不说话,不仅不说话,还吵过架。这个孩子学了《弟子规》,有句话是**"善相劝,德皆建;过不规,道两亏"**(《弟子规》),"善相劝",怎么善呢?他就成天劝爷爷:"爷爷您跟我妈妈和好吧,大人不计小人过。我妈妈也挺辛苦的。"

他爷爷说:"算了吧,你妈不懂事,没见过这种儿媳妇,没大没小。"

他回过头来又哭着劝他妈妈:"妈,爷爷奶奶对我那么好,那么大岁数了,你跟爷爷奶奶主动承认个错误。我学了《弟子规》了,我'**善相劝,德皆建;过不规,道两**

亏’；‘谏不入，悦复谏；号泣随，挞无怨’^{《弟子规》}。”

老不灵，他妈还数落他："你就是你爷爷奶奶的小特务。"还说他，"你吃里爬外，我养你大了，你就想着他们。"

对立。这孩子没办法。也是仙人指路，告诉他说："孩子，你不能要求别人怎么样，自己做，爷爷奶奶跟妈妈就和好了。"

他说："我怎么做？"

"你呀，给爷爷做个好榜样。第一，学习好，全班第一，让爷爷有面子、骄傲。第二，回家每个礼拜争取给爷爷洗两次脚，按摩两次，你看你爷爷听不听你的。"

这孩子心真切，落实《弟子规》，这个故事对我们很有启发。他不向外求了——不做爷爷、妈妈的工作了。他自己干，全班学习最棒，考试门门第一。爷爷高兴！这孙子可了不得了，真有出息。上初中了，学习很关键。同时给爷爷洗脚、按摩。爷爷逢人就说："我这个孙子真好，真有出息，我这晚年太幸福了。"本来爷爷就喜欢孙子，隔代亲，再加上孙子表现这么好，就更喜欢孙子了。

有一天孙子看着火候差不多了，就跟爷爷说："爷爷，您看我怎么样？"

"那还用说，你是爷爷的骄傲。"

"那我求爷爷帮一忙。"

"帮什么忙？"爷爷说，"你说，只要我孙子张了口，我没问题。你这么孝敬爷爷，爷爷帮你忙高兴。"

　　"您去看看我妈妈，跟我妈妈化解吧？"

　　爷爷一听脸就拉下来了："这忙啊，这忙怎么帮？"

　　他说："爷爷您觉得我好吗？"

　　"你当然好了，比你妈强多了。"

　　"我是我妈生的，没我妈能有我吗，爷爷？您就冲我妈给您生了这么一个好孙子，您就去看看我妈吧？"

　　这老两口就被架这儿了，没什么说的了，为了孙子。

　　你看，"善相劝"，他多会劝人！自己先做到，福报现前了。爷爷一听，行吧，给孙子一个面子。买了东西跟他老伴儿就去到他儿子家。进了屋，叫儿媳妇的名字："我和你妈来看你了，给你买点儿东西，过去对你态度不好，你别往心里去。"

　　这儿媳妇一看，多少年这老公公婆婆就没来过，还买东西，还承认错误。"咕咚"就跪在老公公面前，抱着老公公腿就哭上了，说："爸，我做错了，我做得不对，您二位老人都年过花甲了，还到我这儿来给我承认错误，我这儿媳妇当得太不好了。爸，您不能这样，都是我的不对。"

　　至诚感通！

　　我就给这姑娘讲这故事，我讲的时候眼泪就下来了。这孩子深得圣贤教法之妙，他不向外求，他自己干，感动了他的爷爷，非常善巧地劝说爷爷，解了这个怨。多圆满！爷爷跟妈妈不结怨，爷爷不下地狱，妈妈也不下地狱——妈妈跟老公公结怨，儿媳妇对公公婆婆这态度，他妈妈能去什么地方？自度才能度他。那儿子说话的分量从哪儿来的？学习好、孝顺，**"亲所好，力为具"**（《弟子规》），只要爷爷高兴的事儿我一定做到，你再跟爷爷说话就好说了。

很多人问我为什么要"亲所好，力为具"？因为你"亲所好，力为具"，你才能劝他，你才能劝他学习传统文化。说什么你不听什么，你根本就对他不关心，谁听你的呀？人同此心，情同此理。所以《弟子规》是大道理。你想劝亲人，你想劝父母亲跟着你走，跟你一块儿学传统文化，跟着你一块儿觉悟，"亲所好，力为具"，你爸爸妈妈的要求你做到了没有？做到了，你就跟他有说话的权利，这孙子就是这样说。"亲所好，力为具"讲的是什么？讲的是自己得干。《弟子规》上说的**"父母呼，应勿缓"**是自己勿缓，**"父母命，行勿懒"**是自己不能懒。没有一条是让你找别人的毛病。

这个孩子的故事对我们很有启发。《了凡四训》上说：不**"徒向外驰求"**；**"一切福田，不离方寸"**。（《了凡四训·立命之学》）这个孩子向自己求，自己改变。依报随着正报转，爷爷、奶奶、妈妈都是他的依报，他的正报转过来了，爷爷、奶奶、妈妈全转过来了。所以我们要相信圣贤人的教育，要信佛。

未论行善，先须改过

还是我上一次讲的，世尊在《华严经》上反复强调**"信是宝藏第一法"**。没有一个人不想得宝藏第一财的，你要信《弟子规》，你要信《太上感应篇》，你要信《了凡四训》，宝藏第一财您得到了。那信是什么样？真干，真改！为什么《了凡四训》上说**"未论行善，先须改过"**，把"改过之法"放在"积善之方"前面？改过重要！白居易问鸟窠禅师："如何是佛法大意？"禅师答曰：**"诸恶莫作，众善奉行。"**（《印光大师文钞菁华录·九、论在家善信》）他没说"众善奉行，诸恶莫作"吧？

我们用有漏的杯子做个比喻。这个杯子底部有洞，这个洞好比是过错，水好比是善，往杯子里蓄水好比是积善。用这样的杯子积善，你积的那点儿善就全漏走了。所以，你应该先把这个洞给堵上，这叫堵漏。改过就是堵漏，堵上漏了你再往里面倒水，水就不流了，这叫积善。

《了凡四训》最后一篇是"谦德之效"。水往哪里流？往凹的地方流，往洼的地方流，屈己从人。这个茶杯的帮就是谦虚，它能把这水存得住。我这杯子底不漏了，但是杯子没有帮，那不行。我这个帮越高，存的水越多——谦德之效。最后一盖上盖儿，圆满，到西方了。

所以，第一步要堵漏，第二步要积善，第三步把茶杯的帮给垒起来。流谦，哪儿低它往哪儿流，有了帮它中间不就低了。

我们一定要记住改过是第一要务，如果说还有另外一个要务，还是改过，再有还是改过，从初发心到圆满成佛就是改过。

那你不是说还有感恩吗？感恩就是改过。改过呢？改过就是感恩，是一不是二。是一个茶杯的两面，从这面看是感恩，从那面看就是改过。之所以不感恩，是因为过没改；之所以有过不改，是因为不会感恩。长春这个孩子的故事不就说明这个问题吗？他改了过错没有？改了。改什么过错？只埋怨爷爷奶奶，只埋怨妈妈他们不和，这是过错。完了以后呢？改过跟感恩是一不是二，他改这个过错的同时，他就开始帮助爷爷洗脚，帮助爷爷按摩，这不就感恩吗？所以，闻、思、修同时完成！这孩子就是菩萨。我们不行，我们先得闻，然后再思、再修。

我们说戒定慧三学是有台阶的，实际上是一，念劫圆融。那孩子就做到了，你看，他一边改过一边感恩，感恩就是改过，佛是不二法门。然后，你再看，他爷爷变了，最后，妈妈转变了。

所以，我们通过这孩子的故事，要引起警觉。我们要真想成佛成祖，我们如果真爱自己的孩子，真想孝敬爸爸妈妈，没有别的，从自己做起，自己真干。真干什么样子？改过。你再给我们说改过还有什么样子？感恩。

刚才给大家汇报的都是近一段时间的事。别人这么数落我，这要搁过去的胡小林可不干，我肯定巧言自辩。

《了凡四训》上说，毁谤之来，如果你巧心力辩，则如同春蚕作茧，作茧自缚。人家了凡先生说毁谤之来**"虽谗焰薰天"**，你都不能跟它计较、不能申辩，你只能**"欢然受赐，何怒之有"**。毁谤之词指这些言辞说的不是实情，我这些都是实实在在的错误。即便人家说的不对，我都不能争；我自己做错了别人指出来，还能跟人矫情吗？

我原来就矫情，就像前面说的发给小刘司机的那条短信，我当时真是那么写的（那条我没存下来）："最近身体不好，到年底了，工作也挺累，态度不太好，向您承认错误。"前面那几句话说它干吗呢？废话！什么工作累了，不就是给自己台阶下吗？就是不愿意跟过错决裂，就是给自己的错误上再涂点儿粉，这能改吗？要**"速与抉剔"**，坚决划清界限，一点儿都不能含糊、妥协。

一即是一切，你留一毫余地，就是因循苟且，完了，你这个过错，改不了了。所以不能给自己留余地，给自己留余地，就是给三途留余地，就是给地狱留余地，你越留余地，那个地狱的门开得就越大。你真是不怕死，你真是想去那儿！要不然你就改。所以修行就是改过。

为善不能徇耳目

　　还有一个故事很有戏剧性。这个故事以前在讲习中也曾经给大家讲过，我在这儿也想给大家再汇报汇报。

　　参加了几次论坛，知道的人多了，各地的来信、电子邮件、手机短信也很多，都是叫着"胡大德、胡老师"的。

　　有一天到了文化部，看见一个信封，字迹娟秀、清秀，钢笔字写得一笔一画，很认真。一看，是个医院的地址，我就打开来，一看，作文纸，带格子的那种，工工整整，标点符号一丝不苟，字写得真漂亮。说实话，很久没见过谁写字这么认真了，这个态度就让人生起尊重。又想到医院，我想象中这个字迹的感觉就像个女孩子——一个穿着白大褂的姑娘、大夫，很柔弱，如同这个字迹一般，柔弱、轻盈、俊秀，顿时就心生好感。写的内容挺着急。信里说："我在放射科工作，落实佛法之后，越落实人际关系越差。因为现在的放射科有提成，我觉得这属于行贿受贿，于是就不干，但是这样一来，与其他收提成的人就有了矛盾……大家都不和我说话，说我是丧门星、是冤家。"

　　我挺同情这位医生，怜香惜玉、英雄救美的情结就出来了。我当时公司业务挺忙，就没太管，反正心里印象很深，就退给了文化部，我说："存起来吧，给她寄点儿法宝，《了凡四训》什么的，行有不得要反求诸己。"

　　没过两个星期，这医生又寄来一封信："收到法宝了。"

还说，"胡老师，我特别想跟您通个电话，请您点拨点拨我。"还是那么漂亮的字，又说了一件事。评职称是闭卷考试，但是实际上，考官睁一只眼闭一只眼。这位医生就把这考试作弊的事给告了。这本是民不举官不究的事，这一告，上面就不能不做处理。处理结果下来了：整个放射科的医生，全都被取消考试资格了。结果，室主任谈话，同事也意见特别大。

我认为这是个女孩子，同情她，怜悯她——男女之心没断！这要是男的，我可能也就是发个短信："好好学习，多念佛，老实念佛。没有智慧，心不清净……"可能这事儿就完了。我还是觉得得聊聊，小姑娘，挺好啊，学佛有困难了，挺可怜。我就直接用我的手机给她回了条短信："你的问题很复杂！"平时这种事不敢回短信，回短信对方就知道我的手机号了。我说："你有时间给我回个电话，咱们电话上说。"

我早晨念佛、读经，到中午才看到这封信，就发了这条短信，正是午饭的时间。

电话来了，很粗的声音："喂，胡老师。"

我说："您是谁？"

"我就是那医生。"

我一听，怎么是一大老爷们儿！我说："您打错了吧？"

"没有，您不是让我给您回电话吗？"

男的！我一听就懵了，当时心就凉了一半儿。快吃饭了，怎么让他给我打电话！我特别沮丧，但是也得应付着。你好意思吗，你让人家回电话，还说人家这问题挺复杂，需要通过电话解决，你能不跟人家聊吗？但是觉得特别没情绪了，这家伙，一落千丈。当然是马上意识到了，不能这样。

今天拿出这个故事，就是说这个色心。我的老师曾经说过："今天的世界谁掌管？二'狼'神：一个是财狼，一个是色狼。你要跳不过他的手掌，将来三途有分。"这真是个问题。

他的名字也像个女孩子，什么春、什么艳的，又是个大夫……你说这不是烦恼吗？这不是漏⁽¹⁾吗？学佛你还干这个？这还了得吗！

为善，《了凡四训》上说，不能徇耳目。不能我高兴了，我就给他弘扬佛法；我舒服了，我就给他布施。**"凡欲积善，决不可徇耳目。惟从心源隐微处，默默洗涤"**（《了凡四训·积善之方》）。不容易！要提高警觉。男女之心不断而修禅定（清净心）——《楞严经》上怎么说的——**"如蒸砂石，欲其成饭"**。想把沙子蒸成一锅饭，这怎么可能！六道的因就是男女之爱，你到今天这个东西还没过来。换句话说，今天这位朋友写这封信、要跟我通话，那不就是菩萨来考我吗？你怎么还能埋怨人家？你小子这关没过去，这考卷不

(1) 漏：烦恼之异名也。

及格，惭愧吧，麻烦老师又来一趟考我，一考还是不行。

第二要感恩。那两封信没一个钟头写得出来吗？人家拿出时间、拿出自己的故事来给你准备这套考卷，你得感恩吧。怎么感恩？报恩。怎么报恩？真改。这件事情就是菩提路上的一个台阶，以后胡小林成就了，这个台阶有功德。你要真这么看，利用这件事情提高觉悟、反省自己、改正过错，那这位朋友的信就没白写。为什么？他在往西方极乐世界送佛，救人一命胜造七级浮屠，成就一尊佛出来，那还了得吗？

那些帮过你的、指责过你的、批评过你的、教育过你的人（他们心目中可能并没有教育你的意识，那是你这么认为），都是你的阿赖耶识招来的。我们看不到自己阿赖耶识里的东西，也不知道人家是为什么而来，那是我们心粗而眼翳。你怎么知道人家不是菩萨示现？你知道什么？红外线以外的光，你就看不见了；超声波以外的声音，你就听不见了。你看不见、看不清楚的事情太多太多了。"人以善感，天以福应"，你胡小林想断恶修善，你看，这福就来了，就给你出这考卷。所以，我们一定要提起警觉。

感恩的人有福

了凡先生说要**"一心忏悔，昼夜不懈"**，是说要一天二十四小时，不分白天黑夜。你如果给自己找辙、给自己找台阶，那就是二心、就是三心，因为你不真。一就是一切，一心忏悔就是至诚，至诚就能感通、就能格天，就能感应佛菩萨对你的加持。

真有佛菩萨加持吗？你要是初学，就跟你说真有，这是鼓励你的信心。真有他们存在！你要做好事，他就来帮你，加持就是帮助。你要是个老修，你要是明理，就跟你说，没有佛菩萨。为什么？佛菩萨是你心变现的，在你的自性之外哪有另外的佛菩萨！

你看日本江本胜博士的水试验，你一个善的念头，水的结晶就美丽；你一个恶的念头，水的结晶就散乱。这水是什么？你能说这水不是老师吗？你能说这水不是佛菩萨吗？它对你是教育。**"随众生心，应所知量"**，你是善念，它的结晶就漂亮——随你的心，应你的量。告诉你，你的念头不错，很善，所以我给你一个好的结晶。鼓励你、劝勉你、鞭策你，保持善念。水的结晶这样，那骨头呢？心肝脾肺肾呢？亦复如是。这不是教育吗？你一念恶，水的结晶就散乱，那也是教育，告诉你，你不能有恶念，你有恶念你看我就这样子，多难看。这个东西好吗？不好，不好你就得改。你说这水是不是佛菩萨？

"圆满昔所愿，一切皆成佛"《无量寿经》，是什么意思？你成佛了，这水就成佛了——依报随着正报转。为什么西方极乐世界的人事环境、物质环境这么好？为什么有这么好的依报？那是因为正报好，所以那儿的水都会讲三十七道品；那儿的树风一吹到你身上，你的烦恼就没了。**"圆满昔所愿，一切皆成佛"**，风也成了佛，树也成了佛，水也成了佛，为什么？因为你成佛了。

《无量寿经》你能说它是迷信，说它是神话？不能。

所以，所谓三宝对我们的加持是你的善心感来的，是法尔如是。为什么？没有道理。你说为什么一个善念，这水的结晶就好看？没有为什么，它就这样。那为什么一个恶念水的结晶就不好？不能问为什么，法尔如是。自性就是这样，这是称性的。

我们听老和尚讲经，当知道这一层意思之后，有信心了，自家事，召佛召魔就在自己的一念。谁愿意召魔？谁不愿意天天看到好境界，天天看到顺利的境界？这事得求自己。求别人没把握，求自己有把握。

换句话说，在自己之外哪有什么三宝，哪有什么西方？关了门都是自家的事，于是信心倍增。不要问别人，不用问老师，问自己。经教是把事实给你讲清楚，你明白道理了之后，就要像长春的那个孩子一样，自己真干。

开头我给大家汇报了佛陀的那段故事——"七个儿子和一根拐杖"，这个老人家是个乞丐，是个老婆罗门。人老了，七个儿子都不养他，把他轰出来，他有埋怨。他问佛陀他怎么才感化教育他的儿子，佛陀告诉他，他不用教育他的儿子，什么都不要想，他就教育好他自己就行了，佛陀要他好好地感恩手里的那根拐杖。它有三个作用：第一个，它帮助走路；第二个，它能帮助把恶狗轰走，保证老人家的安全；第三个，过河的时候，这根拐杖能探水的深浅。这三个作用重要不重要？重要。老人家明白了，可不是吗，这时候还能指望谁？只能指望这根拐杖了，得感恩。

老人家就从这根拐杖上开始感恩，感恩的人有福，感着感着，七个儿子和他都到耆阇崛山听佛陀说法，不期而遇。佛就让老人讲讲他是怎么感恩的。一个叫花子，一个乞丐，可他却是面露笑容，满面风光，一点儿烦恼都没有。这是为什么？这位老婆罗门不知道他的七个儿子也来听法了，他就说，佛陀教给我感恩，他就又讲了他是如何感这根拐杖的恩的。这七个儿子一看，乖乖！爸爸在上面分享。佛说，人生最重要的就是要有感恩心。还说，儿子不孝敬，以后你的儿子也会对你这样，以后还会下地狱。这七个儿子惭愧了，都涌上台来，争先恐后地要把爸爸接回去，而且向爸爸忏悔，向爸爸承认错误。

圆满吗？非常圆满！教育儿子了吗？没有。跟儿子打官司了吗？没有。到居民街道委员会做工作了？没有。让佛陀跟孩子谈话了？没有。干吗了？感恩这根拐杖。感着感着儿子就感回来了，福报就现前了：儿子不会下地狱了，把孩子救了；七个儿子的孝心出来了。这老人也得救了，有人照顾他了，不用要饭。还用拄拐杖吗？不用了。所以，自度就是度他，度他就是自度。

老婆罗门是个叫花子，贫贱到极处，都有要感恩的地方，更何况我们。难道我们真的找不到要感恩的对象？为什么？常不见其有感恩之处，心粗而眼翳。你不知道恩情就在你身边，你没福，你要下地狱，你心太粗了，你的眼睛被障碍挡住了。

远在佛陀年代"七个儿子和一根拐杖"的故事，以及我们今天说的这个中学生帮助爷爷奶奶跟妈妈化解冲突的故事，道理都一样。所以我们提出感恩就是改过，改过就是感恩。

佛陀很善巧，在整个故事当中，没有说老婆罗门一个不是，其实老人家的错误在哪里？没有感恩心，所以福薄到这种程度，七个儿子没人养他，都把他轰出来。佛不批评人，告诉你如何去做。做着做着，感恩的人有福，儿子全来争着养他，老人家得了利益，结果圆满。

我们读这些故事、读佛经，心里感佩。"随风潜入夜，润物细无声。"我们在不知不觉当中，通过这些故事，对佛陀的教育，生起感恩的心！

佛陀把这么究竟圆满的好方法教给我们，我说过：我这一生就三件事：学好、做好、传好。这是我的责任。我们今天有缘碰到这样好的教育，得学好、学明白，这是解；按照佛说的去做、做好，这是行；完了以后呢？弘法利生，把这好东西一代一代地传下去，它能救赎人心。

我们每一位同修都要这样做，我们正报转过来了，我们的依报——这个社会、这个世界、这些天灾人祸，一定能转好，这是颠扑不破的真理。

我们每个人都要从现在做起，从脚下做起，从改过做起。

第十一章　《了凡四训》中关于改过的教导

改过的过程

我今天说的都是我的一些过错，以及跟周围朋友们的一些交流。

那么在公司内部的管理上有没有错误？太多了！多得没法儿再多了，这些故事很丰富。有些时候你说它是过错吧，还真看不出来，那就得用心、认真地用我们的经典来诠释，拿把尺子来衡量，公司从管理到销售，从采购到安装，从合同执行到财务部，你得好好地看，过错要一条一条给它挑出来，把它改正了。改正了，没别的，公司的福报现前，老板的福报现前，员工的福报现前。

改过的过程是很难的。因为现代企业管理制度十几万字的规章制度，基本上都是对立的，劳资双方——劳动者跟资本家，你有你的利益，我有我的利益；你不能侵犯我的利益，我也不能侵犯你的利益；你要侵犯了我的利益，我就要惩罚你的利益；我有权利惩罚你的利益，为的是什么？为的是让你知道你不敢侵犯我的利益。完全是对立。这种对立就是现今社会冲突的根源，这种对立就是我们的习性跟自性的对立。作为老板，在企业挑出这些问题，实际上就是回归自性的过程。那么回归自性，自性有圆满的智慧，有圆满的德能，有圆满的相好，财富就是相好，公司要想多挣钱，想要合同，这个自性本具的相好，没别的，改过。

下面我就接着向大家汇报改过的过程，因为过恶实在是猬集，太多了。所以也不知道从哪儿讲起。这一讲再讲之前，我想把《了凡四训》中了凡先生关于改过的一些教导，给大家汇报一下。这也是我自己改过的一些体会。

你千万不要以为过错是这个月改了，下个月就没有了，或者这一个阶段我改了，我就没有过错了。学佛的同修也不要陷入一个误区，我念经了就是改过，我念佛就是改过，我参加法会就是改过。不是这样的。

袁了凡先生在他的《了凡四训》当中讲了蘧伯玉的故事。蘧伯玉是春秋时代卫国大夫，我们看看他是怎么改过的。

"昔蘧伯玉当二十岁时。已觉前日之非而尽改之矣。至二十一岁。乃知前之所改未尽也。及二十二岁。回视二十一岁。犹在梦中。岁复一岁。递递改之。行年五十。而犹知四十九年之非。古人改过之学如此。"（《了凡四训·改过之法》）

他在二十岁的时候，他觉得他过去的错误都已经改完了。到了二十一岁的时候，才知道前面所改的并没有改完。

这是改过的一个正常现象。"及二十二岁。回视二十一岁。犹在梦中。"二十二岁再回看二十一岁这一年，还是像在梦中一样，就说明还是有错。

"岁复一岁。递递改之。"递是轮流、顺次，一年接着一年地改。"行年五十"，这个"行"是经过、经历，到了五十岁，发现过去四十九岁这一年所做的还是有错。古人是这么改过的。蘧伯玉了不得，一代大德，他是到五十岁知道之前的四十九岁还有过可改。

"吾辈身为凡流。过恶猬集。而回思往事。常若不见其有过者。心粗而眼翳也。"《了凡四训·改过之法》

"猬集"是比喻众多。我们身为凡流、凡夫，回想往事，好像总是看不到自己的过错，什么原因？了凡先生说，是因为心太粗，有障碍。

如此看来，改过是一件长期的事情，不是一朝一夕的过程。所谓长期要长到什么程度呢？我们到底改到什么时候算完？一直改到你成佛！等觉菩萨还有一品生相无明没破，更何况我们这些凡夫。

所以我们改过一定要抱着一个长期的、与过错和平共处的态度。我们有过错，我们有问题，我们有缺点，我们有毛病，没什么说的，这是我们的生活，这是我们生活的成本，这是我们做人的成本。所以没有什么大惊小怪的，也没有什么特别吃惊，说某某人有错误了，某某人又怎么样了。

所以，**"彼说长，此说短；不关己，莫闲管"**《弟子规》，这句话是真有道理。为什么他有过错我不能说？因为说和不说没什么意思，他就是这样的。**"彼说长，此说短；不关己，莫闲管"**。你说了也是白说，就好像我们问太阳为什么从东边升起来，又从西边落下去。你说这有什么意思？你管人家干什么？不是说让我们看到油瓶倒了不去扶，《弟子规》教我们不负责任，看到别人有过错，我们不管、不伸张正义，不是的。你能看到不伸张正义的、不正确的事情，就说明你有问题，你没问题你看不到。你真没问题了，你就看到西方极乐世界了。西方极乐世界是**"诸上善人，俱会一处"**，在那儿你还能看见那些脏心烂肺、藏污纳垢的东西吗？看不到了。所以，**"若真修道人，不见世间过"**，就是这个道理，你境界提高了，你从电视台的一频道跳到二频道，一频道你就看不见了，隐了，二频道显了。你从二频道到三频道，二频道就隐了。真的吗？真的是这样。

佛问弥勒

所以，有些人学了佛、学了传统文化后，发现家里人变了。**"凡所有相，皆是虚妄"**，都是众缘和合而生的假相。你的心好了，众缘和合的你的太太就好了，众缘和合的你的孩子就好了，众缘和合的你的父母就好了。你真以为有一个真实的父母吗？你真以为有一个真实的员工吗？你真以为有一个真实的餐厅的服务员吗？没有。

佛问弥勒菩萨，我们凡夫**"心有所念"**，我们起一个念头，佛问这个念头里面有几念、有几相、有几识？相是物质现象，识是精神现象。我们平常说的起一个念头，这个念头由多少微细的念头组成的？弥勒菩萨说：**"举手弹指之顷，有三十二亿百千念，念念成形，形皆有识。"**（《菩萨处胎经》）是因为你的念头组合成这个餐厅服务员，她服务态度不好，她对你不礼貌，那都是你心里的念头感召来的。这些念头念念成形，就形成这个服务员；形皆有识，有见闻觉知、有受想行识，这个服务员有感受、有态度、有言语、有表情，所以你就感受到了。全是自作自受。

我们学佛的同修，一定要把我们的知见定在这一点上，我们所看到的境界确确实实是我们自己的心变现的，好也罢，坏也罢，不关他人。

我们没有时间指责别人。指责别人也是浪费时间，有那工夫您不如指责指责自己的自性因为受到染污而变成习性这个问题。

"自性如幻"，《十善业道经》上说的，是说我们的自性起作用时能够像梦幻一样变化出十法界依正庄严。**"智者知已，应修善业。"**有智慧的人知道这件事情以后，原来什么都是自性给我们变出来的，那我们就知道了，问题不在别人，我要修善业，就是十善业。**"以是所生蕴处界等"**，这样的话，我们的蕴（五蕴）、处（十二处）、界（十八界）⁽¹⁾，就是你的依报跟正报，也就是我们所得的身体，以及我们的生活环境，**"皆悉端正"**，都是端正的，都是好的，都是顺心的。**"见者无厌"**，大家见到你都不会讨厌你。

所以《十善业道经》这一句话道理很深：**"智者知已。应修善业。以是所生蕴处界等。皆悉端正。见者无厌。"** 为什么说佛经伟大呢？这短短的一句话，把性相、理事、因果全都给你讲完了。这句话你明白了，你参透了，你觉悟了，不用读太多，你照着做就行了，十善业的落实就是《弟子规》。《弟子规》是十善业在生活，在工作，在处事、待人、接物的落实。

感别人的恩、改自己的过

再强调一下感别人的恩、改自己的过。

今天中午吃饭的时候，几个朋友拉着我聊："我也知道该感恩，我怎么就生不起感恩的心？"

我说："因为你有过。"

他说："我什么过？"

我说："你最大的过就是自私自利。"

(1) 蕴处界：（术语）五蕴十二处十八界之略称。分类诸法万有之名。

　　其实没那么复杂，只要没有了自私自利，你什么都透出来了，感恩的心、忏悔的心都出来了。

　　自私自利怎么改？普贤菩萨说"忏除业障"，说出来。"说"这个力量太大了，我忏了三年了，从刚开始的假忏、逞能地忏、虚伪地忏、炫耀地忏，一直忏到今天，越忏越真实，越忏感觉越真诚，越忏感觉越清净。真得利益。

　　我自己的感觉就是这个业障或者说毛病，不知不觉地，好像你敢说出来这个态度、这个心到了，就心到病除了；你只要说出来，它自然就离你远了一米了，下次你再说一次，它又远了一米了。所以你说一次它轻一次。两年前的毛病你说出来了，两年以前的这个错误你就不会再犯了。你肯说出来，你行，你英雄，你有本事，你真跟自己的错误有个态度。《了凡四训》上说：**"过由心造，亦由心改。"**过错是怎么产生的？是心造出来的，你要改也得从心上改。所以忏除业障就是心到嘴到，过就走了。说观音菩萨是心到手到，我们改正过错也是这样，心到过错就走了。

第十二章　改过难

改过是真难。正是因为难，所以才可贵；正是因为难，所以才能够像释迦牟尼佛一样，有朝一日你也进大雄宝殿。为什么叫大雄宝殿？"大雄"就是大英雄的意思。他英雄在哪里？英雄在于别人做不到的他能做到。

了凡说了：**"天下无自是之豪杰，亦无尤人之学问。"**（《了凡四训·改过之法》）你要想当豪杰，你就不能自以为是，你就不能认为你是对的。否则你要说我认为我是对的，我没错，全是别人的毛病，对不起，你不是豪杰。你不是豪杰就更不是英雄。"亦无尤人之学问"，"尤人"就是埋怨别人的意思。了凡先生告诉我们这个标准，我们要记住：凡是你自以为是的时候，你就是小人；凡是你埋怨别人的时候，你就没有真见识。

我们一定要时时刻刻地提醒我们自己，当你辩解、当你表白、当你解释、当你跟别人争辩的时候，没别的，你是凡夫一个，不懂得圣贤人的学问。

你可千万别认为我现在已经忏悔了，我没错了。我们有些传统文化论坛上的老师就是这样想的："我都把我过去的事儿说了，我现在还有错吗？"太多了！

我刚才给大家汇报的就是我在论坛上犯的错误：说瞎话、说脏话、傲慢，人家不让你讲的你讲，人家不让你做的你做。我在论坛上，我回回犯这些错误，让大家心里不舒服、让大家身体不舒服。你让别人不舒服，你自己身体好得了？天天吃降压药，吃了也白吃。无畏布施得健康，我们让大家在物质和精神上能得安稳，我们自己的果报是身体健康。

"积善之家，必有余庆；积不善之家，必有余殃。" 自己消受不掉这点儿殃，还得波及子孙，还得回馈妈妈。所以为什么要无畏布施？为了孝敬爸爸妈妈。可真的不是自己的事儿，要是自己的事儿咱们也就算了，我好汉做事好汉当。问题是你当不了，你是爸爸妈妈生的，没这个恶因，你怎么能造恶？我们要算账、我们要明白，我们的所作所为、所言所行，都跟爸爸妈妈、都跟妻室儿女有联系。你要真爱他们，没别的，自己改。别把这点儿遭殃病灾都带到家里，这叫恩将仇报。

一个恩将仇报的人，你能指望他有多大出息？你能指望他有多大的发展？你能指望他看懂《无量寿经》，能解如来真实义？为什么读经不得利益？为什么经文看不懂，不能契入境界？那些经文都是仇将恩报的人写的，你是一个恩将仇报的人，你跟它不相应。

只做了十天的离职阿姨

我记得这个故事对我的教育很大，我拿出来供养大家。我可能在讲习当中也汇报过，这是最近刚发生的一件事。我们通过这件事情，通过我身上的这个过错，就知道改过难。要递递改之，孜孜不怠，一点儿都不能放松。

这件事发生在二〇一〇年五月十三日，我记得是个星期四。因为我上了两期凤凰卫视"锵锵三人行"的节目，在这之前，《北京青年报》也登了一版关于我学习《弟子规》、改正自己过错的报道，北京市委党校的老师就通过朋友介绍约我吃顿饭，说："我们想见见胡小林，因为他身上所发生的变化很具标志性，说明中国民营企业家走向成熟，这在整个中国民营发展史上是个极具讨论意义的课题。"在国企做不到的事情，在民营企业做到了，他们称这是"胡小林现象"，他们希望研究研究，所以找到我。

我想党校约我，这是好事啊。我想带上我的文化行政部的张经理，文化行政部在我们内部也叫"爱心部"，因为它的主要工作是给员工送爱心。

我跟她说："为什么带着你去？一个是你去听一听我怎么向领导汇报，你好了解我的思路。第二，万一他需要提交点儿什么公司的资料，你好配合人家。"

六点半以前我早早就离开公司去往餐厅。去的路上，收到张经理发来的一条短信，大致意思是说，今天的晚饭来不了了，有事儿。什么事儿呀？我的事儿这么重要，她能把我的事儿放在一边？我当时气就不打一处来，境界现前了。

张经理的短信是这么写的：

胡总，您好！

对不起打扰您了。我刚刚接到我公司原来请的家政服务员崔阿姨的电话，她说她现在急性阑尾炎要住院，但是没有住院费。因为她在我们公司做过保洁，知道我们公司慈悲，所以想请我帮帮她。我想一会儿马上去医院看她，给她带些钱去，先让她赶紧住院治病，您看可以吗？

张坤汇报。

我们公司打扫卫生的阿姨都不是自己公司的员工，都是从服务公司请来的。前面我给大家汇报过的那位文阿姨，也是服务公司送来的。

我一看这条短信，这不就是逆境吗？山不转水转，我一年也没有一次跟张经理一起应酬的安排，怎么偏偏就今天都约好了，这个崔阿姨有事了！就觉得窝囊。我就打电话过去："怎么回事，你怎么不能来啊？咱们哪有一个姓崔的阿姨呀？"

"胡总，您别提了，这事儿挺窝囊的。"

"怎么窝囊？"

她说："这个阿姨就在咱们公司干了十天。"

我说："为什么不用她了？"

"说瞎话、偷懒，我们就把她辞退了。让保洁公司再派别人来。"

我说："只干了十天就想到咱们了，那咱们忒冤大头了！"你看，这就开始了，境界现前了。我说："她怎么不找别人？"

"我也不知道，她就说咱们公司慈悲，老板是学佛的，她现在没钱，医院不收她，就想到了我。您看我去不去？"

我说："那你说呢？"

"您不是说'**凡是人，皆须爱**'嘛。她打来电话，咱要不去，人家会说咱们学传统文化是假的。"

我说："这也倒是。"不过心里挺烦的。我说："行，你赶快去吧，你把押金给她交了，赶快赶到餐厅来，今天这活动挺重要的。真是倒霉！"我说，"好不容易叫你过来跟听听，你赶个这事儿。"

你看我的心理：赶快去把她给打发了，真是冤大头！

过去的三年，我一共捐了三千万。这是钱的问题吗？不是钱的问题。是什么问题？并不一定是钱多才起烦恼——不顺心起烦恼，不顺自己的意也起烦恼。钱多，我愿意，我员工得病十万我都能掏。给妈妈买车，几十万我都愿意，为什么？我愿意，我觉得这好。

为善不能徇耳目。不能说自己愿意做的就做，自己不愿意做的就不做，为善要三轮体空，"**内不见己，外不见**

人，中不见所施之物"。"外不见人"，见了，崔阿姨就是这里说的"人"，我讨厌她；妈妈，我喜欢；员工，我喜欢。"内不见己"，我当然有自己了，自己的感受在驱使着我。"中不见所施之物"，我对这个钱也应该没有感觉才对。这叫三轮体空，这叫一心清净。

车还没开到餐厅，我想：不对。我成天在公司倡导爱心基金，要合爱合敬，要跟圣贤人、佛菩萨是一个心，要代圣贤、佛菩萨把爱撒满人间，**"合爱合敬，而安一世之人"**，这是什么心量！八竿子打不着的人都得帮，何况崔阿姨还在我们公司干过。人家知道我们慈悲，什么意思？那是对圣贤、对佛菩萨的信心。那我们作为佛菩萨的学生，要是不好好干，那不就是往老师、往祖师大德身上抹黑吗？

"无心非，名为错；有心非，名为恶。"难道你不知道这是错的吗？知道是错，还这么干，给众人做的是什么榜样？这是教人学坏，是让大家对学佛的人产生不好的想法，这是断人慧命。为什么？佛门是你败的，那你地狱有分，没什么说的，下地狱谁都别埋怨，自作自受。

我一看这不行，这考试卷子第一张纸就不及格呀。所以说烦恼都是在你冷不丁、不经意的时候，突然就来到你的生活当中。说的好好的，是六点半吃饭，向党校领导做汇报，突然来这么一条短信，我想这不对——不怕念起，就怕觉迟，马上就给张经理发了一条短信。我说：

"张坤，我想了这个问题，越是跟我们没有关系的人，事情越要做得圆满，因为我们是替佛菩萨行道，如果说跟我们没有关系的人我们就不帮助，我们就有分别，我们就不清净。"

我那是说人家张坤吗？我那是说我自己呢，人家本来就要去。我这是表白，也就算忏悔了。我说："今天晚饭你可以不来，一定要把崔阿姨安排好、处理好，越是这种情况就越是考我们的时候，一定要做得圆满，让大家对佛菩萨、对圣贤人的教育有信心。"

"菩萨学处、菩萨学处"，在哪儿学？境界当中学。

你不得感恩崔阿姨吗？就在你这儿干了十天，给你出这么一个好的考卷，看看你行吗？不行是吧？得生惭愧心。印光老和尚说**"常生惭愧心，及生忏悔心"**（《印光大师文钞菁华录·三、示修持方法》），惭愧就知耻，我错了，我真错了；忏悔呢？改。老和尚这两句话不白说，常生惭愧心及忏悔心，这两个心是什么心？一个是知错，第二个是改错。意识到就是觉悟，就有救。

第二天是星期五。上了班，我就把张经理叫到办公室，我说："怎么样了，崔阿姨这事儿？说说。"

"昨天晚上我忙到了九点半……"

我说："什么？忙到了九点半！你干吗了？"

她说："她在北京一个亲人也没有，就找到咱们公司。"

我说："她原来的工作单位都干吗去了？"

"原来那家单位人家肯定不搭理她了，她那个表现谁待见她！那要不是因为您学了佛，咱们公司怎么可能帮她呢，来了不好好干活儿，还说瞎话。"

我说："你给她做什么了？"

她说："交了三千五的押金，给她领了病号服，买了饭卡，给她建了档案，我又找了她的主治医生。主治医生还安慰我说，'你别着急，没事的，盲肠炎手术不是什么大手术，割了以后缝上针，大概一个礼拜以后就可以出院了，三千五绝对够了。手术费不到两千，术后拆线这个过程一千多也够了。'"

张经理告诉我，这大夫还问她："你跟她什么关系？你是她什么人？"

张经理说："我跟她也没什么关系，她在我们公司当过保洁员，现在已经离开公司了。"

大夫特别异样地看着我们的张经理，说："现在像你这种人都是稀有动物！你们什么意思？就干了十天的保洁员，你们就给她出钱？"

"我们公司落实《弟子规》，学习传统文化，'**凡是人，皆须爱**'。"

大夫说："你爱爱我得了，我特别需要这种《弟子规》的爱。你们公司真是神经病，脑子进水了吧？"

张经理说："没有。圣贤人教育我们'**凡是人，皆须爱**'。您别问了，要不您自己看看得了。"就给了人家一本《弟子规》，"我们就是这个教育的。"

大夫说："这个病人一个礼拜前就过来了。盲肠炎，疼得不行，因为没钱，想跟医院对付，医院就是不收，医院能收这种人吗？我给你把手术做了，你万一要不给钱呢。亏了你今天帮了她，她已经疼了一个礼拜，疼得不行了，她要再这么下去非得肠穿孔，肠穿孔就导致腹腔感染，那后果就不可设想了。盲肠炎事小，腹腔感染事大。姑娘，你可真有德行。"

我问她："她怎么找到你的？"

张经理说："我把手机留给她了。"

我这时候考卷第二页又不及格了——

我说："什么人都给手机号呀，你？"

"您不是说，跟咱们有缘的人，手机号都要告诉他，这样人家万一有困难找咱们的时候，好能找得到嘛。这不是您说的吗？"

"我是说了，但这种人……"

"您不是说'**凡是人，皆须爱**'吗？没有说工作十天的阿姨就不爱、就不给手机号码呀。"

说到这儿，特惭愧！教育我。

所以学习《弟子规》、践行传统文化，能听到员工真实的心声。我老跟大家说："咱们在《弟子规》面前都是学生，老板也是学生，咱们都平等；《弟子规》让做的咱就做，《弟子规》不让做的咱就不做。"三年下来，员工对我有信心，他们敢于驳斥我，敢于指出我说得不对的地方，这样，企业就亡不了，这个企业绝对不会倒闭，因为你能听到真话。

她一说"这不是您说的吗"，我就说："行了，我这心量不如你。"我说，"我也站起来给你鞠个躬，你真是大菩萨。"我这躬一鞠下去，我们张经理眼泪就出来了。**"道人善，即是善；人知之，愈思勉。"**表扬她，赞叹她。

舜帝钓鱼的时候，见到抢深潭厚泽欺负老弱的捕鱼人，他就压着不说；见到以好的地方相让的人，他就赞扬、勉励。袁了凡先生说：**"以舜之明哲，岂不能出一言教众人哉？"**舜帝这么聪明有智慧的人，他为什么不教育那些抢深潭厚泽的人？他不批评、不教育，他不说话，"而以身转之"——自己做到，"良工苦心也"。

学！得向舜帝学，舜帝的故事不是拿来念的，不是拿来让咱们感动的，念了感动了，后面得有行动。表扬张经理这件事的所作所为不就是在学习舜帝吗？有人说佛菩萨是迷信，有人说圣贤人离我们已经远去，——没有！当下此时此刻此件事，张坤就是佛菩萨，来度谁？度胡小林，你不行，心量太小，烦恼现前有瞋恨心，不顺心就生气，顺心就起贪爱。

我有个习惯，每天上班第一件事，都先把张经理叫到我办公室，目的就一个：爱心基金有没有新用途？一百多个员工有没有困难？她有个情结，老板拿出钱，爱心基金老这么花，万一花超了，老板不知道多不合适。所以她还是有点儿缩手缩脚的，该花不该花的，有时候她就不花。

到了星期一，一上班我就问她崔阿姨的情况，她说："挺好的。"我看她不怎么愿意讲，我就问："你是不是又给她忙了一个周末？"

"您别问了。"

我说："你跟我说说，都给她忙什么了？"

"我婆婆说了，做手术的人得喝点儿黑鱼汤，伤口恢复得快，所以我这两天就一直在给她送饭。"

话没说完，我的眼泪就出来了。不容易！八竿子打不着的，做了十天的阿姨，给她出了三千五百块钱，星期五帮她安排了医院的事情，就可以了。周末还给她送饭？张经理的女儿才三岁，和公公婆婆住在一起，老人身体都不太好，平常挺忙的，好不容易有个周末，你看人家怎么做的。可以不可以不送饭？公司没有哪条规定让她送饭，她有一千个理由可以不送饭，而且她知道我对崔阿姨的态度：占便宜、不招人待见、赖叽叽的。给了钱就行了，挺好，还怎么着？没完没了的。我不就这个嘛！张经理不这么做我能说她什么？我肯定不会说她。

我跟她一比，我的境界不如她，人家张经理怎么做的？张经理是我女儿那么大的岁数。人家没有像我成天口若悬河地到论坛上给人讲道德仁义，也没有像我这样早晨办公室的门一关，半天半天地在里面念佛、读《无量寿经》，一个字一个字地查《了凡四训》。人家没有。《无量寿经》

是什么她可能都不知道，《了凡四训》听说过、学习过，不一定念完整过，但是她做到了！

"**凡有财有势者，其立德皆易。易而不为，是为自暴。**"有财有势、在社会上有名望的，建德立业、帮助别人都容易；容易而不为，那就是自暴。这是《了凡四训》上说的。《弟子规》上怎么说？"**勿自暴，勿自弃；圣与贤，可驯致。**"你胡小林这不是自暴吗？那你就做不了圣、成不了贤。圣贤在哪里？在西方极乐世界。你去不了西方，谁都甭埋怨。

张经理周末送汤、送饭，忙活了两天。我这躬鞠完以后，我说："你也挺累的。真是的，你做得真太好了，我真得向你学习。你是怎么想的？"

她说："我也没想什么。"

你看看人家，说没想什么。"一心"就应该是这样。

我说："那手术做了吗？"

"没做呢。"

我说："为什么？"

"她身边没亲人，我代签字，医院说我承担不了责任，得把她儿子接来，她儿子在河南呢。"她说，"我跟她儿子联系了，今天就来北京。"

第二天星期二我再找张经理，她告诉我，她先生自己开着车到北京站，把崔阿姨的儿子接到医院。我就问问诸位同学，张经理先生的汽油费谁出的？自己掏钱，不在公司报销。张经理的先生是我们公司的工作人员吗？不是。他在胡小林这儿领工资吗？没有。**"斗粟可以种无涯之福，一文可以消千劫之罪。"** 咱就单说这辆车的汽油钱，可种无涯之福、消千劫之罪。我胡小林这三年捐了三千万，怎么着？没用。虽终身勤励，不知原来是在造孽。一辈子跟这儿忙活，没忙活到点上，忙活的都是自私自利，做好事还在张扬自私自利，变成是另外一个施展自私自利的平台，那这三千万便了无功德。没功德也就罢了，这个自私自利还得送你去地狱。再看张经理先生的这点儿汽油费，四两拨千斤。

她告诉我，他们从北京站把崔阿姨的儿子接回来，安排在医院旁边的小旅馆里，一天五十块钱，"胡总，我想这个钱就不让公司出了，我们俩人也做点儿功德。"臊！害臊！**"耻之于人大矣。以其得之则圣贤，失之则禽兽耳。"** 胡小林知道可耻了。人家自己掏钱，不从爱心基金里出，一天五十，人两口子办了。多有智慧！老胡家祖上有德，感来这么一个人给我当人事行政部经理，来照顾我的员工。

就这么着，儿子接来，安排住下，签了字、做了手术。病治好了，拆了线，出院了。

张经理最近也在论坛上汇报了她在企业践行传统文化、践行《弟子规》的过程和体会，她的汇报中有这么一段，非常非常感人。

崔阿姨的病治好了，儿子陪着要回河南了。又是人家张坤经理的先生开车送去火车站的，没向公司要车。公司各个部门、大大小小的车辆加在一起十几辆，都归张经理管理，她能不能让公司办公室的司机去送？人家没用。张经理那天没去送，她的女儿发烧四十度，在医院打点滴，她让先生去送。再说了，能不能不送他们？完全可以，病已经好了。

张经理的先生把崔阿姨送到火车站，买了车票送上车以后，张经理在医院就接到崔阿姨的电话。那时候火车已经开出去了，崔阿姨在电话的那头痛哭流涕，说："张经理，我对不起你，我知道错了，我真没福气，碰着这么好的公司我还说瞎话、偷懒，我这福气在你们公司工作，我向你道歉，那十天我没好好干。我现在回河南治病，等我好了以后，我回到公司打扫卫生，免费，我不要钱，我报公司的恩。"张经理在电话这头也感动得直掉眼泪。

这段故事讲完了。我们应该怎么样行菩萨道？就应该这样做！"不要批评人、不要指责人、不要控制人、不要限制人"：不是让我们什么都不干，不是油瓶子倒了不扶；是要"以身转之"，自己转，做感化的工作，这是圣功。

我学传统文化、在公司落实到今天，通过启用爱心基金，真是看到干女儿的转变、崔阿姨的转变、小刘的转变，没有想到，都不是要求的，我没要求他们应该这么做；还有一件，好像张坤经理的例子，就是我带头跟他们一块儿做好事，做着做着就有转变了。这些事例让我信心大增！

我觉得感化这个方法太高了，不着痕迹。

劝人为善和与人为善相比，劝人为善是次一等的，它有痕迹，你还得跟他说、给他光盘、送他书——虽有痕迹但恰逢其时，自有奇效。你与其劝别人，不如劝自己；自己好了别人就好了。真正的高是舜帝，他是与人为善，做出来，把圣贤人的教育给你演出来。

有人说我演出来了，可他们怎么还没有变化呢？

至诚感通。之所以没有感通是因为你不至诚。至诚是什么概念？就是一，到了极处。我怎么才能至诚？没有"自己"就至诚了。说起来就这么简单。我怎么没有自己？你把你自己的脏心烂肺拿出来说，慢慢地自己就没了。

没有自己

我们的问题是，我们太拿自己当回事，太觉得自己了不起，我们为自己而感到骄傲。我们保护着这些烦恼，跟它在一起，和光同尘，抱着它、搂着它，不愿意让它离开你，别人一说你这个烦恼你就不高兴，你觉得没了面子，于是你就开始跟别人争、你就因此而记恨别人，你不承认它是敌人，你不承认它是贼，这是认敌为友，认贼作父。

你身边都是这些贼，都是这些敌，它们整天围着你，因为你保护它们。一说你傲慢，"我哪儿傲慢了？我怎么傲慢了？我不是傲慢，那天我心情不好。"你"心情不好"，不就是保护它吗！保护你的傲慢。没关系，傲慢就还在你的身上，天天吸你的血，吃你的肉，毁你的菩提道。所以，自暴自弃指的是什么？是指不能跟烦恼宣战，不能跟烦恼划清界限，认敌为友。

我们为什么要站出来发露忏悔，说出自己的过错？就是要孝敬父母，就是要对孩子好，就是要去西方，做佛做祖。

我希望我的公司发达，得量大。"量大福大"，福是什么？钱是福。量是什么？心量。心里只有自己，不行！把自己放掉存别人，钱就来了。

大家可能都知道"傻子瓜子"，当时在中国很有名，安徽人，二十世纪八十年代初他就成了万元户。为什么他能发财？那些"精明"的人怎么没发财？你没听说过"精明瓜子"吧？傻人傻福。为什么傻人有傻福？他卖的瓜子个儿大，分量足，利薄得很，同行都称他"傻子"。他老让人占便宜，有舍就有得，不知不觉当中暗合道妙。

咱们回想身边的亲戚、邻居、同学、朋友，你看谁厚道、谁笨、谁傻，你看他到最后都得便宜。你看那些精明的、算计的、尖嘴俐牙的、会盘算的、会设圈套、会玩儿人的……谁笑到最后，谁笑得最好。愚不可及，养愚不容易，那是德行，老实就一定有成就。

要做教练

我们学习传统文化，学习佛法，就是要改自己的过错。我们在企业带领大家一起学习，这就是所谓的"一把手工程"。

崔阿姨这件事情出现了，要不失时机地跟员工沟通。

作为老板，现在不能带领员工搞贪瞋痴慢了，也不给员工布置工作、开什么销售会、搞什么预算审核、考察……都不干了。都不干了那干什么？有人问我："你挺闲的吧？"闲不着。

崔阿姨这件事是很好的教材，是我自己做得不对。我马上把文化部的经理叫来，还拿了录音笔准备录音，我就发表了自己对这件事情的看法。老说员工不落实传统文化，老说家里的人不落实传统文化，你要当教练。

目前，我们的传统文化，经典很完备，注疏也很完备，也不缺少老师和弘扬传统文化的人，但是能真正落实、力行好的不多。为什么？因为我们缺少教练，大家学了不会用。你读《了凡四训》和你用《了凡四训》，这中间可还有距离呢。科学技术要变成生产力，这里边要有个转化。佛菩萨的智慧，《了凡四训》的智慧，《弟子规》的智慧，要真正落实在企业，需要有个转化。

谁转？老板得转。我们叫"一把手工程"。老板怎么转？边学、边教、边练。你得练！练的过程中你别自己单打独斗，你拉着员工一起来。为什么员工现在跟我在一起平等、亲切、和睦？就是因为我每一次跟员工开会的时候，他们就发现胡小林现在从来不说别人不好，每次开会都拿出自己的事、自己的缺点、自己的问题来跟大家分享。

崔阿姨事件之后，我自己对这个问题做了自我解剖，录下来了，整理成了文字稿，现在拿出来供养大家，跟大家分享，请大家看一看我们是如何落实圣贤教育的。你这样做了，你至诚了，员工都跟着你干；如果你因循苟且，不好意思把你的烦恼拿出来，你碍面子，你碍着烦恼的面子，你抱着敌人睡觉，跟它谈情说爱，员工不会跟着你改。

在《弟子规》面前，在传统文化面前，老板也是学生，也是凡夫。老板算什么？什么都不是！这是二〇一〇年五月十七日这个周一的早晨，我最深刻的感悟。回想过去短短的三四天，面对一场突如其来、从天而降的考卷，我得了零分。

得承认错误，你是不行，不行就是不行，别装蒜，没什么可装的。

而我们文化行政部的张坤经理，用她的爱心，用她的真诚，得到了满分，做到了满善，扎扎实实地给我上了一课。

五月十三日星期四，北京市委党校的领导约我晚上一起吃饭，请我谈一谈在企业落实《弟子规》、落实传统文化的心得体会。他们很重视汇通公司这种实践，认为是民营企业走向成熟的标志。我特别希望文化行政部经理张坤跟我一起去，和领导们谈谈她如何在工作实践中、在第一线看到员工学习传统文化的一些真实事例。但是在晚上六点钟，张经理给我发了一条短信。告诉我，她晚上可能不能去了，向我告假。原因是从前曾在公司打扫卫生的崔阿姨给她打了电话，崔阿姨得了急性阑尾炎，需要立即住院手术，但交不起押金。知道我们公司慈悲，希望我们能够救救她。

"救救她"，她当时真的是这么说的，再不治就麻烦了。

张经理接到这个电话很惊讶，因为崔阿姨是一个在公司只工作了十天的阿姨，因为表现不好，偷懒、说瞎话，而被辞退了。她怎么会在这样的时刻想到给我们打电话？意想不到。我当时很不高兴，一个在我们公司就干了十天的阿姨，工作还不怎么样，怎么到这时候想起我们了？

这全都是我的口气，我当时就是这么说的，这是录音笔录下来的。

张经理这个时候正在赶往医院，请示我具体应该怎么办？我的态度很不积极，心想就这么一个阿姨，赶紧打发了算了，跟领导吃饭那是正事。竟然发生了这样的状况，人来不了了，真窝火，真别扭。

对了，我还说这句话，认为帮助崔阿姨不是正事。恰恰相反，迷惑颠倒，帮助崔阿姨是正事。**"德不孤，必有邻"**（《论语·里仁》），人家领导为什么请你吃饭？因为你有德行。德行在哪里？德行在帮助崔阿姨这些事情上，你有德行自然就感来党校找你。

在去吃饭的路上我突然意识到，不行！我做得不对，马上给张经理发了一条短信，说：在这件事情上我们不能有分别心。

我这是说人家呢？我这是说我自己。我们不能有分别心，谁们？除了你之外哪有别人！

这件事情一定要做圆满，越是和我们交情浅的，越是这种一般人所不能接受的事情，越要做得圆满。上天有好生之德，我们要替上天、替圣人把这种爱心传播出去。

张经理到了崔阿姨所在的医院，交了三千五的押金，并询问了院方，得知手术费需要两千元，加上手术的拆线等，三千五百元肯定够了。作为一个非亲非故的人，张经理一直在医院待到了晚上九点半。

三天后，周一的早晨，我询问张经理事情处理怎么样？张经理非常平淡地叙述了整个过程。话语轻轻淡淡，而我感受的却是震撼、惭愧和汗颜。

作为老板，我要把整个过程写清楚，这叫什么？这叫弘法。把你做的事情拿出来说，这叫什么？这叫演出圣贤人的教育。从我改起，你改了员工就改了。

老板有什么？没什么，不改过地狱有分，只不过是地狱道的人，而现在在人道混日子。真的是**"将日沦于禽兽而不自知矣"**。

令我没有想到的是，张经理第二天又去了医院。原来前一天晚上，崔阿姨的手机欠费停机了，联系不到儿子，做手术必须得有亲人签字才能做。张经理给崔阿姨的儿子打了电话，请他从河南老家赶到北京。为了节约时间，又怕他到北京迷路，请自己的先生开车到北京站把他接到医院。并且还在医院附近租了旅馆，让崔阿姨的儿子住下来，并且垫付了每天五十元的住宿费。更令我没有想到的是，张经理还利用周末的时间去看望崔阿姨，买了水果，买了营养品，又煲了汤，给崔阿姨连续送了两天的饭。

我被震撼了，这绝对不是一个普通人所能做出来的事情。忍人所不能忍，行人所不能行，这难道不是佛菩萨在世间的化现吗？

二十日崔阿姨出院了，准备回老家休养，张经理本来打算亲自送崔阿姨，但当天家里小孩发了高烧，在医院输液。张经理还是请自己的爱人开车，将崔阿姨和儿子送到了火车站。张经理最后一次去看望崔阿姨时，崔阿姨再三表示，不知如何感谢汇通公司，一定要申请重新回公司，好好工作，不要钱，以此来报恩。

各位，崔阿姨会怎么看待佛菩萨？她会怎么看待中国传统文化？她种下善根没有？这粒金刚种子，一历"眼"根，永为道种。如果我们每一个学习传统文化的人，每一个佛弟子，如果每一个在实践中国传统文化的人，都在自己的身边，随分随力地做这么一个人的工作，社会会有灾难吗？佛法能在中国兴旺吗？回答是肯定的。

佛法是用来做的，不是用来学的。我们总说末法末劫，根器差了。什么是末法末劫？什么是根器差？一切法从心想生，相由心转。因为我们是末法，所以我们感得这个末法的时代。如果我们每一个人都在我们的身边，发现需要帮助的人，都在践行佛菩萨的教诲，人家能不说声"谢谢"吗？人家能不支持学佛的人吗？

命苦不能怨政府，点儿背不能怨社会。现在，不少人对学佛的人有看法，什么问题？佛教徒做得不好，这还有什么说的？对不起祖师大德！这么好的教育，这么究竟圆满的智慧，沦丧在我们手上，对得起谁？我们还在佛门混饭吃，不下地狱你还能到哪儿去？

所以我们一定要振作起来，用一双爱的眼睛，在我们的身边发现这些需要帮助的人，这就是弘法利生，这就是报师恩。

感崔阿姨的恩

感恩在哪里？感恩在改过当中。改过在哪里？改过在感恩当中。

张经理在感崔阿姨的恩，我在改自己的过，感恩改过是一不是二。你为什么不感崔阿姨的恩？因为你有过。你为什么有过？因为你不感恩。你看，这个过错不就是不知道感恩吗。

我们再往深说一步，按法相唯识[1]讲的，你胡小林要是心里没有这个毛病，崔阿姨能在你面前示现吗？不就是因为你阿赖耶识的种子起了现行吗？这阿赖耶识的种子是谁帮你种的？自己种的。崔阿姨的出现，按印光老和尚的逻辑——看一切人都是菩萨，唯我一人实是凡夫。菩萨是什么意思？觉者。觉谁？觉你。崔阿姨说瞎话，崔阿姨偷懒，那是教育你的手段，那是教育你的内容，那是课程的安排，那是教学大纲，没有一个真实的崔阿姨——**"凡所有相，皆是虚妄"**，这是表法的。因为你自己差这一课，你又麻烦人家崔阿姨在你的眼前示现来帮助你完成这一课，不得惭愧吗？过去无始，教了你累生累世，你从来就没有解决这个问题，你又把菩萨感来，给人添了麻烦，得惭愧。

第二，惭愧完了以后怎么办？要知恩。你还有救，还有大夫在你身边，还有老师陪伴着你一直到把你教会，你不得感恩吗？得感恩。

第三，要报恩。拿出行动来报老师的恩，什么是最好的行动？改了它。老师教育我的事，我学明白了，我做到了，我改了，我不再这样了。崔阿姨这三千五，买了一尊佛回来。她这个阑尾炎，那就是你菩提道上的一个台阶，

---

[1]法相宗：中国佛教十三宗之一，大乘八宗之一。 此宗的宗名有五，一名法相宗，二名唯识宗。由于决判诸法的体性相状，名为法相宗。由于明万法唯识的妙理，名为唯识宗。

你成佛成祖，这个台阶有功德。不是她做这种示现，我怎么知道我的境界不行？我怎么知道我用功用道、克服自己的方向在哪里？崔阿姨指明了。

我们回过头来看看，我当时还生这个气，我说："三千五百块钱，她自己就一点儿都没有吗？就吃上咱们了，就讹上咱们了？"我还有这么一段呢。三千万都出去了，三千五摔了个跟头。**"凡所有相，皆是虚妄"**，这跟钱多少没有关系。跟什么有关系？跟你的念头、跟你的心有关系。

佛菩萨是**"随众生心，应所知量"**，崔阿姨跟你要这三千五，是一点儿不多一点儿不少，你就差三千五这一课；要你三千六对不起你，要你三千四便宜了你，就三千五，英文讲话，Just right。三十块钱你可能无所谓，三百五十元？你胡小林觉得也没什么，不过一条烟钱。三千五：自己一分钱没有，全指望我们，就干了十天？如果说是干了一年，诸位，我可能还好受点儿，干了一年了，老员工了——说就十天，表现特别好，人厚道，干活特认真，每天满头大汗的，但因为某种原因不能在公司供职了，那也行。不！偷懒、说瞎话，就干了十天！怎么着吧？自己还一分钱没有。过得来吗？过不来了吧？行了，回去好好学吧，没别的，继续改。知道自己功夫不行了。错在哪儿，明白了。明白了怎么着？给崔阿姨磕个头吧，回向给她。

我们进入到改过这个阶段，天天都是这些事。人有过恶，非常正常，也非常自然。问题是我们怎么对待它。能得过且过吗？不能。

于是我就把我的中层干部叫到一起开会。什么议题？以前开会，就显我能了，嘚啵嘚啵地评点江山：你们应该这么着，你们应该那么着；劝这个，指责那个。你算干吗的？一身瓦裂。我后来再开会，不说别人了，就把类似崔阿姨这样的故事拿出来，对照《了凡四训》给大家分析。

这篇录音文字稿一共七八页，当教练得备课、得用功呀。《了凡四训》上怎么说的，《弟子规》上怎么说的，我是怎么做的。你拿这当真，员工就当真。

我们现在的家长总是埋怨孩子学习不认真、作业不自己完成、每天恍恍惚惚的。哪有孩子的过错？孩子给你做示现，因为你学佛不认真，你学习囫囵吞枣、不求甚解，你学了第二课你就忘了第一课。你不拿佛菩萨的教诲当真，孩子就不拿老师的教诲当真。你什么时候觉悟了、改了，孩子就改了。

境外无心，心外无境。心在哪里？心在境当中。你看到的境就是你心的变现。境好也罢坏也罢，都是你的心；境好，你有德行；境坏，你缺德。

所以我们一定要树立这样的正知正见，对待过错要紧抓住不放，不能因循苟且，而且千万不要认为我已经做过改过这事儿了，这事儿就可以过去了。蘧伯玉那是何等人也！真改！人家五十岁还知四十九年之非，我们不改行吗？人家拿改过当饭吃，我们看改过连个甜点都不是，不当真，在我们的议事日程中没有"改过"这两个字，不准备办这件事。

我们一定要跟过错宣战，我们一定要跟过错决裂。否则你没福，身体不好，做事多诸障碍，爸爸妈妈身体不健康，孩子不听话，公司倒闭，兄弟姐妹不和……你是不想好，是吧？不想好就是自暴自弃，不自暴自弃就得改过。

你真改了，员工会跟上

在讲下一个故事之前，我还要给大家汇报一下我的一个体会，就是你作为老板，如果真改过、真忏悔了，你的员工会跟上。你不用要求他忏悔，因为什么？你鼓励他了。我改了，面露笑容，满面风光，一点儿烦恼都没有，特别高兴，每天特别充实，今天这一天不知道又发现多少烦恼，我今天这一天课程肯定安排得很满，有这么多老师在我身边帮助我、提醒我、教育我，遇到烦恼就抱着"欢然受赐"的态度。员工会看到你的境界提高了，真变了！他会想："真好，这个人！他就是因为改过，就是因为忏悔了。那我为什么不忏悔？"他就会跟上。

我这儿有一条手机短信，是我的员工发给我的。还是那句话，我没有要求大家："你们都要忏悔、都得改过，要拿出你们忏悔的报告来。"这条短信对我是个极大的鼓励，这是名普通员工，写得有水平，他是出自真诚心，真觉得自己有问题。他学会忏悔，也开始拿忏悔当回事儿了。

胡总：

　　通过您今天和我的谈话，我反省自己的最大问题之一——不求甚解。表现有五点：第一，觉得经典太难，懒得看，学了没用，不是我应该学的。第二，听不进别人的良言，觉得烦，表面点头，是是是，心想行了行了，知道了。忽视了对方话语的深层含义和对方的用心。第三，碍着面子不懂装懂，回家又不用功补课。第四，没有紧迫感，没有危机感，没有真觉得众生真苦。心想以后再学吧，以后再说吧，放任自己的时间。第五，得意忘形。比如，"尸罗不清净，三昧不现前。"您告诉我，"尸罗"是什么意思，我就得意了，我心想，出了这个门，随便问个人，肯定都不知道"尸罗"是什么意思。我知道，你不知道。后面那"三昧"是什么意思，我才不管呢。综上所述，我反省了十分钟就看到了这么多问题，真是一身瓦裂。

　　感恩您！顶礼。

学生恭呈

　　这里提到我们之间的谈话，其实整个谈话过程我没有一句批评他、劝他改过的话。这师傅带徒弟，得言传身教，因为我老在员工面前忏悔，用进废退，慢慢地，员工都开始忏悔。公司里要是个个都检讨自己、忏悔自己的过错、发现自己的不足，公司能不和谐吗？那我作为这个企业的老板，还操什么心？

老板带头忏悔、带头改过，不说别人过——别人没有过，员工的过也是我的过。我们自己改了，员工就学会了。

原来大家承认自己做错了，说句"请您原谅"，难！现在已经蔚然成风，"我狭隘"，"我烦恼现前"，"我小心眼儿"。为什么？老板，又是长辈，有文化——硕士研究生，人家都承认错误了，承认错误有什么呀，没觉得怎么着。

你如果总是认错，就会习惯成自然了。那还了得吗？如果承认错误、改正过错变成了自然，你有救了。这叫什么？这叫改错三昧 (1)。

《无量寿经》上说：**"随时悟入华严三昧，具足总持百千三昧。"** "百千三昧"当中包括改过三昧吗？包括。包括孝敬父母吗？包括。包括感恩三昧吗？包括。所以你要进入改过三昧了，你得利益。改过三昧和华严三昧二者什么关系？是一不是二。换句话说，华严三昧是根，改过三昧是枝，寻枝寻叶就能找到根。

---

(1) 三昧：译言定。心定于一处而不动，故曰定。

第十三章　感恩与改过互为主伴

　　我们今天强调：改过在感恩当中；感恩在改过当中。互为主伴，互为条件。

　　我下边要给大家汇报的这个故事，也是一个感恩和改过糅合在一起的这么一个过程。

上门维修的淡季和旺季

　　下面要给大家汇报的是在公司存在了十几年的一个非常复杂的问题，通过改过，这个问题现在得以解决，取得了一个比较圆满的结果。这是二〇一〇年令人喜悦的一件事。

　　大家知道锅炉行业有一个特点：冬天（供暖季）是旺季，上门维修的任务非常繁重；夏天是淡季，售后服务部很闲。

　　我们的产品在北京有二十万个用户，售后服务部到了旺季人手不够用，每天接入的报修电话五千次，上门维修二三百次。每个维修工每天手上有十到十四个维修单，也就是说一个人一天要上门十到十四个家庭，他们早晨八点钟出门，有时下半夜一两点钟才回来，中午还经常吃不上饭，非常辛苦。

冬天还经常收到投诉电话："怎么还不到？""这么冷的天，家里有老人，家里有病人。""家里有坐月子的。"真紧张，真着急。还有到公司来骂的。像二〇〇九年，北京的冬天非常寒凉，那年我们的售后服务部忙得手忙脚乱。

这还不是问题，问题是什么？我们维修人员的工资构成是基础工资加上绩效工资，简单地说就是上门维修工人有提成。此外，公司管吃管住。所以旺季拿的钱多，留得住人。但是，到了夏天，没活儿了，提成拿得少了，就走人了。新招的人技术不过关，等到了冬天本来就忙，上门两三次都修不好。修不好还就罢了，他老给你错换配件：明明不是水泵的事，他拿个水泵给人碓上去了，跟人家收了两千块钱；一看，哟，不行，不是水泵的问题，是燃烧器的问题，然后再花一千七给你换个燃烧器。那了得吗！用户不干呀。等这新手学会了什么时候了？过了年了，天暖了，马上到淡季了，他会修了。晚了。天热了，又没活儿、没提成了，他就离职了。

我们员工流动率每年平均百分之三十八。换句话说，售后服务部五十名维修工，每年离职十九人。

做企业的都知道，老员工流失是很大的损失，一年的技术工人跟两年的技术工人可差太多了。一年那叫学徒工，两年那叫熟练工。我们年年都在招聘新员工，新员工到岗有培训。可在旺季谁教你呀？老员工每人手上还有十四个活儿，没时间也没那个心思教。随后就是新员工被投诉，公司浪费人力物力，弄得个个都挺忙。

自一九九七年这家公司成立一直到二〇一〇年，我们一直被这个问题困扰着。所以这个问题一直就是我们的"瓶颈"。

二法出现了：旺季一法，淡季一法。佛是不二法门。

"夫夭与寿，至贰者也。当其不动念时，孰为夭，孰为寿"（《了凡四训·立命之学》）。寿命长和寿命短是二。当你不动念时，哪里有什么长寿和短寿的区别？这是《了凡四训》上说的。我就总在琢磨，我想佛陀的教育能不能用在我们旺季、淡季这二法当中？

学习《了凡四训》有三年了，越学越有滋味，法喜充满。云谷禅师说了："当其不动念时，孰为夭，孰为寿。"这句话对我有启示。我动了什么念，于是将旺季和淡季分成了二法？只要我不动念，它就应该不是二法。哦！我知道了，我动了一个什么念，自私自利的念，把旺季跟淡季变成了二法。

为什么？到了淡季我不给提成，因为没有活儿呀。如果你不干活儿、少干活儿，还能拿一样的钱，那淡和旺有什么区别？谁还愿意旺季来？旺季忙得四脚朝天挣三千，到了淡季四脚不朝天，成天睡大觉，一天最多二三个活儿也挣三千，这样肯定不对，合情、合理、合法才对。淡、旺季是一个待遇，不合情也不合理。

多劳多得，不劳不得。不能说我学了佛，我就拿出钱来，淡季我养着你们。养闲人能行吗？养闲人，长养懒惰，这就害了这些人了，不劳而获，养成占便宜的心理。这是是非颠倒，这不对。这样做不是慈悲。

随缘妙用。我拿钱出来给他们，使他们收入达到旺季的水平，这叫蠢用，用得太蠢了，给钱谁不会？得随淡季的缘，得妙用。

我们从哪儿开始改起？

我的售后服务部从二〇〇九年开始挣钱了。因为之前免费保修的量一直大于收费维修的量，保修阶段的工时费、零配件费是全免的。到了二〇〇九年，Break-even——达到收支平衡，而且开始有了一定的收入，大概一百万。这一百万怎么办？

我跟售后服务部的经理说："你们挣钱了，现在你们这个部的名字就改叫'舍得部'。"

经理一听："胡总，叫什么？舍得部？"

"对！把这一百万舍出去，你们舍了销售部就得，你信不信？"

套用袁了凡先生的话就是"汝信得及否？"我信！

"胡总，咱们售后服务部养了这么多年，才挣钱您就舍？"

我说："对。我们二十万个用户当中有贫困户、有困难家庭，要舍出去。**'斗粟可以种无涯之福，一文可以消千劫之罪'**，懂吗，姑娘？你这儿舍了，销售部就得了！你舍不出去，销售部签合同就困难，就签不下来。不舍不得。我一个月给你八万的指标，一年就是一百万。以后你每个月部门收入的报表就不用再往我这儿送了，我不看了。我看树叶有什么用？我看根不就完了。根是苹果树的根，树上结的能不是苹果吗？你这八万舍出去，自然而然公司就能挣钱。我不操挣钱的心。"

佛让我们活在当下，当下舍，将来得。将来得的事还用考虑吗？不用考虑了，有因就有果。所以活在当下，当下是种因，种因的时候你马虎大意，你不好好种，到了秋天它不长粮食，那时候再埋怨可就来不及了。

所以《了凡四训》上跟我们说："**一毫觊觎，一毫将迎，皆当斩绝之矣。**"不用患得患失，考虑过去，盘算未来。你老盘算着五年以后干什么？五年以后那是果。所以，活在当下，种好因，将来就一定有好果。这才叫君子乐得做君子，小人冤枉做小人。所以印光老和尚说，世出世间，理不离心性，事不出因果。

通过这件事，我就跟我的售后服务部经理掰开了揉碎了讲佛法。她不接受："胡总，我们这儿刚挣点儿钱还没热乎呢，就出去了。"

我说："要舍。'舍得'有两层意思，舍了就得，舍的多就得的多。第二层，得到的再舍掉。那就越得越多。"

　　没一个月完成任务的，每个月这位经理都挨我批评，不是学了佛就不发脾气了，表法的。"你怎么回事？这八万就弄不出去吗？真的这么点儿出息都没有？"

　　她说："胡总，挣钱容易，舍钱太难。我们知道给谁呀？您又不让随便地花。"

　　我说："你开动脑筋，只要有爱心就有智慧。智慧在爱中。你为什么没有悲心？因为你没有智慧。你为什么没有智慧？因为你没有悲心。贤首国师在《修华严奥旨妄尽还源观》上讲了：**'大智照真'**，**'大悲救物'**，你只要有了悲心、同情心，一定能在二十万个用户当中找到那些贫困户。"

　　她说："胡总，这太难了，我们本来就够累的，好不容易淡季了，您又弄这个，我们到哪儿去找？二十万个用户，大海捞针呀。他脑门儿上也没写'我家是贫困户'，我们怎么知道？"

　　大家说现在哪还有这种事，说花钱花不出去。

　　"你们也忒窝囊了，挣钱挣不来就算了，花钱都花不出去。落实佛菩萨教诲这么难吗？"我说，"我不管，五月一号是关门时间，每个月八万该给谁，一定要拿出方案。"

　　到五月一号，真的拿出方案了。这位经理特别高兴，兴奋，因为压力大。她知道胡总是当真的。她说："胡总，您放心吧，我们知道这困难户在哪儿了。"他们去了民政局，去了社区居民委员会。她说："胡总，您指出的这条路是对的，确实民政系统对贫困户有救济政策。"他们从民政局找来相关规定，贫困户分为三类，五保户、低保户、贫困户。你看，在国家的字典里，低保户和贫困户还不是一回事。而且，国家对低保户和贫困户的定义细致到月收入或年收入，规定得很清楚。

概念准确，得随缘，把钱舍给这些真正有困难的人。你得干！

"好啊！"我说，"姑娘，胡总给您鞠一躬。"五月一日给她鞠了一躬，我就到青岛讲学去了。我太高兴了，知道贫困户、知道需要救济的人在哪里了，没有比这更喜悦的。我们二十万用户当中，有八万六千户住的是政府保障性住房，包括：经济适用房、廉租房、双限房。

随后，她就开始制定条例，我希望他们赶快落实。原则有了，确确实实有这么一个人群，国家有登记。怎么拿到这个名册？最后我说："咱们得做好公关，找社区居民委员会，请他们吃饭……"

"胡总，咱们做好事，咱还得请他们吃饭？那不行！"

现在得跪着送法呀，末法时期了，做好事得求人家。

还真有些人不配合的。有的居委会说："真麻烦！你们这是干什么？送什么爱心？行了吧，政府都包了，你们还弄什么'送爱心维修户'？我们工作量都挺大的。"

我告诉我们这位经理：这些低保户、贫困户、五保户家庭，只要发现了就终身保修。什么意思？我的壁挂炉的寿命是十五年，我就给你免费修十五年。免的费用都包括什么？工时费和零配件费全免；他只要需要更换零件，只要需要维修，我们就上门全部免费地给他维修。

这些人都是贫困户，我们能指望他们什么？能指望他们帮我们做销售，还是指望他们给我们介绍项目、介绍关系？都不可能，什么都不指望。

只要街道委员会给我们盖了章，确认说甲乙丙丁是困难户，我们就将这甲乙丙丁输入到我们售后服务部的计算器系统里，并在系统里做一个爱心标志，标明这是"爱心户"。以后凡是他们打电话进来，我们的上门服务就免费。我们以前有 VIP 客户（即非常重要的客户），那都是领导、客户，是曾经帮助过公司，对我们有支持、有利益的。现在我说这"爱心户"是 VVIP，比原来那个 VIP 还多个"非常"。

这么好的事，有些社区居委会不但不配合，还嫌我们烦、数落我们。我们这位经理觉得委屈。我从青岛回来以后，她找我说："没法儿干了！好人不得好报，好心当成驴肝肺。"

我说："咱们干了这么好的好事，人家都讨厌咱们，咱要不干这好事，后边得多大的恶报？重罪轻报。姑娘，知足吧。要不是佛菩萨的教育，咱们后面这大恶罪大重罪怎么就在这不知不觉当中化解了呢？感恩吧，是佛法的教育让我们重罪轻报报掉了。"

这不是我编的，《了凡四训》上有说**"人之过恶深重者，亦有效验"**，如**"施惠而人反怨"**。重大恶报现前也有预兆，也有表现形式，山雨欲来风满楼，施惠与人反遭人怨，这是重大恶报要来临的征兆。

我们这位经理听了吓一跳："真的啊？"

我说："你要是不干这个，怎么知道恶报要来？姑娘，提起警觉吧，'幸勿自误'，千万别把自己耽误了，当奋起振作、舍旧图新，好好干，帮公司把过恶洗刷掉。"我说，"谢谢了，给你鞠个躬。"

她说："行！明白了，胡总，您放心。"

这和上战场似的，战前动员：恶报来了。

夏天，我们找到五保户、低保户和贫困户三类困难家庭。歪打正着，正好利用这供暖淡季，我们就深入这些困难家庭，上门检修壁挂炉。此举一举八得。

第一，员工收入提高了。员工上门检修，照样拿提成。趁着淡季闲暇、工作量少，我们安排送爱心上门、免费检修壁挂炉，不等有报检报修的电话，只要有名单，我们就去。如果检查发现需要更换坏的零件，当场就换。我们是公司对用户免费，但是员工的绩效工资照发。

第二，新来的员工，在淡季上门服务，老员工就可以踏踏实实地带新员工了。边检修边培训，边做边学，培训问题解决了。

第三，在淡季分散化解了一部分旺季的维修，到了旺季维修的压力就会减少。旺季的波峰往前移，变成旺季不太旺，淡季不太淡。

　　第四，这是舍，舍了可就得。公司的业务会随着舍越做越好。

　　不仅是公司得，员工也得。这些"爱心户"都是最需要帮助的对象，我们为他们排忧解难，让他们不要再为维修花费而着急、忧虑，这属于无畏布施。**"斗粟可以种无涯之福，一文可以消千劫之罪"**，员工在这个平台上，跟着公司一起做好事、给自己种福田，无畏布施换来的果报是身体健康。

　　第五，我们上门服务还赠送蔡礼旭老师的《细讲弟子规》、周泳杉老师《新世纪健康饮食》，赠送这些光盘和图书是法布施，我们以此来报祖师大德、佛菩萨的恩情。所以，这是报师恩。

　　第六，因为看了我们赠送的这些宣传传统文化的光盘和图书，有的家庭不离婚了，不孝顺的儿子转变了，有的家庭婆媳关系缓和了。那我们的上门服务和这些赠送品，就是在为减少社会的冲突和纷争做贡献。

　　第七，报国恩。如果没有国家的护持，没有国家领导人日理万机的操劳，我们能在这里踏踏实实地经商挣钱吗？我们拿出什么样的行动来为国家分忧解难？我们送上这些祖宗传下来的智慧的财富，送上这些讲伦理、讲道德、讲因果的教育，让大家得到利益，这不是报国家的恩吗？

　　第八，报父母恩。善事谁做的？全体员工一百六十七人没要这些钱，我们把这钱拿出去帮助更加困难的人。

这一百六十七名种福田的员工有一百六十七对父母，不是这些孩子，谁来帮助解决这些用户的困难？正是因为这一百六十七对父母生了这些孩子，他们因此修了福。所以，这是报父母恩。

等等等等。这件事称性，因为称性，随随便便地就举出八得。

淡季、旺季这二法就这样化解了。员工非常高兴，淡季有活儿干了、有钱挣了。这个钱挣得合情、合理、合法。干活拿钱，多劳多得。不劳而获，有毛病，不圆满。

同时，员工在上门维修送爱心的过程中，尝到被感恩、被感谢的滋味。他生活在爱的海洋里。换句话说，他剥开糖纸尝到了糖的甜味，他知道被爱是种什么滋味了。老板是员工的依报，员工这个正报一转，依报随着正报转，我转不转？我一定转。所以利益这些贫困户就是利益员工，利益员工就是利益老板：是一不是二。

我动了自私自利的念

原来那么对立的旺季和淡季的冲突，为什么今天化解了？为什么说佛法是智慧，就智慧在这里。在整个转淡季为不淡的过程当中，枢纽是什么？前面我们说了：**"当其不动念时，孰为夭？孰为寿？"** 当其不动念时，孰为旺？

孰为淡？动什么念？动了自私自利的念。

要是以前我不干：凭什么我白给你修？好不容易千年的媳妇熬成了婆——保修阶段过去了，我该收您的钱了，这时候让我捐、让我舍？我不干！我就憋着这会儿收银子呢，该丰收了，我倒把这丰收的钱捐出去，我不干！

你不干那不就有淡旺二季嘛，你干，你干了不就没有了。所以淡旺之间的障碍就在于自私自利，它把本来的一法划分成二法，这个二法使公司年年疲于奔命地招人、培训、被投诉。

最近，很多开发商——就是我的客户——跟我联系说："胡总，感谢你们！我们觉得真有面子，我们小区的住户见了物业管理委员会，都表扬我们开发商选这壁挂炉厂家选得真好，还给免费维修，够意思！还说，什么时候电梯、电子门、家里的微波炉、电视也能找个免费维修的，怎么不都这样呢？"

开发商对我什么印象？他们说胡小林有良心，知道回馈社会。拿到合同、安装完、挣了钱，现在开始收费维修了，结果免费给小区里的困难户维修。这真给这些开发商朋友争光。他们用我的炉子得多温馨，下次他们再买壁挂炉，买谁的？他还用招投标吗？

二〇一〇年五月一日我去青岛之前，本来要签一万多台的一个合同，没签成。我想我学了圣贤教育，也舍了，怎么不行了呢？我的销售经理六七月份的时候跟我说的："胡总，现在困难来了。您知道吗？现在甲方开发商想买咱们的炉子，但是一邀标，别人听说咱们公司参加，其余两家就不来了，不来那就是废标，所以咱们现在招不了标了。"

国家《招投标法》规定，每一个招标项目必须有三家以上参与投标，少于三个投标人应当重新招标。

我说："他们为什么不参加？"

"人家听说汇通公司老板学佛，人家拿出钱来给小区搞布施，咱们怎么跟人家比？开发商肯定要选他们公司。算了，别浪费时间准备投标文件了。"还说，"开发商的倾向很强，说'你们能像胡小林这样吗？你们要像胡小林这样，我也买你的炉子。人家送《弟子规》，免费给五保户修炉子，人家还有用户写的表扬信，你们能做到吗？'"

人以善感，天以福应。谁是天？上帝是天。谁是上帝？开发商是上帝，父母是上帝——我们企业的父母是客户。

我说："那怎么弄啊，好事变成坏事了？"

他说："您放心，咱们只要纳入甲方的战略合作伙伴，以后就可以不走招投标程序了。这是开发商的想法。"

吃亏吗？一点儿亏都不吃。君子乐得做君子。员工队伍稳定了，维修水平提高了，缓解了旺季的压力；做了布施（有舍就有得）；缓和了与客户的关系；报了师恩；修了大福；传播了中国传统文化的教育，给世人做好榜样；长养了员工的爱心，员工的正报变了，我这依报就变；等等等等。难吗？不难。为什么以前没想到这个方法？自私，有障碍。今天怎么做到了？忏悔，老说自己不行，敢于放下自己，就这么圆满。

现在售后服务部挣钱的短信我是不看了，布施的情况的短信我天天逼着他们要。还是很不满意——每个月的八万还没送出去。这是我收到的一条短信：

胡总，您好！我部从二〇一〇年五月二十二日开展"爱心户"检修活动，截止到二〇一〇年七月十四日，已上门检修"爱心户"总计三百一十六户，免收配件费五千五百零一元，免收工时费一万六千五百二十五元，免收费用总计二万二千一百一十六元，技术员的计件工资提成金额为三千一百七十元，特此汇报。

三百一十六户，开始了。"爱心户"会像蓄水池一样，数量越来越多，因为是终身免费，不是这次修完了下次就没这户了。总共花了多少钱？将近两个月时间，直接费用两万多，达到每个月八万的预期还有距离。我的售后服务部经理告诉我，不用担心。她说到了旺季，很多贫困户就会暴露出来。因为现在你打扰人家，人家不愿意，很多人一接电话："算了吧……现在用着挺好的，等我们需要的时候你们再给我们免吧。""现在不需要检修，家里也没人……"净是这种。真到了旺季，那他可就不跟你客气了："您来给看看吧，我们家是贫困户！"

所以得随缘，不能说我现在要修功德，我现在要把这八万舍出去，我管你们家忙不忙呢，我管你夏天不夏天呢。我说，我们随缘。随什么缘？随温度的缘，温度越低，找我们的人越多。所以她说："胡总您放心，这每个月八万，我们一定能完成。"

我们前一半是讲如何感恩，后一半我们讲如何改过。听起来好像这俩是两回事，用《了凡四训》上的话说，**"至贰者也"**，风马牛不相及，感恩就是感恩，改过就是改过。其实佛是不二法门，当你不动念时，孰为感恩，孰为改过？什么是感恩？什么是改过？一念不生时，你不分别这是感恩还是改过，那感恩与改过就是一，不是二。

当其不动念时

接着说我们的淡、旺季两法。以前我们冬季的上门维修忙不过来，到了淡季又没的修，没活干、挣不到钱，员工就离开。既然尽虚空遍法界都是我们的自性变现的，是圆满的，那我们的售后服务能不能在淡季也得到圆满？淡季跟旺季真有冲突吗？没有冲突。之所以产生冲突，就是因为我们有念头，所以才把旺和淡分开了。

原来我读《了凡四训》这一段的时候，说**"夭与寿，至贰者也"**，夭就是寿命短，寿就是寿命长，寿命长短完全是截然不同的两件事，可是，**"当其不动念时，孰为夭，**

孰为寿"。我读到这个地方总是搞不明白，什么意思呢？怎么我一动念头，寿命长短就存在了？如果不动念头，夭和寿就不存在、就不对立了？换句话说，夭与寿的对立存在就是因为你动了念头。

《了凡四训》我读了很长时间，一直就不理解云谷禅师对袁了凡先生说的这句话。我是碰到淡季跟旺季这二法之后，我就套用这句话的模式，"旺季与淡季，至贰者也。"旺季忙，淡季闲；旺季挣钱，淡季赔钱；旺季人手不够，淡季人浮于事、人员流失。至贰者也，夏天、冬天完全不是一回事。当其不动念时，孰为旺季，孰为淡季？我就有启发，闹了半天是我这个念头，把旺季跟淡季对立起来了。那我是什么念头？我向大家汇报了，就是自私自利，由此，旺季、淡季产生了并且对立了。

所以我们回过头来，看看六祖惠能大师的这句话："何期自性，能生万法"（《六祖大师法宝坛经》），万法是靠什么生起来的？念头。那为什么我们淡季存在问题，旺季不存在问题？因为旺季对我有利，我能挣钱，我愿意多请人，我愿意给大家提成。因为有提成，员工愿意多干活，员工多干活意味着我多赚钱，我赚到钱了再给员工提成，我愿意。到了淡季我可就不愿意了，员工不干活，我也给钱吗？不能给。也对呀，你不干活，不劳不获，如果我还保证你像旺季一样的收入，这也不合理呀。

后来我们做了一个转变，在我们的二十万用户当中找出的低收入家庭，把他们列为我们的"爱心户"，我们从此免费为他们检修、更换配件。这么一个动作就把淡季变成了旺季。同时，员工上门维修照样拿计件提成，这样一来，淡季员工的收入也稳定了，和旺季的收入一样。

这么一个转变就导致了淡季不淡，加强了培训，稳定了职工队伍，改善了跟小业主的关系，缓解了旺季上门维修的压力。

我们用佛法来审视一下这整件事情。舍财我们就会得财。同时，我们在上门服务的时候，给大家赠送《弟子规》，送《新世纪健康饮食》、送讲解中国传统文化的光盘，这也是做布施。

这件事使我对云谷禅师的这段话理解得更深刻了。这就印证了那些高僧大德们说的"你只有放下了才能看破"。原来读这句话不明白，当自己真的做了才明白，旺和淡这二法，是因为胡小林动了个念头产生的。我现在体会云谷禅师说的这个"念"肯定不是正念，就是自私自利的念头。我不就是因为有自私自利的念头，才把旺季跟淡季分成二法吗？

换句话说，夭与寿这二法的产生，肯定是贪生怕死的念头产生的，肯定是分别和执著产生的，这个"念"不是正念，是邪念，是妄念。一妄一切妄！

你看，淡季挣不到钱了，员工流失；旺季新员工不会维修，造成很多麻烦、很多障碍，用户投诉很多，等他们学会了天也快热了。诸多的障碍，我们认为这是不可克服的，是客观规律——冬天炉子就坏，到了夏天炉子就不坏——我们在自己给自己找借口。

实际上不知道这些障碍的产生，都是因为我们的妄念。这些妄念将我们自己缠缚住。云谷禅师说，**"凡人所以不得作圣者，只为妄念相缠耳"**，所以去除妄念就是改正过错的过程。

佛法教我们怎么去除妄念？用一句佛号去除妄念。为什么大家念佛没有功夫？有人说："我因为没养成习惯，我再增加两小时。"——没用！你还会念佛不得力，因为你不改过。

我们万变不离其宗，一定要把改过抓住。改过，心就清净；心清净，念佛就得力，念佛就有感应。所以我们一定不能忘了改过。

第十四章　过不论久近

我的一个久远前的过错

在《了凡四训》中，袁了凡先生特别仔细地研究了我们过错的种类和特点。他老人家就提出：**"过不论久近，惟以改为贵。"** 就是说不管是新犯的还是老毛病，都要改。

为什么他老人家说出这句话？这句话不是废话，我们这些常犯错误的人，认为老毛病、多年养成的习惯，时间长了，改起来不容易，自己因此就会因循退缩。这样不行，过不论时间的久近，不论程度上的深浅，一定要改。

我给大家汇报汇报我是如何落实了凡先生这个**"过不论久近，惟以改为贵"**的。

这是二十年前的事了。一九八六年，我结识了一个香港的朋友，后来我们合作了很长时间，一直合作到二〇〇〇年，是很好的朋友。我刚认识他时，他是卖空调设备的，我当时在国家机关工作，我们从他那儿买了很多空调，我们就这么认识了。那时候我就爱说瞎话，就爱跟人吹牛，我这说瞎话可是个老毛病了。当时跟人说什么瞎话骗人，大家肯定很感兴趣。

我有位朋友是南开大学学物理的，我是合肥工业大学毕业的，学机械的。物理是基础理论，机械专业是研究工艺——学这个专业的实际上就是个工匠；物理学专业重研究，机械专业重应用。从学问的分量，到理论的深度、学科的难易程度，物理学专业和机械专业确实差挺多的。而且，合肥工业大学跟南开大学也没法儿比，南开大学是国务院教育部直属的重点大学，而合肥工业大学是国家机械工业委员会下属的全国重点大学。

我就觉得没面子！我于是就骗人家。他问我在哪儿上的大学，我说："安徽，第一届恢复高考。"这还算真话，再往下就瞎了，我说，"我是中国科技大学少年班的。"中国科大也在安徽，当年的少年班特牛，这有段历史。当时一九七七年第一届恢复高考，全国各地发现一些智力超常的中小学生，中国科大就破格录取了一批少年，其中年龄最小的只有十一二岁。我的朋友说："不对呀，你岁数不小，上大学都二十三了？"我说："我是我们班年龄最大的。"这是弥天大谎——我是科大少年班的。为什么要骗人？面子。

往下那还得接着骗，我的朋友说："科大少年班的不是最后都到杨振宁那儿当研究生了吗？""是，我是班长，我带着去的。"你说这谎说的！杨振宁您认识吗？长什么样你清楚吗？你这骗得忒没边了，好歹也得靠点儿谱吧。

一九八六年，二十多年前的事，这是一个久远前的错误，也是个很长期的错误。说瞎话这个过，不论久近，唯以改为贵。"人非圣贤，孰能无过？过而能改，善莫大焉。"说瞎话，错了。

为什么合肥工业大学跟中国科技大学"至贰者也"？咱们拿了凡先生的《了凡四训》来衡量。**"天与寿，至贰者也。当其不动念时，孰为天，孰为寿？"**合肥工业大学跟科技大学，"至贰者也"；一个是国家机械工业委员会下属的工科全国重点大学，一个是全国唯一由中国科学院直属的全国重点大学。当其不动念时，孰为合肥工大，孰为中国科大？

我动了什么念把这两所学校对立起来？虚荣，贪心！编个瞎话让别人看得起我，让别人尊重我。不愿意比别人低，贡高我慢；嫉妒别人是南开大学的，嫉妒别人是学物理专业的。这是因为我向往，我觉得南开大学好，我觉得学物理比学机械好。动了这个念就有了二法，就把中国科大跟合肥工大对立起来。

有了分别，就开始取舍——我一定要变成科大的学生，这就产生了说瞎话的原因。

这个谎说了二十年了，很多朋友都被我骗了。朋友们觉得很骄傲，一介绍："中科大少年班的，杨振宁的学生。"

这么一说，我虽然尴尬，但是也得强点头：是是是。都是你编的呗。

后来也碰到中科大毕业的："你是少年班的？没听说呀……"

"后来我们就出国了……"越抹越黑。

"某某老师还记得吗？"

"记不太清楚了。"根本就不认识，什么叫"记不太清楚了"，就不是人家的学生嘛！

所以越传越讹，越讹越传，越抹越黑，成天一提中科大，神经就紧张，脊梁骨就冒汗，生怕别人戳穿。

所以《了凡四训》上说，**"吾虽掩之甚密"**，我们虽然掩藏得很密，别人看不出来；**"文之甚巧"**，给它装饰得甚巧；**"而肺肝早露，终难自欺"**，你能欺骗谁？肺肝早露！你那点儿东西，要想人不知，除非己莫为。**"被人觑破，不值一文矣"**，明明不是杨振宁的学生，偏说是杨振宁的学生；明明不是中科大的，偏说是中科大毕业的；二十三岁才上大学，你说你是少年班的。要是被人看破了，是不值一文——骗子呀！**"乌得不懔懔"**，（《了凡四训·改过之法》）你难道还不害怕吗？当时之所以这么做，就是不知道害怕，不知道因果，不知道报应，胆大妄为。

所以，过不论久近。不能说：这是二十年前的错误了，我当时没有学佛，年轻，不懂事。不能给自己找借口。

"天下聪明俊秀不少，所以德不加修，业不加广者，

只为因循二字，耽搁一生。" 给自己找台阶、找借口就是因循。**"大者如毒蛇啮指"**，这算大错误、大谎，如毒蛇啮指，怎么办？速与斩除，不用迟疑，不烦等待。不能再等了，不能再犹豫了，五十五岁了，还有多少年？**"将日沦于禽兽而不自知矣"**，你走了以后就要堕入三恶道了，**"吾须奋然振作，舍旧图新，幸勿自误"**，（《了凡四训·改过之法》）应该振作，千万千万别把自己耽误了。这是不愿意下地狱、堕三途的态度。

所以我就是看到《了凡四训》上的这句话——**"过不论久近，惟以改为贵"**——要改！**"过能改，归于无；倘掩饰，增一辜。"** 这是真理，所以不要不好意思。我骗人家说我是杨振宁的学生，杨振宁是诺贝尔奖得主，往自己脸上涂粉，这也涂得忒大发点儿了，你还能编多大的瞎话？

这是个大过错，而且是很久以前的过错了，要改、要忏悔。

两天前的一个过错

过不论久近，近的呢？最近犯的错误呢？

我们这次来香港开"修学六和敬"的大会。大会最后一天早晨，在酒店吃自助餐。我当时盛了一碗粥就准备加点儿咸菜，一位女同胞排在我前面。她拿个勺子弄点儿花生米，她又放回去；弄块酱豆腐，酱豆腐黏在勺上，她又给它弄下去；后来，她又弄点儿酱黄瓜，夹了酱黄瓜，可能眼睛不太好，又扒近了看这是什么东西。"你到底是吃还是不吃呀，你？"我心里想。我就烦了，一念瞋心起，心想："真没出息，不就是喝点儿粥、弄点儿咸菜吗，至于这么挑来挑去的吗？"

七月二十五日。那天大会让我发言分享，我就讲了这件事儿。

所以过不论久近，你千万别觉得只有过去有错误，都改了、忏悔了，现在没错误了。不对的。**务要日日知非，日日改过。一日不知非，即一日安于自是。一日无过可改，即一日无步可进。**（《了凡四训·立命之学》）不进则退，最后自己堕到三途，能埋怨谁？谁都不能埋怨，就是不听话，就是不改过。

远到二十年前，一九八六年的"中科大少年班、杨振宁的研究生"这句瞎话，一直到七月二十五日早晨，对酒店那位女同胞的怨、恨、烦，都要递递改之：一年一年地改，一件一件地改，一分钟一分钟地改，绝不能放松。换句话说，改过就是我们生活的全部内容，除了改过之外，生活中就没有什么别的事情了。你可别觉得：改过是我生活的一部分，等我忙完了这事，我再想想我还有什么过错。不行！从早晨一睁眼一直到晚上睡觉，除了改过还是改过。

我举出这远近发生的两个例子，是想讲讲我是如何观照自己，我在怎样落实《了凡四训》。对于过错不能留情面，不能不好意思，否则就毁了自己。所以《周易》上说："**君子以自强不息。**"别人想毁你，不可能，毁就是自毁。

"自毁有什么了不起的？我就是自己不争气呗！"有些朋友跟我这么说，他们可能是想：我这辈子就这样了，大不了就下地狱。

你说我不改，我就这样了——这么大岁数了。要真是只关乎你一人，那咱还就不论了。你认为不改过、自毁是你自己的问题吗？你是谁带到这个世界上来的？是你的父母。你不做好事做坏事，因在哪儿？是你的父母把灾难——你对世界的破坏和对众生的残害——带到这个世界上，是你的父母把谎言带到这个世界上，如果你不改变，你的父母就造了大恶。

除非你说我不爱我的父母，我要害他们。害父母是五逆罪，杀父杀母，果报在阿鼻地狱。很多朋友说，我这人即便有一千条错误，我还是孝敬父母的。不对，你不孝敬。没有你的妈妈爸爸，你在这世界上造不了恶、犯不了错、伤害不了别人，是你的爸爸妈妈成就了这件坏事。你的父母种了你这么一个大恶因，他们老两口身体能好得了吗？事业能顺利吗？晚年能幸福吗？你还能说你孝敬吗？

最不孝的就是不改过的人。有人会说：我带我妈妈去旅游了，我给他们买房了，我给我父母买车了，我给我妈妈请阿姨了，过年过节我给父母买礼物、磕头了。这叫什

改过篇

286

么？这就好像用粉底把脸上的疙瘩暂时掩盖住，本质问题并没有解决。外边人看着你的爸爸妈妈挺风光，夸这家儿子孝敬。我就要问，你对爸爸妈妈这个孝敬是真孝敬还是假孝敬？

《了凡四训》上说**"善有真有假"**：**"利人者公，公则为真，利己者私，私则为假"**。你这个孝敬是为谁？如果你是为自己——我得让别人说我是孝子，所以我用物质来表示，你不是真孝顺。真的为爸爸妈妈好，得从自己改过开始。学圣做贤，回馈社会，上要爱国家，尊重国家领导；下要爱护员工、同事，把爱在人间传递。这是大孝，这是对父母最好的报答。

所以我们绝对不能把改过看成是我一个人的事情，改过就是孝顺父母，就是落实"净业三福"的第一福**"孝养父母"**（《佛说观无量寿佛经》）。什么是最大的孝养？改过，这叫法供养，因为你改过了，你变成好人。谁把这个好带来的？你的父亲母亲。这还有什么说的！父母修了福，他们能不享福吗？一定的。

福是什么？中国传统文化说"五福"，其中"康宁"这是一福，是生理健康，心情宁静；一个生理，一个心理。你如果想让父母康宁，自己得从改过做起。

所以不是说胡小林愿意拿自己的事抖搂出来说，也不好意思，也觉得没面子。想起当年"中科大、杨振宁先生"这件事，恨不得有个缝都钻进去。那怎么办？你不改，父母不得康宁，你怎么能忍心？换句话说，这么亲你的人，这么爱你的人，你都忍心害他，你想去西方极乐世界？你跟西方极乐世界不相应，那里是**"诸上善人，俱会一处"**，你去不了，你是地狱有分。

所以为什么我们在讲习当中一而再、再而三地强调改过？这可是重中之重，大中之大，世尊一代时教，三藏十二部，四十九年讲的就是改过——修行嘛！释迦牟尼佛在世的时候，什么时候做过法会？什么时候盖过庙，建过寺院？没有。除了教育之外没有别的。烧香、磕头、供香花水果，这些都是形式，佛法重实质不重形式，实质是什么？改过。

我在公司里跟大家说，躬可以不鞠，唐装可以不穿，《弟子规》你们可以不背，改过要改，这是真正的修道。

过恶太多，还有希望吗？

我在改过的过程当中发现还有一个障碍，就是我担心自己犯了这么多的错误，还能改好吗？我今年五十五岁，我常跟大家说，比胡小林犯错更多的可能少。

了凡先生早在这儿等着我们呢。我们看看他老人家是怎么说的："**谓一念猛厉，足以涤百年之恶。**"（《了凡四训·改过之法》）就是说，"一念猛厉"，哪一念？改过这一念——

你看还是念头。**"过由心造，亦由心改"**，要从心上改。"百年之恶"是说过恶多，多不怕，只要念头到了就行。

有人说："你们佛特别虚伪，学佛的人，放下屠刀就立地成佛了？你以前做的那些事都一笔勾销了，是不是？照你这么说那谁还学好？"说这话是不明白这里边的道理。

"譬如千年幽谷，一灯才照，则千年之暗俱除"（《了凡四训·改过之法》）。这里边道理很深。"千年幽谷"，"千年"比喻多，"幽谷"比喻错误，过恶太多了叫"千年幽谷"。"一灯才照"，我现在点一盏灯，你说这千年的黑暗是不是一下就没了？黑暗的破除会因为黑得时间长而去的时间长吗？不会。不是说一万年的黑暗需要十分钟去掉，一千年的恶需要一分钟去除，一年的恶只要一秒钟。不是这样的，无论你黑暗了多少年，只要当下这盏灯一照，就都亮了。所以这是像我这样过错多的人也能改好的理论基础。

我们的自性里没有远近，没有多少，没有高下，一盏灯一照，黑就去除了。所以放下屠刀，立地成佛。一念迷就是一念魔，一念觉他就是一念佛，佛和魔就在一念之间。

在改过面前，过错多少、过错久近、过错大小都是平等的；弥天之恶和小恶，只要改都一样。这就是自性的魅力，不可思议。

自性里没有空间，自性没有时间，自性不能称量。自性看不见摸不着，但真存在。

我们拿黄金比喻自性。你说给我拿黄金来，但是不能是金器。拿不出来，我只能给你拿出金盘子、金碗、金筷子、金项链……黄金只能表现在金器上。你要真能把世界上所有的金器都给找到了，所有这些器具组合在一起就是你要的那个抽象的黄金。**"全妄即真"**，金器是"妄"相，但是，你不可能找到所有的金器；你如果真能找齐全了，那你就找到这里说的"真"——那个抽象的金子了。所以金在哪里？金在金器当中。

从自性角度来观察，过错没有时间上的久与近，也没有数量上的多与少，也没有程度上的重与轻，过错唯以改为贵。

我原来就有这种疑惑。在这里解释一下。我十岁那年"文化大革命"开始，一直到五十二岁开始学佛，开始改过。在那之前是贪瞋痴慢、自私自利，干了那么多的错事，说了那么多的错话，身、口、意全犯了，现在改还来得及吗？

来得及！弄明白了自性这回事，对我是极大的鼓舞：过错多少没关系，改就行。那行了，那就改吧。

中国传统文化伟大，要不是这些圣贤告诉我们，我们怎么知道这么多的过恶。只要有一盏灯，千年之暗就破除了，我们不得感恩吗？佛法把自性的原理、自性的存在、自性的特性、自性的作用、谁在驾驭自性，都给你讲清楚了。了解了自性，你就顺着自性去做，这个行为就是称性的。只要是称性的，自性当中所有的智慧、德相你都能得到。

所谓过不论久近，无论是二十年前的过错，还是七月二十五日，对前面那位女同胞挑咸菜不满这个过错，都得改，不能因循，不能退缩。了凡先生说得多对：**"须发勇心，人不改过，多是因循退缩。"** （《了凡四训·改过之法》）杨振宁教授这件事我退缩了很多次，我不敢说，因循退缩，我这是第一次当众说。以前不好意思说，这件事说出来，大家会怎么看？

改过是大德行，你放心，你只要改过，就会有人支持你；你只要改过，大家就爱戴你。**"德不孤，必有邻"**。你不要考虑：我告诉了大家我的过错，别人就会嫌弃我。不会的，真是那样，佛菩萨就骗人了！你做的事是称性的，佛菩萨就是这么当的佛菩萨，他们就是发露忏悔，就是不因循退缩才得以成佛成菩萨，你跟他们相应。有人嫌弃你，朋友笑话你——佛菩萨爱你。佛菩萨万德万能，他们爱你，帮助你，加持你，你还在乎凡夫对你的唾弃和指责吗？

其实，哪有凡夫对你的唾弃和指责？为什么要改过，为什么要忏除，大家知道这背后的道理吗？忏除是一定有对象的，有了对象就有了正报，我胡小林是忏除者，就是这个正报的依报对不对？依报随着正报转，你忏除业障，各位大德对我夸奖，说胡小林有进步，敢于发露忏悔，不给自己留余地，不给自己留情面，对我赞叹——夸奖、赞叹是善念，依报随着正报转，我就跟着你们转了，我就越来越好。因为你们的心对我好，我就转了。

有些人是诋毁、嘲笑："你看这小子编那么大瞎话真不要脸，癞蛤蟆想吃天鹅肉，还说是杨振宁的学生，你倒没说你是基督的儿子！你这瞎话编得还小了点儿。"毁谤、指责、埋怨、讽刺、挖苦，好事！正报恶，我这个依报随着正报恶，依报随着正报转。正报诋毁你、嫌弃你，给你这个依报带来灾难，灾消福来，帮你胡小林消灾。你忏悔这么好的好事，别人都嘲笑，别人都不接受、不认可，你要不忏悔呢？后面等着你的是什么？重罪轻报。遭人数落、遭人批评、被人嘲笑、被人讽刺——好事，消业。

灾来得快、来得强度大，能帮助我们在预知时至之前把灾和业都消了，那你就能预知时至了，对吗？所以别人毁谤我，**"我将欢然受赐"**，不是装傻充愣，帮你消业，灾消福来。不是这些人帮你消，你什么时候福报能现前？感恩吧！

所以为什么要忏悔？说你好的，你跟他往好的转；说你坏的，帮你消灾。所以忏除业障是上上法，忏除这一个缘就把依报跟正报联系在一起。我今天到这来讲，所有听众都是我的正报，我是所有听众的依报，你们赞叹，我变好；你们诋毁，我消业，何乐而不为！

不要怕别人嘲笑，嘲笑是好事；也不要怕别人赞叹，赞叹也是好事。没有自己。

改过要递递改之

改过这个事绝对不是一朝一夕的。

　　改过第三件事，在这里我要给大家提个醒：蘧伯玉五十岁还看到四十九岁的过错，我们千万要打消掉一蹴而就的想法。我能不能迅速地改过？不可能。要做一个长期的准备，递递改之，孜孜不怠，不要懈怠，一个一个地改。八点钟的过错九点钟改，九点钟的过错十点钟改，上午的过错下午改，早晨的过错晚上改。**"日日知非，日日改过"**，紧抓住不放，怎么样呢？你成圣成贤了。

　　成圣成贤是自度了。到了西方做佛做祖，妈妈爸爸给这个世界生了一尊佛出来，他们修了大福，一人成佛，九族生天，圆满了。

　　所以真正孝养父母，要落实在改过上，改过的儿子，爸爸妈妈有福。"人非圣贤，孰能无过；过而能改，善莫大焉。"现在世人不知道改过，我们做出来；现在改过的人稀有难逢，也正是因为少才可贵，奇货可居。爸爸妈妈给这世界带来了一个改过的榜样，给大家表演改过、讲解改过，给大家把改过演出来，你还用到家里去给爸爸妈妈洗脚吗？你还用过生日的时候，给爸爸妈妈磕头吗？福早就到爸爸妈妈身边了。他们修了大福。

　　所以我们真爱爸爸妈妈，真爱我们的老师，我们得做好样子。好样子是什么样子？改过。所以，万变不离其宗：一定要改过，不能口若悬河，不能夸夸其谈，不能锦上添花，不能风花雪月。这个事情第一是改过，第二是改过，第三还是改过，舍此一无是处。

所以这个事情没有选择：你说我是选择改过还是选择念经？不行，这东西没得选，你就得改过。你说我是打篮球还是打高尔夫？这个你能挑；你说我愿意吃四川菜，不愿意吃广东菜，这个也能挑；娱乐你也可以选择：改过不能选择。你就是因为有过错才来到这儿，也正是因为改了过错，你才能出得去。只此一门别无他路，智取华山就这一条路，志取西方也就这一条路，所以不重视可不行。

我们花了那么多时间、花了那么多金钱、花了那么多的精力研究经教，跟着老师学习，做了很多的功德，做了很多的善事，可是过错不改。**"未论行善，先须改过"**，我们仔细揣摩我们的老祖宗说的这些话，"人非圣贤，孰能无过；过而能改，善莫大焉"，听起来很好听，"过而能改"是最大的善。反过来说呢？反面的意思你明白吗？如果不改过可就是最大的恶，"恶莫大焉"对吗？祖师大德是怕你伤心，不愿意说难听的话。天下好话佛说尽，他说"善莫大焉"，听了挺高兴是不是？我给你说说反面的，不改过——"恶"莫大焉。佛说《十善业道经》，他没说"十恶业道经"，但是你得会学，十善的反面就是十恶，他不愿意伤你的心，愿你高兴。菩萨所在之处，令一切众生生欢喜心。其实跟您说白了，之所以提出十善就是因为人不遵守十善，天天在造十恶；之所以说"善莫大焉"，就是告诉你"恶"莫大焉。你得会学，你得深解如来真实义。

所以我们不能得过且过，不能因循退缩，这个东西来不得半点儿的虚伪，来不得半点儿的假，这是真实功德，真实利益。改过是真，一真一切真，一妄一切妄。

所以我们要带头改过，现在缺改过的带头人。我们作为佛菩萨的学生，我们在这个世间要行菩萨道，我们要**"代众生苦供养"**（《大方广佛华严经》），我们要慈悲喜舍。其实啰啰唆唆说那么一大堆，什么呀？就是改过。哪有那么多啰唆？三十七道品也罢，慈悲喜舍也罢——慈什么？你怎么才能慈？改过就慈了。你不改过，你慈得了吗？悲，改过悲心才能引得出来。喜，你傲慢，你有过错不改，你能随喜别人功德吗？舍，你自私自利、执吝在身，骄傲且吝啬，你能舍什么？四无量心就是改过，不是吗？

所以我们要改过，改过就圆满，改过就究竟，改过就能成佛，改过就能去西方，不用迟疑，不用彷徨。别再琢磨是《金刚经》还是大悲咒，是《无量寿经》还是《华严经》——改过而已。改过是真修道，真能去西方，心真能清净，清净心和西方的清净净土才相应。

第十五章　改过后的效果

　　改过之后会有什么效果？《了凡四训·改过之法》上有一段描述。

　　"一心忏悔，昼夜不懈，经一七二七，以至一月二月三月，必有效验。或觉心神恬旷；或觉智慧顿开；或处冗沓而触念皆通；或遇怨仇而回瞋作喜；或梦吐黑物；或梦往圣先贤，提携接引；或梦飞步太虚；或梦幢幡宝盖；种种胜事，皆过消罪灭之象也。"

　　佛法的经典里边有理论、有方法，还有证明。经典的作用，一个是帮助我们断疑生信，另外一个就是给我们做契入境界之后的证明。当你真改了，你回过头看这部经典，上面说的境界我有了，那个时候会备受鼓舞。就和现在学校的标准答案似的，给你出个考卷，后面附上标准答案，ABCD 你选完，对照标准答案。

　　《了凡四训》里边有改过的理论、方法，改过的标准答案呢？书上也有。"一心忏悔，昼夜不懈，经一七二七，以至一月二月三月，必有效验。"一定会有结果。

　　"或觉心神恬旷"，高兴了，心胸爽朗，心神恬旷，心胸大了，不那么叽叽歪歪的了。

"或觉智慧顿开"，有智慧了，事情一来会看了，明白应该怎么想了。

"或处冗沓而触念皆通"，非常繁杂的事情，盘根错节，罗圈账，理不清，剪不断，理还乱，冗沓；触念皆通，你甭动脑子，你一动脑子你就知道应该怎么办。了凡先生给我们列出来了，改过以后就会有这种殊胜的果报。

"或遇怨仇而回瞋作喜"，这个我的体会太多了，因为我做生意就是天天跟人结怨，真是那样。比如说前面跟大家汇报过欠我钱的那个：一百二十一万的合同只给了我二十三万，欠我九十八万，气得我不行。回瞋作喜，给他打电话，瞋心下去了，电话里还和他开玩笑："你小子就是考验我，就是不给我钱。我告诉你，等我做了佛，我得第一个度你，没有你我能成就吗？"你看，回瞋作喜。

"或梦吐黑物；或梦往圣先贤"，做梦梦到祖师大德；"提携接引"，给你讲经；这些我都遇到过。

"或梦飞步太虚"，在空中飘走，有些人特别是女同胞会有这种感觉。

"或梦幢幡宝盖"，幢幡宝盖干什么？佛法的Logo，佛法的注册商标。幢幡宝盖，你梦到佛法。

"种种胜事，皆过消罪灭之象也。"了凡先生给我们说出这八条，不一定只有这八条，他是举例。我就是学佛之后，梦里经常梦到老师在骂我，那也是胜事，那是帮你，总比做梦娶媳妇强，这是贪瞋痴慢。真的，我经常梦到我在老师的面前，我的老师特严厉——醒着的时候从来没有过，总是"小林，挺好的吧""好好好"之类的话。一到梦里就不行了，特别严厉，做过好几次了，"过消罪灭之象"。很多人也想做这好梦，你这一身的业障你不改，你梦波旬魔王还差不多。

如果不改会怎么样？不改老人家也给你写出来了，"然人之过恶深重者，亦有效验"，也有反应。

"或心神昏塞"，昏昏沉沉抬不起头来，打不起精神。"转头即忘"，刚说完的话就忘，刚见过的人就叫不出名字来，刚把这东西放好就忘了放哪儿了；家里煤气关没关？车锁没锁？转头即忘；我刚才那电话是给谁打来着？昨晚上跟谁吃饭来着？吃饭的时候给我什么文件来着？转头即忘。你可得提高警觉了。过恶深重亦有效验，你可别含糊，这都是佛菩萨在度你。

"或无事而常烦恼"，无明火，早上起来就不高兴，也没人惹你，烦着呢！

"或见君子而赧然消沮"，你见到好人，见到有德行的人不好意思，脸红了，不敢于向前，见面以后不笑反而往后退，"赧然消沮"。"赧"是什么意思？查字典：因羞惭而脸红；"沮"，丧气、颓丧。有，我真碰到过，我说："咱们一块儿去看看老师？""不去了，不去了。""赧然消沮"，见他你不愿意去？"见君子而赧然消沮"。这什么意思？人之过恶深重。有这种现象你就得警觉了：快了，什么快了？恶报快来了。

"或闻正论而不乐"，你一跟他说什么改过、因果，他就不高兴："别弄这个"。你就得慈悲了，你的责任来了，你有这样的朋友，你要度他。"闻正论而不乐"，天底下没有比这更正确的东西了，怎么你听这个还烦、还不高兴？闻正论无所谓就算恶。"我不乐但我也没不高兴，我无所谓、我没感觉，这总行吧？"没感觉就是恶报要现前了，你得乐才对。你看，从乐到没感觉到不高兴这三个阶段，了凡先生说"不乐"就是过恶深重的表现，你还甭等说"不高兴"。各位朋友，这不是闹着玩儿的！

"或施惠而人反怨"，这我碰到的太多了：送月饼，人家骂咱们；给人寄法宝，人家骂咱们；上门服务，给人家送《弟子规》，人家电话就来了，"什么呀，你们弄这个？你好好修炉子不行吗？这都什么时候了，你们还搞这封建迷信。"你看，"或施惠而人反怨"。什么意思？过恶深重之效验，给你打电话骂你的这些人不是菩萨吗？要不然你怎么知道你的病有多重？

"或夜梦颠倒"，鬼梦、怪梦、不可思议的梦，根本八竿子打不着的事、八竿子打不着的人，你全梦到了，"夜梦颠倒"。

"甚则"，更有甚者，更严重的，"妄言失志"，我就有这个，说瞎话不走脑子，张嘴就来，失去控制。瞎说八道也不为了什么，过嘴瘾吗？过嘴瘾。痛快了？痛快。图什么？不图什么。"妄言失志"。你倒有个目的呀，要不你骗点儿钱，要不你骗点儿色，不为这个；要不你骗点儿名，也不为这个，就为过这个瘾。你说你抽烟为什么？抽烟一样，不为什么，就觉得过瘾、舒服。

"皆作孽之相也"，这都是造孽的相、表现。

"苟一类此"，如果一旦这样，"即须奋发"，立刻就要奋发图强了，振作起来。"舍旧图新"，要做改变。"幸勿自误"，你们千万别把自己给耽误了。

你说《了凡四训》多好的书，改过有些什么殊胜的景象发生，不改过有些什么样的景象发生，全给你交代清楚了，其恩重于父母万万倍。所以我们感谢这些大德，感谢这些祖师，慈悲末法末劫的这些众生，把这么好的书推荐给我们。而且几乎就是白话文，几乎人人可以读得懂，人人可以明白。

所以我们一定要听话，像了凡先生说的"即须奋发，舍旧图新，幸勿自误"，要发一念猛厉，百年之恶就可以去除。全在自己，没有别人的事。为什么了凡先生说的是正法？其中一个标准是**"自净其意"**。你看"一心忏悔，昼夜不懈"，这是自己的事吧；一念猛厉，百年之恶俱除，这是自己的事吧；"即须奋发，舍旧图新"，还是自己的事。

"天下无自是之豪杰"，哪有自以为是的！正因为是豪杰，他才不自以为是；正因为不自以为是，你才算是豪杰。**"亦无尤人之学问"**，真正的学问不埋怨别人。

所以《了凡四训》要熟读，要做到，要在生活当中落实，这是一本千载难逢的好书。具体怎么落实？《弟子规》《太上感应篇》，还有《十善业道经》。

总在遇缘不同，反正我读《了凡四训》特别契我的机，我特别得受用，也行了，一即一切。

第十六章　舍·得

有人说感恩和改过是什么关系？我讲了多少次了，反复强调我们之所以能感恩，就是因为过错改了；正是因为过错改了，你才会感恩。正是因为你改过，所以你才会感恩；正是因为你开始感恩了，你的过错才开始改。你看把自私自利放下，旺季、淡季这个过错就改了，不是吗？

我跟大家说过很多次，我把售后服务部改名为"舍得部"。改了名之后每年给他们一百万的指标，救济贫困家庭、贫困户，从二○一○年五月二十二日开始。

其实这个工作我们早就做了，从二○○九年的秋天，我们就给它改名为"舍得部"。这位经理刚开始还真是有点儿难，因为她不习惯。说收钱修炉子，这是天经地义；你说这不要钱，给人打折修炉子，这要是以前，胡小林的脸肯定就拉下来了。

原来我们公司有一个什么制度？就是正常收费，你不用报给我；一旦打折了，都必须有我签字方可生效。打折我们叫作减费和免费，比如说应该收费一千元，你收八百；或者免费给他修，不要钱了，白修。这两种情况都必须由我批准，你说这效率多低！权力不在一线工作人员手上，不在部门经理手上，在董事长的手上，哪有董事长抓这么碎的事的？管理成本多高，效率多低，用户得多投诉呀。家里这么冷，这么困难，打个折还得给董事长写备忘，我签了字再派工人去修，一个周期下来怎么也得两三天。这么冷的天，人家怎么过？原来不管，我管那个？炉子坏了掏钱，你不给钱我不给修，你就冻着，什么时候给钱，什么时候给你修好、给你恢复供暖；要想减免，打报告，我不批你不能减免。

　　这是不是过错？是过错。这种过错障碍着我，我怎么可能感这些小业主的恩。他们是恩人吗？是恩人。为什么？他们是福田。你傻小子有这么多穷人跟着你走，让你种福，不是你的恩人吗？没有他们的存在，你种什么福、修什么善？恩将仇报。让你修**"斗粟可以种无涯之福、一文可以消千劫之罪"**的福的机会来到面前了，给你种福、消罪的机会你要审批？你还不愿意，你还不高兴，迷惑颠倒到了这种程度！

　　不学佛不知道什么是恶，不知道谁是恩人，不知道是修福种善的机会来了，反而将它拒之门外。我们为什么会把福气拒出去？你看《了凡四训》上怎么说？**"稍有识见之士"**，稍微有点儿见识、有点儿水平的、懂道理的人，**"必不忍自狭其量，而自拒其福"**（《了凡四训·谦德之效》），心量狭小，"自狭其量"，关上门了，"自拒其福"。

各位同修，你妈妈爸爸把你带到这个世界上，你把福气拒之门外不要紧，进来的是什么？那就是恶，没有爸爸妈妈成就不了这件恶事，你自己毁了，也把爸爸妈妈给拽下去了。所以爸爸妈妈要看病，爸爸妈妈要做心电图，爸爸妈妈要住院，为什么？问你自己，你给老太太、老头儿把福气让进来了吗？你自狭其量，自拒其福。

所以我在二○○九年十月份，我就跟售后服务部经理说："你这个'舍得部'，我对你就一个指标，一年打折打出去一百万，这是钱上说。第二，我不愿意再听到任何一个客户对我们的投诉，说贵了什么的，这个别再说了，没有花钱的不是。我这个权力都给了你了，你如果还有投诉，那就是你失职，不要钱给人白修，人家还对咱们有意见？"我说，"真要有这种现象，谢谢！施惠于人反遭埋怨——消业障。"

这个经理当时说："胡总，他还是咱们贵人，这么理解对吗？"

我说："对。不是贵人是谁？人人都是贵人。"

"那我们在工作当中可不好落实，有些小业主家里没钱特矫情，特讨厌。"

我说："你为什么会觉得人讨厌？那是福田，你看颠倒了。"指善为恶，认恶为善，不看自己迷惑颠倒，而反埋怨佛菩萨教诲"无稽矣"。这不是《了凡四训》上说的吗？**"认善为恶，指恶为善"，"不憾己之是非颠倒"**，《了反而还埋怨这些人！你自己没水平，你自己迷惑颠倒，你把恩人、把福田看成讨厌。

作之君、作之亲、作之师

在企业要想落实传统文化，老板得带头，老板得学明白，给他们讲，这叫"作之君、作之亲、作之师"，你得给他掰开揉碎了说。作之君，君是领导，舍一百万，领导定了，拍板了，这就是作之君。作之亲，爱心基金就是作之亲，你有困难，我给钱治病，帮你消灾免难。作之师，你看他提问题了："这小业主特讨厌，为什么我们还给他免费？"因为是福田，因为是恩人；因为有舍，所以才能得。

这个道理不都是佛法教给我们的吗？通过这一个一个的事件，员工就跟着我们在一起，明白了佛陀的教育，明白了是非，明白了善恶，明白了对错。**"苟不教，性乃迁"**，当领导的要教育，要诲人不倦，不能怕麻烦。合同可以不看，钱可以不数，会可以不开，教育可不能不抓。

"建国君民，教学为先"（《礼记》），《礼记·学记》中开篇这八个字是说给谁听的？是说给所有当家做主的人听的：小到一个家庭的家长，再往上说公司的老板，再往上说各级领导、各级政府。建国君民，教学为先；建家、建公司、领导公司，教学为先，这是最重要的任务。

很多朋友给我发短信经常说："我们也落实《弟子规》了，也学习传统文化了，怎么就是不得利益？员工就是跟不上来？"你没教他。你为什么没教？你自私，你拿不出时间来，你不愿意，你没有悲心。

你以为你不悲、不教别人，你就能学明白吗？我告诉你，不可能。悲智双融。智慧在哪里？智慧在悲心当中。悲心在哪里？悲心在智慧当中。你如果不真干，不真教，对不起，你就没有智慧，没有智慧你就看不清楚事物，看不清楚事物你就做错误的决定，做错误的决定你就消福、消寿。你以为你不帮别人就罢了？你不帮别人你没智慧，你没智慧你就做错事，做错事叫自作茧茧，自狭其量，自拒其福，自作自受，自暴自弃，讲的就是不教人的这些人。你可别不耐烦，那都是贵人，帮你修福。

所以我们在公司碰到类似这样的举措，我们都要掰开揉碎了跟员工讲，给中层干部讲，为什么？要见和同解，要知其然知其所以然。不能说"这是命令，你必须这么干，你别问为什么"，不行的。**"二人同心，其利断金"**《周易》，要让中层跟老板同心同德，没有教育可不行。所以我们怎么改过？怎么带动企业发展？怎么带动企业走向成功？没别的，"教学为先"。一定要把我们古圣先贤、祖师大德这些教育落实。

在家里也要"教学为先"。

你说我不是领导，没有什么权力，我也没那么大福报……除非你不跟人接触，只要你有机缘跟别人接触，你就是老师。叫花子都是老师，乞丐都能当老师，你当不了吗？那位老婆罗门七个儿子都不养他，佛陀让他感谢那根拐杖，感着感着，感恩心出来了，福报现前了，七个儿子都忏悔，争前恐后地要养他。这位老婆罗门是不是**"建国君民，教学为先"**？是的，他这一轮的演出，是为人演说，告诉我们要感恩。

老婆罗门贫贱到了极处都能搞教育，我们做不了吗？问题不出在能不能搞教育这边，问题出在我们愿意不愿意做，发现没发现教育的机会？要舍去自己，翻然舍己而成就之。我们常常是"我要念经了，我这时候要做三时系念了，教化别人这件事等我回来再说吧！"谁愿意舍自己？没有人愿意。不愿意，最后堕三途，你赖谁？《了凡四训》上说了，见人有小善可取，比如说他想学了，想问了，要**"翻然舍己而从之"**（《了凡四训·积善之方》），你教他，帮助他，成就他。

所以我们售后服务部改成"舍得部"，所有的减免我不批了，不用批，权力就在他们手上。指标就一个：每个月八万，一年一百万，同时不许有任何投诉。另外，我说："穷人太多了，有困难的家庭太多了。我们之所以没发现，**'心粗而眼翳也'**，铁石心肠。真要碰到有困难的，不仅要免费修炉子，你还要带着现金给这些家庭送去。"

我在这儿给大家看看我们的用户，这些贫困家庭给我们写来的感谢信，没有吹嘘自己的意思，就一个意思：为人演说。

第一封感谢信

　　这封信是一个危改小区的用户写的。危改小区多是贫困户，以前住平房，还是烧煤球取暖的，房屋是用我们管它叫核桃砖——像核桃一样大小的砖砌的墙，那是危房。政府拿出钱来给他们拆迁，盖了新房——危房改造小区，配上我们的壁挂炉。这些住户通常收入很低，要不是没钱，他还住危改小区？早就买了商品房了。

　　这是二〇〇九年写的，这一年北京的冬天特别寒冷。

　　我们是建内危改小区十六号楼，二十单元一〇〇一室的住户。十一月三号，我家供暖的小锅炉坏了，我给你们打电话报修，维修人员四号上门，为我们检查了，发现是小锅炉的水泵坏了。换一个新泵需要两千元左右，我家经济条件非常困难，家里爱人身体残疾，行动不便，每月要服用几千块钱的药。自己还要带着两个小孙子，经济负担很重，根本无力承担这笔费用。我抱着试试的想法，打了你们的投诉电话，反映了一下我家的情况，希望可分几次将所有费用付清，你们公司人员听了我的情况后非常同情，并向经理反映了，经理同意给我打个折。但我还是无法一次性支付这笔费用，后来你们的人员又向公司的老板反映了一下我家的情况。

　　先停在这儿。

　　为什么"教学为先"，教育了："再接到这种呼唤，就得伸出援助之手，要像观世音菩萨一样。"观世音，打电话不就是音吗？心到手到，这是我对他们的要求，你不这样做，我处罚你。不行，敝公司不接受这种员工，你可以调单走人，但是你在这儿就得同情。难！多困难这家庭，两个小孙子，一个残疾的太太行动不便，每个月几千块钱的药费，这时候你能一点儿同情心都没有？

"你在这儿接电话，你就是在这儿当观音菩萨，"我就跟售后服务部（舍得部）呼叫中心的同事说，"你们都是观音菩萨，知道吗？观音菩萨得务正业，敦伦尽分。"你看我们的接线员接这种电话就向经理反映。

当时我在海南跟蔡老师在讲课，没在北京。这个经理给我发了条短信说打了八折，先付三百，后付六百，一共九百。我正讲课呢，我下了课就回了个电话，我说："跟你说这么长时间了，这么困难的情况还打什么折！还不赶快给人免了。"我最后说："大慈大悲阿弥陀佛。"我把短信就发回去了。

老板知道后非常同情我们，特批为我家免费换了一个新泵。

当时这个爱心基金一百万还没确立，没有制度保证，他们不知道该怎么办。这件事启发了我，行了，每个月八万，这样你们好办了吧？这是你的指标，要舍出去，他就敢干了。原来减免都是胡小林批，你现在让我舍，你是真的假的？再说我什么该舍、什么不该舍，没有制度和程序上的保证。我一回到北京，我就建立这个每个月八万的指标、减免不用我审批的制度，只要要求合理就免，只要是五保户、困难家庭就免，权力在你们手上，你们不免是你们的过失。

为我们解决了困难，让我们家不再挨冻。

要求高吗？不高，就是不挨冻而已。

我和家人非常的感动，真的不知道怎么感谢了，你们有着菩萨般的心肠。听你们的维修人员说老板是学佛的，你们公司所有的人都在学习传统文化，接受《弟子规》的教育。现在我只能写封信表示我们全家的谢意，谢谢你们的老板，还有帮助我们反映情况的六八〇三的接线员女师傅，还有小连、小张为我们修好炉子，他们辛苦了，特此表示感谢，全家表示感谢。南小街危改小区一号楼一单元一号全家。

你说他能说佛菩萨不好吗？这不就是报师恩吗？

佛法能不能在中国兴旺？要多做这种事。如果我们在自己的身边发现并且帮助这些有疾苦的人，如果我们行观世音菩萨的大道，佛法能不在中国兴旺吗？**"行有不得，反求诸己。"**我们没做到，我们的佛白学了。所以我们一定要直下承当，真正做个佛的好弟子，改过，报恩。这不就报恩吗？就是感恩啊。

所以我有一次跟大家说得比较极端，我说："这一天二十四小时，十二个小时感恩，十二个小时改过，别让自己闲着。"心要停在哪儿？**"心常谛住度世之道"**，左边是感恩，右边是改过；右边是感恩，左边就是改过；上午是感恩，下午就是改过；白天感恩，晚上改过。**"一心忏悔，昼夜不懈"**，不会感恩就要忏悔，改过错不得力就要忏悔，忏的意思就是要说出来。**"过不论久近，惟以改为贵"**。

第二封感谢信

我们把售后部改成"舍得部"之后，经理就开始实践菩萨道，真舍，从不敢舍、怕我骂她，到最后越舍越欢喜，越舍越痛快。因为什么？她一舍，别人就感谢她，她就生活在被爱的海洋里。我是这个经理的依报，这个经理是正报，经理的心成天生活在被感恩的环境里，依报随着正报转，我就会越来越好，不是吗？当员工是正报的时候，老板就是员工的依报，老板生活在被感恩、被感谢的海洋里，老板错得了吗？老板错不了，一定会好。这是题中应有之义。

三千年前的世尊就说了依报随着正报转，日本江本胜博士的水实验也揭示了这条真理。所以利益员工、利益小客户、利益贫困家庭，才是真正地利益胡小林；利益了胡小林，爸爸妈妈才能得你的济，沾你的光，享你的福，因为你在修福，你没有造恶。所以真爱爸爸妈妈，真不辜负老人家带你到这个世界走一趟，你好好地给这个世界回馈感恩，而不是罪恶。

这是第二封信。这是我们前面说的五保户，吃政府救济。在北京，我卖了十五年炉子，我怎么不知道有这么困难的家庭？人以善感，天以福应，这是不是福？大福田。

感谢信

依马壁挂炉厂家各位领导：

你们好！我们俩都是七十多岁的老人，无儿无女。家中无人照顾，更无生活来源，一直靠吃低保维持生活。又因年老多病缠身，更是雪上加霜。老伴张永增患脑血栓、高血压、心脏病，是从医院抢救出来的危重病人，至今不能断药。我是多年的高血压、糖尿病、心脏缺血综合征患者，赶上最寒冷的这些天，家中取暖壁挂炉坏了，我们万分焦急，万般无奈，渴望得到你们的救助。同时也万分感谢你们百忙之中，为我们这些无助的老人解决了燃眉之急。

当接到你们经研究同意免费为我家修复壁挂炉的消息后，我们格外感动。我们两人真正体会到你们无私的救助，以及这种伟大精神和热心助人的社会风尚。再次感谢依马厂家，各位领导和全体员工，严冬里给我们的温暖，我们老两口永远不会忘记你们的恩德和厚爱。听说贵公司一直在学习《弟子规》，这些传统文化更是让我们颇为感动，这才是真正的爱心和财富。感谢贵公司老板的菩萨心肠和仁爱之心，真是活菩萨来世普度众生，谢谢。

张先生、何女士

二〇〇九年十二月二十二日

改过篇

依报随着正报转，小客户是正报，我是他们的依报，他们心存感激，心意柔软，善心现前，没别的，我胡小林这依报自然就好。无畏布施得健康果报，我深信其意。我在做无畏布施，整个公司在做无畏布施，无畏布施得健康果报。让那些跟你有缘的人高兴、让他们得安稳，令他们祥和，让他们生活在宁静和平和之中，你就得健康果报。

所以改过就是感恩，这不就是感恩吗？怎么感的恩？因为自私自利这个过错改了，你就会感恩了。感恩在哪里？感恩在改过当中。改过在哪里？改过在感恩当中。一即一切，一切即一，为什么？称性。

第十七章　总结与回顾：公司的经营状况

大家肯定会问，你胡小林改过了，也感恩了，你公司的经营情况怎么样？《弟子规》能当饭吃吗？《了凡四训》能当合同吗？现在可是商业社会、经济社会，真刀真枪还得说真金白银。

在结束这次"中国传统文化带领企业走向成功的启示"题目的汇报之前，我向大家汇报一下公司的状况。

二〇〇七年一月一号我开始吃素、开始戒酒，一直到二〇一〇年底，四年的时间。我拿我统计的数字给大家汇报一下。这是二〇〇九年底做的统计。

销售状况

二〇〇七年度，我们销售壁挂炉的总数量是之前十年（从一九九七年开始有这个公司一直到二〇〇七年）的最高点。

当时这个结果出来之后，我挺犹豫，我说，这玩意儿是撞上的，还是真跟这"舍得"有关系？挺含糊。

　　二〇〇七年一月一号，我开始戒肉。那时候我那些客户都反对。有人说："胡小林，这哪行？你又不吃又不喝的，你做什么买卖？酒是越喝越厚，牌是越赌越薄，你不喝酒你怎么应酬？你说你这哪行？不行。"我说"大哥，咱就打个赌，就一年，二〇〇七年我吃素一年，不就是一年一千多万的行政经费吗，我拿出这钱，我试试这佛法到底灵不灵，大不了二〇〇八年一月一号，我再陪着您喝！"

　　因为佛说了舍财得财，没有说喝酒得财。**"信为道元功德母"**，**"信是宝藏第一法"**，做买卖的都有赌性，我想我就信一把。

　　这家伙，结果这一下子卖了个往年的最高点！这一年我也不发脾气了，也不说瞎话了，对员工也和蔼了，也知道给员工钱，帮助员工解决困难了。

　　我把合同单子一调出来，发现其中一单合同就占了全年销售量的近百分之五十。万一要没有这一单合同，那就比正常年景还低了。我想，未必然也，这一年的销售量可能跟学佛没什么关系，这是撞大运了，可能有点儿运气的因素。得了，那就姑且这么认吧。

　　二〇〇七年的销售总额，比原来多了约百分之三十，这个幅度增长太大了。

　　到了二〇〇八年，北京举办奥运会。这一年北京没有工程。国家举办奥运会，要考虑环保的问题、城市治安的问题，五月一日到十月一日这半年，你什么都甭琢磨了，所有工地都停工。

我当时想，干了！这二〇〇八年别说别的了，我们叫作报恩年吧。既然全面停工，没活干，那咱们就把法宝都准备好，各个部门把以往支持过我们的客人名单拉出来，咱们叫回馈年、叫报恩年吧！另外一手抓公司培训，趁着闲。

结果没想到这一年（半年没活儿）卖了个正常年景的量，这对我是个很大的教育。国家举办奥林匹克运动会，与工程相关的公司，业务都放缓，还有放长假的，我们公司却是忙得不亦乐乎。我说这玩意儿，真有三宝加持啊，做好事、搞布施还真能得。这真实不虚呀。

二〇〇八年我改过的力度更大了，会都不开了，所有的报销我一概不签字了，包括公司盖公章这么大的事，我全都下放给各个部门。原来是什么？你们要盖公章必须经过我审批，我审批以后，办公室给盖，因为公章代表公司。后来我把这取消了，我不防着了，我签什么？命里有的谁也拿不走，命里没有的早点儿给人家，不是什么坏事。

我办公室的经理就说："胡总，您说请客买礼品这些费用支出您不审也不批了，那是有数的钱，如果有人要坑公司，也就是报销条上那几万块钱的事，可是公章您让他们随便地盖？他万一说'敝公司将百分之五十的股份让给某某公司'，这我也给盖？"

我说："也给盖。"

　　她就问我："为什么？胡总，这是大风险，没有哪家公司像您这么干的。"

　　我说："命里要是我的，东边盖了章，西边它就来了，你信不信？"

　　她说："胡总，这道理上我是明白，实践当中，您知道，人心叵测。"

　　"人心叵测？你能感得叵测的人是你福薄，你没修福，是灾难。灾消福就来，好事，盖吧！公司真要给了别人咱就一身轻了，剃了头出家当和尚了，弘扬佛法，挺好，成就我了，你怎么知道他不是贵人？我这一剃头、一穿袈裟得度多少人！傻丫头，听话。"

　　"反正我要是看着文件内容不该盖的我就不给盖了。"

　　我说："不行，这个权力在我手上，你没有权力，只要他填了公章申请单，你就得盖。"

　　"那您的名章？"

　　"盖。"

　　"法人名章也让他盖？"

　　"对，要信佛，信是宝藏第一法。"

　　"是不是得分一下？跟咱公司工作十年以上的老员工，知根知底的，给他这权力，刚来的……"

　　"刚来的一样，看一切人都是菩萨，唯我一人实是凡夫。"老员工、新员工至贰者也，当其不动念时，孰为老、孰为新？不是吗？动什么念？自私自利，你这念头一动就把老员工、新员工就分开了。

二〇〇八年最大的举措：公章，各部门经理自己盖。

二〇一〇年有一天，我就问这位办公室经理："公司卖出去了吗？"

"没有。"

"有人随便盖公章，损害公司利益了吗？"

"没有。"

"我还用审批盖章、签字吗？"

"不用。"

"你觉得咱们这尝试怎么样？"

"我觉得挺好。"

"再往下呢？"

"再往下我们就得学佛了。"

我说："对，傻丫头，学佛吧！学佛的人最有福气，学佛的人轻松，学佛的人自在。"

"您太自在了。"这是财务跟我说的。

二〇〇七年一年我的花费二百九十二万，一年光我的花费，开什么玩笑？三百六十五天刨去每周两天周末，上班时间二百天我得吃进去二百九十二万。在座的诸位，钱咱们有了，肚子可是自己的，吃得下去吗？一天就三顿，得吃进去一万三千块钱，得怎么个吃法？

二〇〇八年，应酬费四十二万。从二〇〇七年的二百九十二万一下掉到四十二万。

　　别着急，另外做好事一百六十万（这还不算我印法宝，印法宝一年几百万），这是我个人送出去的，不入账的：看这家老人病了给个八万，那家要换肾给十万，谁家有困难，认识的、不认识的、学佛的、有求于我的，就这么随随便便地一百六十万。

　　两项加起来总共二百万，这多轻松！

　　还有一个奇怪的现象是什么？这些开发商、我的客户，那原来我都是求爷爷告奶奶的："大哥，您出来吃个饭吧！我们有点儿事找您商量。""不行，这忙着呢，下周再说。"

　　到了下周，"大哥，您看又一周了，您哪天出来吃饭？星期一还是星期几？""再往后半周。"他不愿意见你，你见人家不是给人家添麻烦吗？求人家把合同给咱们。

　　现在不一样了，不请客，也不打电话了，都是他们找我，"胡总，您什么时候有时间？我们班子想请您吃顿饭。您什么时候有时间？中午饭、晚饭您定，地点您定，我们请客。"君子乐得做君子。

　　"您就是世界上最棒的心理医生，您上次跟我们班子开完会，班子团结了，认命了，命由我造，福自己求，当第一把手是人家命里有，当第二把手甘心情愿，敦伦尽分，您这理论太棒了。两个月过去了，班子又有点儿不团结，新、老职工有点儿不团结，您出来给我们点点道，给我们说说。"

　　我就是嘉宾，反客为主，吃完了人家埋单。我离开的时候一人一袋《认识佛教》《改造命运　心想事成》《和谐拯救危机》《新世纪健康饮食》，中医养生、善人说病，送一大堆，都忘了我还有事儿找他呢——买炉子的事。快上车了跟我说："大哥，炉子那事您甭管了，我们找底下人具体办，您就别再操心了。"

原来哪有这景儿！都是求爷爷告奶奶："大哥，给您酒买好了，请您吃饭。"就这个。

旧的记事本我都存着呢，我原来那日历本上每天中午、晚上都排得满满的。从二〇〇七年开始，我的应酬一年比一年少，到了今年二〇一〇年，我一个月一个月地就没有什么饭局，一天一天地空着。原来三个晚上没应酬就毛了：我被市场抛弃了，我离客户越来越远了。没饭找饭吃，"大哥，您在什么地方？""我在哪儿哪儿哪儿。""您跟谁？""我们有几个朋友在一起。""那我也过去。"觉得这样踏实，抓着东西了，今天见客人了，一到那儿就给人埋单，花个一两万喝个烂醉。可怜！

这要是以前就毛了：你怎么能不见客户？你怎么能不去谈合同？你怎么能不去见领导？你怎么能长期冷落人家？到你有求于人的时候，人家还能理你吗？平常得围着。平常围着就有合同吗？错矣！平常布施才能有合同。得信佛。

二〇〇八年是最难的一年，为什么？二〇〇八年年初，我让人事部调查一下我们这个行业的民营企业和外资企业的工资水平。调查报告上来了，发现民营企业的工资比外资企业低百分之三十，这是正常现象。

　　当时我说："不行，为什么民营企业员工的工资就应该比外资的少？不应该。"我说，"调上来，凭什么咱们要比外资给得少？都干一样的活儿，我们要让员工在我们这儿宾至如归，有面子，要有光荣感和使命感。"《弟子规》上说了，**"凡取与，贵分晓；与宜多，取宜少"**，不多给人就罢了，给得比市场水平还少，不行，调！

　　刚刚做出调整计划，金融风暴来了，全球性的。这位经理找我说："胡总，我觉得不用再调了。"

　　我说："为什么？"

　　"因为现在能有份工作就不错了，您知道咱们这个行业三分之一的公司都关门了。"

　　我说："不行，这个不是不调的理由，既然定了就坚决执行，舍就得，连员工都不愿意舍，我们心量太小，自狭其量，自拒其福，知道这道理不？"

　　"那行吧！"调了。

　　到了十月份，北京市建委下发了一个文件，说"保障性住房应采用集中供暖"，不让用壁挂炉了。我们的壁挂炉是一户一个，这叫分户取暖；盖一个大锅炉房给千家万户供暖，这叫集中供暖。这一"集中"我就没活儿了。但是诸位，我这一年大约五分之四的销售量，是政府的项目，只有五分之一左右的销售是用在商品房上。金融风暴一来，商品房都没人开发了，那些地产老板手里握着土地不盖房，因为盖了卖不出去。我想，这二〇〇八年干了，到年底的时候来这么个文件，那二〇〇九年就吹了，还卖什么？

我想，怎么着？二〇〇八年不错，二〇〇七年也还可以，学佛后一路高歌乘顺风船，没遇到过逆境，今儿怎么遇到逆境了？"人人是好人，事事是好事"，当时我觉得这话挺不可思议。

我每天上香就求佛菩萨，我说：佛菩萨您明示，到底您是什么意思？您是不想让我再干这个公司了？您要不让我干您明说，我就把它关了，我卖了它，然后我踏踏实实学佛，弘扬佛法。您要觉得我小子还行，在企业落实《弟子规》、落实佛法给大家做好样子，带动企业家学习传统文化，那您就给我点儿合同，我得有饭吃。我学了佛了没合同，最后公司倒闭，那谁还敢学佛？我真的不是为自己，我要是一年签不成合同，我拿什么成绩来给大家汇报？人家会说："这胡小林没学佛时，公司开了十四年，一学佛，两年公司关了。"我说，"别介呀，大慈大悲的佛菩萨救救我，我有什么过错，您冲着我来，您不能不给合同。"

咱也不会什么祈祷文、祷告文，不懂这个，就跪在那儿就求呗，"您给点儿合同，您好歹得让我过来。我这两年不容易，您说我还有什么过错？过错我也愿意改，说瞎话这事咱们越说越少了，瞋恨心、发脾气原来一天得发个四五次，现在一个月发四五次，都改了。而且两年两千万地捐，我这两年挣的钱，我没撂在自己兜里。什么意思呀，您老人家？不够是吧？还是您在考我？您明示。"

　　二〇〇八年十月十八号政府下了这个文件，我想二〇〇九年做善后处理吧。怎么办？没办法，时运不济。金融风暴，再加上这个文件，政府的项目、保障性住房不让用这种壁挂炉，商品房人家不盖。

　　到了二〇〇九年七月底的时候，销售量是正常量的百分之六七十，这就干了。这百分之六七十还都不是二〇〇九年的新项目，是二〇〇八年的延续，是二〇〇九年签的。但是有一个指标：我发现我不着急，我真的不着急了！我说，行啊！这要搁过去肯定是热锅上的蚂蚁——受不了了。因为一个月一百多万的行政经费是定数，不能少：员工的工资不能少，物业管理费不能不付，保险不能不上。但是我不着急了，为什么？明白了，命中当有此一劫，就是佛菩萨考验。

　　当时公司整个就是一种守的战略，都做好"肯定不行了"的准备了：壁挂炉在北京不能用了，政府不让用，商品房又没有，即便是以往最好的年景，一年在商品房上也就是五千台。家丑不可外扬，还不敢跟别人说。说了怕人家说闲话：学佛不行嘛，吃素不行，不喝酒还是不行，你什么都干了怎么还是不行？好人不是有好报吗？没见到好人有好报。

　　结果，二〇〇九年十月、十一月、十二月，三个月一下子销售量超过了历年最高水平。怎么来的？因为金融风暴，北京的ＧＤＰ滑坡，滑到了全国倒数第二名。市政府加大基础建设投资来拉动北京经济，北京拿出了上千亿投资在基础建设上。

北京有一个区，政府投资买断土地，将农业用地"七通一平"变成商品房用地，政府盖楼安置拆迁的农民。这块土地上的十几万农民"上楼"，用什么？用壁挂炉。山不转水转，九、十、十一这三个月，一下子出来这么多台的销售，太不可思议了。

这对我是个很大的鼓励，因为什么？明白了，这是咱们汇通公司能竞争来的吗？咱能做市政府的主吗？金融风暴可不是公司竞争来的；市政府搞基础建设投资，把钱投在房地产项目上，这也不是咱们汇通公司能定下来的。

命里有的。不是打击竞争对手打击来的，不是造谣中伤造出来的，也不是开会、发脾气、骂员工骂来的。

我们传统的想法认为关系、竞争、勤劳、敬业、知识能改变命运，错了。智慧改变命运。什么是智慧？舍。**"释门万行，以布施为先。所谓布施者，只是舍之一字耳。达者内舍六根，外舍六尘，一切所有，无不舍者"**（《了凡四训·积善之方》）。舍了，你就得。

销售成本下降

二〇〇九年的销售额是一个指标。评判公司经营状况还有一个指标，就是销售成本。

原来我们每卖一台炉子，销售成本六百四十元，就是说我每卖一台炉子得花六百四十块钱，这是经营成本，包括办公室、人员工资等等这些人车马费，摊在每台炉子上六百四十元。

二〇〇九年，三百四十元，每台炉子的销售成本降低了三百块钱，降低了将近百分之百。搞公司的都知道，销售额上去，销售成本下来，这是再健康不过的了。

所以二〇〇九年这种不可思议的现象发生，真的让我觉得，要说二〇〇七年是撞大运，二〇〇八年奥林匹克年维持了正常年景，那二〇〇九年在这么恶劣的情况下，我们还能有这么好的销售业绩——这是我这个公司有史以来销售额最高的一年，也是最困难的一年——信心大增，佛菩萨不诳语欺人！**"妄语乃释迦大戒，诸佛菩萨，岂诳语欺人。"**《了凡四训·立命之学》中有这句话。

较之于二〇〇六年，销售成本下降了百分之四十六，销售量增长了百分之三十六点一。成本下降百分之四十六，销售量上涨百分之三十六点一。所以对我是很大的鼓励，真实不虚，做好人不吃亏，命里有的到时候就来。

今年二〇一〇情况怎么样？我来之前，我跟主管销售的副总，我们对了对今年的情况。我不是前面跟大家汇报吗，招投标都没人来邀标，都得纳入战略合作伙伴，到现在七月底了，可能也就是前一年的三分之一的量。我说：

"怎么个意思？今年二〇一〇年又和去年似的？"

他说："啊。但是，胡总，今年……您把椅子背扶好，我跟您说，别把您闪着。"

他就给我了个估算。他说："胡总，真的，都在后边几个月呢。"

我说："你给我说说，都哪些项目？"

他就给我一一地列举，列举完了，咱们这项目都知道，都是我们在一起开发出来的，是能签到他那个估算量，而且还打了折扣，打了八折。这要是真拿下来，那可比正常年景翻两番！

提前给钱、多给钱

而且更可喜的是什么？现在就今年这一年，提前付款达到两千万，这对公司的资金压力是大大的缓解。原来都是外面扎我们的款，不给钱，我们公司垫钱给用户买炉子，开发商零首付。现在提前给钱，有一家提前给了九百万。提早多少天付款？提前了十一个月。换句话说，二〇一〇年三月份要付款的项目，他前一年就给了。

我就问我们的销售经理："这是为什么呀？"

他说："也不知道为什么。"

我说："你是不是跟人吃饭喝酒了？"

他说："胡总，跟您这么说吧，连餐厅都没去过，就在办公室大家对对图纸。"

我说："那是不是你哥们儿，关系不错？"

他说："不是。"

"吃过饭吗？"

"没吃过饭。"

"他为什么要给？"

他说："也不知道，人家单位批下钱来，说拿走吧。"

从来没有过。

还有一位老板在外地出差，他的项目需要安装，就打电话给我们："那谁，你给我们送二百台炉子去，楼盖好了。"

"那您……按合同，得给点儿首付。"

"我都说好了，你去拿去吧！"

"没您签字，财务不给钱。"

"我都跟财务说好了给你们。"

"您给我们多少？我们得要一百二十万，您知道吗？"

这位老板人在河南："我给你二百万先拿着，后边不就又接着续上了吗？"

多给。需要一百二十万，人家给两百万。

回款好

前面说了三个指标：第一个销售量增加，第二个销售成本降低，第三个提前给钱、多给钱，不用银行贷款了。这要不是信任能提前给钱吗？原来是不见兔子不撒鹰，之所以要合同，就是为了把双方责任限制住，万一你违反了，我好打官司。现在根本就不讲这个，老板不在北京，一个电话就给钱了，而且多给。

第四，作为公司另外一个指标就是回款，你炉子给人家了，回得了款吗？得把钱收回来才能实现整个利润，这个项目才 close 掉，才完成。过去，每年通常我们有相当于四分之一年销售额的款回不来，在路上，天天打电话催："经理，我们这活儿干完了，您该给钱了，我们请款单都送到您的财务了，您百忙之中给抓抓。"那个时候我也配合合同执行部，给领导打电话，给朋友打电话："您给我们钱吧，我们挺困难的。"

我学了传统文化之后，二〇〇七年还帮着催款，二〇〇八、二〇〇九年，我就再也没找过合同执行部，没帮他们催过钱。现在外面欠我们的钱，是我过去的四分之一。

那天报表送到我这儿，我一愣，我这是看错了吧？也是长期不看数字了。这欠款当中，少一半是我学佛前，外面恶性拖欠的，另外都是奥林匹克工程差的。奥林匹克是国际工程，要按照国际惯例审计完成才能给我付款，非常严格。

不怕不识货，就怕货比货。这样一比较：学佛前、学佛后是两重天。原来我是个什么状态？爱发脾气、爱生气、喝酒、吃肉，不孝敬父母，最后弄成焦虑症，天天吃神经类药物。每天中午晚上地应酬，经常喝得酩酊大醉。

二〇一〇年的应酬费二十万，七个月了，饭桌上不再是十个人开十瓶茅台、四箱啤酒那么胡吃海喝了，都是一对一的，一两个朋友一起坐坐。全是人家有事，咱们去了给人家介绍介绍自己的学习体会，而且，还都非常尊重我："今天不喝酒了，点几个素菜，我们要想吃肉，晚上那顿再跟别人吃，跟您我们就来点儿素的。您现在是老师，您给我们讲讲佛法，给我们来点儿心灵鸡汤。"最后还是人家买单，"您把智慧给我们就行，这点儿钱不算什么，两三百块钱吃点儿素菜。"

真的是这样，大家有机会看看我的日历表，全是这个。很少订十个人以上的大单间，经常是我带上我的销售经理，再加上甲方老板，三四个人。有时他们还带着亲戚、孩子一起来，说是要听胡叔叔讲讲，咱们这当爸爸妈妈的不明白，听听人家明白人说说应该怎么学《弟子规》，应该如何做人。这样的聚会大家还特别珍惜，说难得能见到胡小林，不容易。成了名人了。君子乐得做君子。

而且咱们不是老跟人讲嘛，这都能讲到点上：福自我求，命由我造。你要问浅的，咱给你讲因果；你要是问深的，咱给你讲性相，讲这世界怎么来的。真有那有学问的人，那咱不输他，道理咱明白。他把其他的哲学理论，黑格尔什么的拿出来，咱们虽然没学过，但是听完之后拿佛法一衡量，就知道他那个意思错了，"精神跟物质同时产生""世界是一元的。哪一元？自性这一元，不是唯物也不是唯心。""明白了，这么来的，那我们怎么看不出来？""您没证得，这需要入甚深的禅定，是这个原因。"破迷开悟吧！都对呀，唯物也好，唯精神也好，都对，都是自性变现的，没有一法不是佛法，关键是不究竟。

我成天就生活在这样的讨论和氛围中。

在企业我们认真落实《弟子规》，紧抓不放。我自己呢，就天天想着员工有什么困难，社会有什么困难，自己要把感恩的心发出来，每天就琢磨这个。

比如说分包，我们把活儿分给他，我们是爷爷，我们是上帝，我们是他们的衣食父母。对他们还要送月饼吗？要送。对他们还给送《弟子规》吗？送。过年过节我们还要请他们吃饭吗？要请。

二〇一〇年我就跟合同执行部和工程部说："你们要请分包。"

"不用！咱们请他们干什么？咱们每年给他们活儿就可以了，还蹬鼻子上脸了！"

我说："你怎么这么说话？那是恩人，知道吗？咱们在社会上谁能离得开谁？"

长期以来我们就陷在这个误区当中，认为我们把活儿给了他，就应该他请我们吃饭。"胡总，咱们做反了。"什么反了？是我们原来反了。我告诉大家必须得请分包吃饭，而且分包送我们的礼物一律不许收，不仅不能要，还要把《弟子规》这些法宝送给他们，跟他们共沾法喜，同襄盛举。

这就是工作，这就是生活。我每天都生活在这里——每天不是感恩就是改过，无比的喜悦，无比的轻松，心里无比的通达明了，知道这是最究竟的。别人看是傻、是愚、是蠢，咱心里明白。我这一天就是一天，我这一顿饭就是一顿饭，我这一个客人就是一个客人，从来不浪费时间。

所以，要想用中国传统文化带动企业走向成功，最根本的是老板自己要干。干什么？行菩萨道。什么是菩萨道？感恩与改过。

结束语

　　我的汇报肯定有很多错误的地方，甚至在汇报的过程中还有很多傲慢的习气。说得不对的地方，希望大家能够不吝惜关心末学。

　　没有你们在我的面前，谁来成就我？我是你们的依报，我这个依报要随着正报转。你们拿出时间来听我讲，实际上是在成就我，我心里非常非常感恩。法布施得聪明智慧，我如果得聪明智慧，谁给的？大家给的。我讲对了，大家不再畏惧了，那我得健康。谁给的？还是你们给的。所以你们是我施的对象，是你们在救我、在成就我，对这一点我心里非常非常地清楚。

　　谢谢各位大德，谢谢各位朋友！

附录：答问

　　我将自己学习传统文化并在企业落实《弟子规》取得的一些经验和感受向大家做了个汇报，题目是"中国传统文化带动企业走向成功的启示"。

　　讲完七讲之后，主办方安排我给大家答疑。这实际上真是高抬我，很惭愧，给大家答疑我确实没有这个能力，但是我可以对这些问题谈谈自己的看法。肯定有很多地方说得不如理如法，大家还是要以经教为依据来修学。

问：我有一位同修在修行当中很苦恼，因为他眼前经常有佛菩萨出现，有时又有魔军给他发令牌，有时见自己穿着西藏服装离地上升，他不知怎么回事，安不下心念佛，请问胡老师他该如何安心修行？

答：怎么回事你自己已经回答了，因为你不能安下心来念佛，你执著这些相。

　　解决这些问题的方法就是停在佛号上，用佛号代替这些境界，不要理会它，理会它就成了魔，你不理会它就是好境界。

这种情况我也时有发生，这都是考验，这都是佛菩萨来给我们出考卷。什么"魔军给他发令牌""佛菩萨出现"，对于这些境界，好的坏的，你会不会起分别？你是不是有恐惧？你能不能**"凡所有相，皆是虚妄"**，看破了？你做不到，你很紧张，你很忧虑，佛菩萨出来你喜悦，魔鬼来了你紧张，这都是考验，境界现前，你禁不起考验。

所以我们一念觉，这就是好事，这就是三宝对你的加持。魔也是佛，千万不要跟魔对立，因为你心里有魔，你才招来魔，魔的出现是告诉你，你心里有问题。

境外无心，心外无境。贤首国师在《修华严奥旨妄尽还源观》上说：**"常勤正念唯心识观，一切魔境自然远离。"** "唯心识观"的"唯"是什么意思？只，只有。"心识观"，"观"是观点，我们的基本立场；"心识观"就是心现识变，一切的一切都是心现识变。"唯心识观"，你坚持这个观点，一切魔境自然远离、自然就走了。

这是我心现识变的，不是在我心现识变之外，另外有独立的佛菩萨，另外有独立的所谓着西藏服装的自己和这些魔军的令牌，没有，都是你自家的事。所以不必紧张，就停在这一句佛号上，这个境界出现多长时间你就念多长时间，自然而然地它就走了。

换句话说，它的出现是告诉你，你念佛不定，你念佛的心是散乱的，你要提高警觉。境界一来你一紧张，一着急，你就好好念佛了。

好事！所以不能有对立，这就是考验你的境界。所以利用这个机缘，你一念觉，它就是念佛的动力，一念迷，你就被它拉下去了，你紧张，你著相了。

一切都是我们自己的心识变现的，西方极乐世界也是心识变现的，波旬魔王也是心识变现的，不能怨天尤人，别在外边找原因，都是来帮助我们进步的，好也罢坏也罢，都是我们进步的动力。

问：一位在素食餐饮业从业的老板托末学向您请教，他多年来，以他的茶馆为基地传播传统文化，也培养了一批骨干员工，其中几乎全是女性。可是在这期间这些员工已经到了嫁人的年龄，她们纷纷表示要相夫教子，离开茶馆，这对基地的稳定带来了不稳定的因素，请教我们应该怎么做为妥？

答："利人者公，公则为真；利己者私，私则为假。"留她们下来是为谁？如果说"这是我的基地，有了这个基地我就能弘扬佛法，我就能宣传传统道德"，你这从头到尾都没离开"我"。

为人者公，公则为真，这个基地宣传的传统文化是真的，这个善是真善。如果说我要修功德，我好不容易、辛辛苦苦建了这个基地，我好不容易辛辛苦苦把她们都带出来，让她们接受了传统文化，她们现在背我而去，使得我不能再继续弘扬传统文化，我没法儿再修功德，我没法儿再为世界的好转做贡献，——为己者私，私则为假。善有真有假，不是说开基地就是善，不是说学传统文化就是善，未必然也，关键是为谁。

依我的意见，**"随缘妙用无方"**。她们要相夫教子，要离开了——菩萨所在之处，令一切众生生欢喜心，她不走她不欢喜，她的缘分到了要离开，你不让她离开，不让她离开就是造业。所以随缘，要走的一个不留，要来的一个不拒。

这个事情关乎谁？关乎自己。你福薄，没人帮你；你要是有福的人，就有人帮你，信不信？福自我求。我自性当中具备圆满的福德，为什么今天我的福透不出来，员工要离开？要提高警觉，福薄了。福为什么会薄？因为自私自利，因为只为自己考虑，所以福就折损了。

所以你要深刻地回想、审视、检讨：你这几年办这个素食茶馆并以此为基地传播传统文化，你的初发心到底是什么心？你真的是觉得苦难的大众需要救赎吗？还是说我觉得传统文化是好东西，我觉得这东西人人都应该学，我觉得这东西很重要。"你觉得"？《了凡四训》上说，为善不能徇耳目，不能我认为好的就好；不能做适己之行，因为我舒服，我高兴，我得意。如果是为自己，学佛也是错的。所以佛法不论事论心，你要考量你自己的初发心。

这些人的离开可能就是一个考卷：你对她们有恩情，这么多人沾了你很大的光，现在纷纷要离你而去，你能不能禁得起这次考验？你能禁得起，你的境界提高，你不著相。套用了凡先生的话：孰为留，孰为走？什么是留？什么是走？长寿跟短寿这两件事太对立了，是二法，夭与寿至贰者也，当其不动念时，孰为夭孰为寿？你只要不动念头，什么是寿命长，什么是寿命短？没有这个东西。员工留下，员工离开，从表面上看，去和留，至贰者也。这还了得！完全是风马牛不相及的两回事，当你不动念时，去和留就消失了。动什么念？动了自私自利的念，你把留和走对立起来，你在去和留之间有了分别，你就有了取舍。**"何期自性，能生万法"**，去留就是二法，之后你再有记恨，有埋怨，不高兴，越传越讹，从二法就变成六法，从六法就变成八法。当不动念时，这些东西都消失了。

《了凡四训》上说的这个念就是自私自利的念。这个问题摆在你面前，你只要不自私自利，你就一定有办法解决。换句话说，你只要不自私自利，你就会福报现前，就有人来到你这儿，心想事成。福至心灵，有福气的人心灵，他想什么来什么。那你今天想什么不来什么，不能埋怨外边，**"唯心识观"**，都是你福薄的表现。

我们这个时候应该检讨自己。与其埋怨别人，当然他上面没有说他有埋怨，确实我们根本就不能有埋怨。用这个时间检讨自己，**"一心忏悔，昼夜不懈"**，自然福报现前，心想事成。改造命运，心想事成，你想什么来什么，但是这个"想"，要想别人。如果是为自己，想什么不来什么，全是障碍。

所以这是件好事，到了该总结、该反省的时候了。办茶馆这么多年了，员工都变成了该相夫教子的太太了，应该进行一番梳理，彻底地对照《了凡四训》、对照《弟子规》、对照《太上感应篇》、对照《十善业道经》检讨自己。这个问题肯定能够得到解决，因为事情本身一定是圆满的。不圆满是因为自己心里有障碍，这个障碍没别的，就是自私自利。

问：胡老师您好，请慈悲开示。请问家里的佛像、佛宝旧了、烂了，除了埋在土里、放到海里外（因城市都不容易做到），还有什么地方处理呢？

答：旧了没关系，送到协会来统一处理。

这个问题要慎重，慎重其实就是一种恭敬，关键是通过处理佛像（这个过程）。你用干净布包上，找一块干净地方埋掉，或者你烧掉它，或者全家人念着"阿弥陀佛"，开一条渡轮出去把它放到干净的海里……你做这一切是为谁？为引出你的恭敬心。如果说你有恭敬心了，怎么处理这个佛像都是佛法。

当年印光老和尚有人给他写信，说有一位出家师，这个出家师是个很有功力的人，是一代高僧大德，说他吃肉饮酒，我们觉得真是太不可思议了。印光老和尚回信怎么说的？人家吃进去是死的，会吐出来活的，你吃进去死的，连原样的肉都吐不出，怎可妄学他吃肉？

佛宝旧了、烂了，你问你自己，你真能存感恩的心、存改过的心，你怎么处理都对。

福人干福事，福事福人干，有福的人，干什么事都是福事；没福的人（不改过、不感恩的人没福），干什么事都是灾事。

所以你要觉得你有把握、有真诚心，你真尊敬佛菩萨，那无所谓，你烧了这寺院都没关系，这都是相，**"凡所有相，皆是虚妄"**。如果你没这把握，你想通过这件事来引起对三宝的恭敬，那你就认认真真地、老老实实地、如理如法地通过这一个一个的步骤，把恭敬心引发出来。

为什么有些人给妈妈爸爸一磕下头眼泪就下来，这就是形式决定内容，有了这个形式，自然就把内容引发出来。诚于内而敬于外，同时敬于外而引发诚于内。你要问你自己，如果你已经很诚于内了，那么形式上可以不必拘泥；如果你没有，通过这恭敬的程序，可以把你内心的恭敬启发出来。

问：助印佛法的光盘是自己印录流通好（因成本低，量会多些），还是把钱拿到寺院让寺院印录好？

答：怎么做有利于众生，你就怎么做；怎么做有利于佛法的流通，你就怎么做。佛法不论事。

自己刻好吗？好。送给别人刻好吗？好。都好，为什么？只在存心不同。如果你想着"我要送给寺院印录，万一他们印录的不是我想助印的内容怎么办"，你执著了，你著相了，你有自己了，你有喜怒哀乐爱恶欲了，佛法不论果，论因。所以还是要问自己。

"根心者真，袭迹者假。" 袭迹是假善，跟别人学是假的。你真的要从心里头发出来，我就这么点儿钱，众生太苦了，我要印经刻盘，要救他们，随分随力，这是根心，是发自真心、发自内心。

你要说别人是自己印的，我也自己印；大家都往寺院送，所以我往寺院送；大家都捐十块钱，所以我捐十块钱；大家都说印《无量寿经》好，所以我印《无量寿经》：可是我并没有要救众生的愿望，我也没有这个慈悲心。

"又无为而为者真，有为而为者假。" 无为而为，我不图别的，我不为自己，我就图解救众生，

340

真善。你说儿子要考大学了，老公最近身体不好，我拿出一万块钱来印佛经，有为而为，为自己的，这是假善。但是你要说"佛氏门中，有求必应"，我们接引众生，必须得通过先是为自己，然后慢慢再为大家，这是对的。如果您是个老修，这个道理你要懂，你要想得圆满的功德，希望你这点儿钱得到尽虚空遍法界的功德和福报，你可得用根心，无为而为。

所以《了凡四训》上说，**"斗粟可以种无涯之福，一文可以消千劫之罪"**，不在于钱多少，在于存心。如果你这当中有夹杂、为了自己，那所得到的福报一定不圆满。如果你不为自己，就是为了别人，一分钱就够。

《了凡四训》上说，**"善事阴功，皆由心造；常存此心，功德无量"**，善事阴功由心造，他没有说善事阴功由光盘造、由金钱造。

你这个问题不要问我，你要反省存的是什么心。我劝你好好读《了凡四训》。"常存此心"，存什么心？存改过的心、感恩的心。如果你助印光盘是希望别人通过这些光盘生起感恩的心和改过的心，那了不得！斗粟可种无涯之福，一文可消千劫之罪，不用拿那么多钱。如**"谦虚一节，并不费钱"**（《了凡四训·谦德之效》），人谦虚要花钱吗？

张畏岩不谦虚，考试不中便**"大骂试官，以为眯目"**，骂试官瞎了眼，看不出我的文章好。于是有位道者就跟张畏岩讲，**"中全要命，命不该中，文虽工，无益也。"**他说："你文章虽然写得好，没用，命里不该中。所以你要做个转变。"张畏岩说："我没钱，是个穷秀才，怎么转变？"道者告诉他："善事阴功，皆由心造，只谦虚一节，并不需要钱，你何不自反？"所以最经济、效率最高的修功德、修福德的方法就是改过。改过不花钱。什么是最大的过？不谦虚，傲慢！变得谦虚一分钱都不要花，**"善事阴功，皆由心造"**，这就够了。

回到你的问题，你自己流通好，别人流通也好。为什么？怎么就叫做好？为别人就好，为自己就不好。换句话说，你今天之所以做不出这个决定，我敢说你就是把你自己放在里面了。你把自己流通还是拿到寺院流通变成了二法。不动念时，二法不生，一动念，二法就产生了。动什么念头产生这对立的二法？没别的，就是为自己考虑了："我怎么做才对？做对了，对我有利；做错了，对我没利。"这么想就完了。

问：我特惭愧，学习传统文化以后，总不能把学到的圣贤智慧与生活结合在一起。每当生活中一遇到境界就傻眼了，考试就难过关。主要是家庭问题，丈夫与我一直分居，儿子读大二，且找了女朋友，他们不相信《弟子规》的教育，我很着急又很无奈。真佩服您转变企业、转变家庭成员的成就。我知道我是没有真干，如何下手感到很为难。

答：问题全在外面：老公跟我分居了，他们都不学《弟子规》。我希望这三张纸写写你自己怎么自私自利，写写你自己怎么不知道感恩，答案就找到了。

外边有问题吗？外边没问题。外边在你眼前示现的这些人、事、物都是佛菩萨来度你的。丈夫不喜欢你，你不招人待见，**"行有不得，反求诸己"**：你肯定是一个让人讨厌的人。你为什么让人讨厌？曾文正公说过："家败离不开一个'奢'字，人败离不开一个'逸'字，讨人厌离不开一个'骄'字。"你自以为是。看看你这个问题写的，你认为《弟子规》好，别人就得学；他们不学，你就难过、你就着急。了得吗？《弟子规》成了你的独家经营了，成了你判断人对错是非的标准，你把是非人我拉到《弟子规》里边来，你不仅自己不能成就，你还断人家与《弟子规》的关系，你恶化了这些人与《弟子规》、与圣贤教育的关系。人家看到你，不愿意学习圣贤文化，看不起学习《弟子规》的人，你**"将日沦于禽兽而不自知矣"**。

所以问题不在外。

"他们不相信《弟子规》的教育，我很着急"，你着哪门子急？你得着你自己的急，你没福。这么好的东西，先生和儿子不学。福从哪儿来？福自己求。我们说，这人真有福气——爸爸、妈妈全信佛。那我自性当中本来圆满具备的福德为什么今天不能现前？你看看你的条子，无奈、失望，好像问题全在别人身上。所以我这次来香港给大家汇报的第一集，就给大家讲了七个儿子和一根拐杖的故事。我在这儿再把这个故事大概地讲一遍。

有位老婆罗门，岁数很大了，拄着根拐杖要饭，行动很不方便、很吃力。佛陀在托钵的路上碰到他，佛陀就问：老人家，这么大岁数了，为什么还要出来要饭呢？难道你就没有孩子养你吗？他说：我有，我有七个儿子，不过他们都娶妻生子了，他们有妻室儿女要照顾，所以就养不了我，就把我给轰出来了。

大家注意听，问题在外边。这位同修提的这个问题不是一样吗？他们都不学圣贤人教育，我很着急、我很无奈。这位要饭的老婆罗门也很无奈。

他说：佛陀，请你告诉我，我应该如何让孩子转变？

还是要转变别人。

佛说：道理要用心听。他说：那要转化儿子可就太难了，他们根本就没时间听我给他们讲。

佛不是让他的儿子听讲，是让他自己做个转变。老人家能做转变，儿子就变了？

这老人说：我怎么用心？

你看看你还有一根拐杖，你就感恩这根拐杖。

老人说：我感恩拐杖？

对呀，这拐杖没作用吗？第一，帮你走路对不对？第二，要饭的时候，有恶狗来，它是不是能把恶狗给你赶走，保证你的安全？第三，过河的时候是不是能帮你探河的深浅？

老婆罗门说：对。

大家注意听，佛非常有智慧，让他什么都不要想，止住妄念，这是我说的。止住妄念，就想手中这根拐杖，好好拿着它走路。止，止住妄念，止在哪里？止在这根拐杖上。别再胡想了，之所以没儿子养，就是因为妄念太多。佛陀没有说你念阿弥陀佛，也没跟他讲什么性相、理事、因果，没跟他讲大道理。你老人家就止在这根拐杖上，好好拿着它，除了这根拐杖什么都不要想，止完了观，观什么？第一，它能帮你走路。第二，它能探测水的深浅，第三，它能帮你轰走恶狗。止观完了以后怎么办？感恩！这个老婆罗门一听：是，我到这个时候我还能感恩谁呢？我还能靠着谁呢？只能靠这根拐杖。他觉得佛说得特对。

他打那以后，天天嘴里就念叨感恩，感恩这根拐杖，感恩这根拐杖帮我走路，感恩这根拐杖帮我轰走恶狗，感恩这根拐杖帮我探测水的深浅，以测安全。从此后，拳拳服膺佛陀教诲，听话、老实、真干！

后来，有一天这个老婆罗门又去乞食，碰到一个好心人问他：老人家，你怎么这么高兴？是呀，一个要饭的，怎么会那么喜悦？老人家说：我现在一点儿烦恼都没有了，我特别高兴，因为我知道感恩了，我生活得特别欢喜。这好心人说佛陀正在耆阇崛山说法。他说：佛陀？是啊。我这就是佛陀教给我的，让我感恩。他说：那你现在赶快跟我一块儿去听佛陀讲法吧。他们两人就去王舍城耆阇崛山听法去了。

七个儿子也住在同一个城里，这七个儿子自私自利，连爸爸都不养，福薄到什么程度？他们碰到了邻居，邻居告诉他们：佛在耆阇崛山上讲法，如果佛要给你赐福，你将得大福报。这七个儿子一听，自私自利想要福——谁不想要福？——他们就来到耆阇崛山。

　　儿子不知道爸爸要来，爸爸也不知道儿子在现场。等老人家赶到现场的时候，佛已经开始讲法了。佛一看老人家来了，就让老人家往前走，说说他是如何感恩的。老人家有三个指标：面露笑容，满面风光，一点儿烦恼都没有。心存感恩的人是这种表现，你要是没有这三条，你没有生起感恩的心。

　　这老人家就来到了讲台前，佛说：你跟大家说说你是如何感恩的？他就把这段故事一讲。佛就看着他的七个儿子说：是啊，是啊，什么最要紧呢？有感恩的心。现在很多人可怜，放着父母不养，将来老了以后，自己的儿子一样会不孝敬你，死的时候还会堕三途，这种人生就是欠缺感恩心。这七个儿子看着爸爸这么高兴地感恩拐杖，再加上佛陀的教诲，即刻良心发现，就一起跑到台前，给佛陀顶礼感恩，然后争着要孝养爸爸。知错了，改正了。

　　我就问：佛陀这么有智慧，他为什么不把七个儿子叫来劝劝呢，劝说他们应该孝敬父母，不孝敬父母可是要下地狱的，人不孝还不如畜生，他没有。另外，佛也没给老人家出主意跟儿子打官司，他们有赡养老人的义务，七个儿子怎么也得来一个轮流照顾，一家住一个礼拜，七个礼拜，差不多两个月拿下来了；更没有找街道委员会做做工作。为什么？全是自己的问题。为什么他有问题？福薄到这种程度，七个儿子都不养他，福薄，所以要饭、当叫花子。为什么福薄？大家体会体会，不会感恩！不会感恩的人福薄，感得儿子不养这个果报。

佛没给他讲太多的道理，只让他好好地感恩这根拐杖，通过拐杖这个药引子，把感恩的心引发出来，一旦感恩心生出来，问题便迎刃而解，心想事成。这位老人家不明白道理，但是真干。走向觉悟，解门进来也行，行门进来也行，从哪个门走进来都可以。佛说的是"解"，老人家做的是"行"。佛陀没跟他玩儿那么多概念，讲止观，佛陀教他如何做，他拳拳服膺，听话，最后果报现前。果报现前，有人养了，生活美满幸福了。

如果老人家不感恩这根拐杖，以后这七个儿子因为不孝会堕三途，老人家自己的感恩心一发出来，七个儿子不会堕地狱了。自度才能度他。自度了，儿子争着养他，大福呀；也度他了，儿子开始孝养爸爸，开始尽孝道，不会下地狱了。

所以你要想让丈夫和孩子学习《弟子规》，你得生起感恩的心。你这里面有对孩子的不满，有对先生的怨、对立，唯独看不出有感恩，所以你福薄，先生不搭理你，儿子不学《弟子规》。**"行有不得，反求诸己。"**

这个故事讲给你听，我们应该从哪里找到要感恩的对象？一切人、事、物都应该要感恩，贫贱到叫花子尚且都有要感恩的事物、要感恩的对象，我们找不到要感恩的点？**"心粗而眼翳"**！问题不是没有感恩的对象，是你心太粗，眼睛有障碍。什么东西障碍了你？没有别的，自私自利。

所以回去把感恩的心生起来，会感恩的人有福，先生爱，儿子听话，都跟着你学圣贤教育。

我再给大家讲一个真实的故事，是我在长春论坛上遇到的，你的儿子上大学二年级，这个孩子比你儿子还小，在上初中。爷爷奶奶和他的妈妈不和，他做妈妈的工作，说："妈，我都学《弟子规》了，可咱家不和，（你看这孩子！）你怎么能跟爷爷那样呢？爷爷是长辈，是爸爸的爸爸，应该尊老爱幼；你看你对姥姥姥爷那么好，对爷爷奶奶就不好，**'事诸父，如事父；事诸兄，如事兄'**（《弟子规》）。"你看这孩子不检讨自己还数落他的妈妈。

"行了吧，你爷爷奶奶不一碗水端平，对大伯好，对咱们不好，家里东西都是咱们买的，家里贡献是咱们做的，这胳膊肘就向外拐。"妈妈因为爷爷对其他儿子好，一肚子怨气，劝不过来。

这孙子回过头来又劝爷爷奶奶："爷爷、奶奶，你们就跟我妈妈好吧，做做工作，团结吧。"

因为他学《弟子规》了，他要落实《弟子规》中所说的**"善相劝，德皆建；过不规，道两亏"**。"我要劝，我要把我的妈妈跟我的爷爷奶奶劝好。"**"谏不人，悦复谏；号泣随，挞无怨。"**爷爷奶奶也埋怨："没有像你妈那么不懂事的了，真不懂事，我们真倒霉，摊上你那么一个妈。"他就批评他爷爷："爷爷，**'凡是人，皆须爱；天同覆，地同载'**（《弟子规》），儿媳妇你也得爱。""你别跟我说这个。"

这孩子跟他的爷爷奶奶闹对立，就像你这写的一样，全是对立。他抱着对立的心态劝爷爷奶奶。后来不知是哪位老师教给这孩子：不再批评，从我做起。怎么做？什么都不说了，每个星期保证几次给爷爷按摩。第二，学习成绩要好，要当三好学生，一定要让爷爷为我感到骄傲。乖乖！学习成绩直线上升，全给爷爷拿喜报，三好生、优标兵。爷爷高兴，为孙子感到骄傲！哪有爷爷不爱孙子的。第三，帮着爷爷洗脚。两个月下来，爷爷实在觉得孙子太可爱了，逮谁跟谁说，我们家大孙子真有出息，孩子真好，懂事！

时间到了，有一天，孩子说："爷爷，您觉得我表现好吗？"

"孙子，还说什么，太好了！爷爷有你简直太骄傲了。"

"爷爷，我求您一件事。"

"说吧，孙子，我这么好的孙子求我什么忙我都得帮。"

"爷爷，我就求您一件事，大人不计小人过，您到我们家去看看我妈妈。"

这爷爷一听，脸就拉下来了："看你妈，你妈那么不懂事。"

"爷爷，她是不懂事，她是不像话，就冲她给您生这么一个好孙子，您就去看看她。"

这爷爷一想，是啊，没这儿媳妇哪有这么好的孙子！而且孙子都说到这种程度了，哭着，**"号泣随，挞无怨"**，求爷爷奶奶。得了，爷爷说："不看僧面看佛面，我就冲着我这孙子。"

人心都是肉长的，感化了。跟他的太太，孩子的奶奶买了东西去看儿媳妇。一到家还气哼哼："我和你妈来看你来了，买了点儿东西。""咕咚"就撂桌上了，"我们原来当长辈的对你关心也不够，给你说声对不起。"

这儿媳妇一看，乖乖！公公婆婆亲自登门，还买了礼物来道歉。"咕咚"就跪在老公公前面，抱着老公公腿就哭上了："对不起，爸爸，我怎么能让您到这儿来给我道歉，全是当媳妇的做得不对。"大圆满。

这个孩子怎么感化了爷爷？怎么感化了妈妈？从自己做起。**"行有不得，皆己之德未修，感未至也。"**你不能做感化先生和儿子的工作，问题不在外，问题在内。皆是己之德未修，您的德行没修到那个分上，你的感化没做到，你倒想感得那好果报，No way，不可能的。人家孩子做到了，学习成绩提高，孝敬爷爷，德行长了。

这个孙子修没修德行？还有什么德比孝敬更大？还有什么德比完成自己的本职学习大？没有了，敦伦尽分，作为学生他该做的都做了。感化了没有？爷爷实在抹不开面子了，感化了。

为什么你求先生，先生不答应？你对先生的感化到那分上了吗？你对人家好到那分上了吗？你对人家关心到那分上了吗？你跟人家有那交情吗？这个孩子跟爷爷有，这个缘是善缘，这个缘深，结果孩子一张口，爷爷就答应了。你一张口，先生到隔壁屋睡觉去了，分居了。有别人的问题吗？是自己有问题。

所以，**"行有不得，反求诸己"**是绝对的，没有例外。大家千万不要认为："那是，行有不得，反求诸己，我承认，但是，我们家……"不要"但是"，没有"但是"，就是你的问题；一"但是"就吹了，你就不改了。实际上**"行有不得，反求诸己"**

这八个字就把今天这些问题全都回答了。可是坐在这儿两个钟头就说这八个字，太对不起大家了，不得给大家聊聊嘛！

问：如何断淫念？

答：饮食男女是两大基本烦恼。我们之所以累生累世出不了六道，就是因为这个男女之爱。这个东西能断吗？**"凡所有相，皆是虚妄"**，是真的，就断不了；只要是虚妄的、假的，就能断。淫念是真的，它一直缠绕着我们，怎么会是假的？《安士全书》里有个例子拿出来供养大家。

他说，比如说你这眼睛吧，外界是事物，眼睛看这个事，外边的事物是实相，你的眼睛是智慧，智慧看见实相，这很好。但是对不起，在你的眼前罩着一层白内障，这个白内障上有白点，所以你觉得在实相前面似乎有雪花存在。周安士先生就问，雪花存在吗？不存在。**"凡所有相，皆是虚妄"**，但是感受是真实的，我真看见雪花了，对吧？我知道，这是因为白内障造成的，但尽管是白内障造成的，尽管你看到的这个对面，实际上没有雪花，真相当中没有雪花，但是你的感受是真实的。

周安士老先生说，佛来到这个世界上干两件事，第一个告诉你，你看到的东西都是白内障上边的雪花；第二，给你一个银针把这个白内障挑掉，就这两件事。告诉你通过这个白内障看到的雪花，告诉你是什么？解。给你这个银针把白内障挑掉是行，最后你看到实相是证。那你要信解行证，你不信你怎么能听他的？你不信哪敢拿针挑眼睛？淫念就是我们通过这个白内障看到的雪花，感受是真实的，真有这个要求，真觉得过不来，如洪水猛兽，但是它真的不是实际情况存在的。所以这从理论上告诉我们淫念是虚的，淫念本来没有，我们看错了，我们想错了，累生累世造成这个淫念。

如何断淫念？《安士全书·欲海回狂》中讲了一种对治方法，即修不净观。周安士先生说，人的身体是革囊盛秽，就像是用皮革做的囊，里边无非就是屎尿。做不净观。他分析得很细：头发似马尾，头骨如骷髅，头中的脑浆、腹中肠胃膀胱无不腥臊，还有那些唾液、鼻涕、眼泪……这张皮里盛的就是这些东西。你非要抱着这些东西才过瘾，那你就抱着吧。如此做不净观。

谁愿意老想这脏不拉叽的东西？可是不如是观，淫念就还有。古人还有这样的方法，人死了，剪下头发放在地上，再将粪桶里的大便和这死人头发一裹，就放在某个地方，天天让你去看，人无非就是这样的：招着苍蝇的一堆头发和大便。

你抱着一个姑娘在那里亲热，试想一下，如果你看见她的脑浆在地上，白花花的一片，上面附满了苍蝇，你还会抱着她亲吗？恶心死了。您肯定走路都得绕着她走。这就是修不净观，挺狠的，但不是对人的不尊重，这是断淫念的方便法。

我是一直在做这种观想，很得受用。但是，是不是每个人断淫欲都要做观想？基本上来说，这种方法最有效。但是也有些人不是通过这种方法就断了。

为什么你断不了淫念？因为你没有爱。

大孝子王希海先生，大连人，二十三岁那年，正要出国到马来西亚打工挣大钱，突然父亲变成植物人了，他就放弃去国外挣钱的机会，留下来照顾父亲。当时有人觉得可惜，说你可以挣了钱，请人照顾你的父亲。他说：那不行，别人照顾我爸爸我不放心，我就不麻烦别人了，自己照顾。二十六年如一日地照顾爸爸。一次他抱着爸爸去看病，教授问他：你爸爸植物人多长时间了？他说二十年了。教授看他爸爸皮肤干净红润、有弹性，没有褥疮，怎么可能是瘫痪了二十年的病人，纯粹是胡说八道！教授一甩门就走了。一会儿教授流着眼泪回来了，抱着一大摞他父亲的病历，说：

"我冤枉你了，孩子，谁照顾你父亲？"他说："我照顾的。"那个老教授说："你完全可以到医科大学护理专业当系主任。"

他每半个小时给爸爸翻一次身，一个小时给爸爸擦一次身，如果到他家去，在楼底下你就能认出他的家，挂的全都是白布——爸爸的尿布。

大夫说不用再给穿裤子了，方便护理，他说我爸爸有尊严，我知道我爸爸想穿内裤，二十六年一直给他的父亲穿内裤。

第二件事，因为他父亲吞觉系统已经不行了，喂饭容易呛着，大夫说把气管切开，直接把饭打成浆，用针管注进去。他说："那我爸还是人吗？那太痛苦了，不行，我要喂！"大夫说你不能喂，如果呛着可不得了，这要得肺炎。他说："我不会的。"早晨五点半起来给爸做早餐，一天三餐亲自做，水放多少，什么温度，这一勺盛多少，全知道，而且，他能知道这口饭爸爸咽到什么程度，什么时候再喂第二口。

第三，吐痰怎么吐？他在论坛上讲，人要吐痰，首先是气管收缩把痰挤出来，通过吞觉系统带到口腔。他爸没有吞觉功能，但是气管有收缩功能，大夫说没办法，只能用嘴吸。他妈妈说："儿子，我虽然跟你爸一辈子夫妻，让我帮助爸爸吸痰，我实在做不出来。"他说:"妈,您甭管了,我来吸。"全过程可能也就两秒钟,一咳,他用塑料管放在他爸爸的嘴里,他在另一端一吸把这口痰吸出来。这可不是一般的功夫,他就知道他爸爸什么时候把痰挤出来,他什么时候该吸这口气。二十六年如一日,他父亲的肺部没有因为痰感染过。

我们自己吐的痰我们自己还能吸回去的,请举手。(现场没人举手)

你爸爸的痰你吸得进去吗?吸不进去。那为什么你愿意和女孩子亲嘴——她嘴里有痰、有唾液?因为你不爱你的爸爸。那你的女朋友你怎么就能亲?因为你有欲望,欲望是自私的。

王希海,二十三岁的大小伙子,娶媳妇成家天经地义,他为了爸爸,不结婚了。我问问诸位,王希海是怎么断的淫念?是什么东西使王希海在正当年、正该结婚的时候,不结婚了?因为他对爸爸有爱,这个爱把淫念压制住了。

换句话说,你不能断淫念是因为你没有爱心。(我不是说夫妻之间正常的关系。)换个角度说,你有淫念那是菩萨在考验你,告诉你,你的境界不行,你的爱不究竟,你没有爱到圆满,你要能爱到究竟圆满,这个东西就不存在了。这么说你还能讨厌淫念吗?**"祸福无门,惟人自召"**,你招来的。

二十六年来王希海就一句话:"我就一个爸爸,我一定要把我爸爸照顾到八十岁。"他爸爸得病那年是五十多岁,不容易!放弃了工作,每个月靠国家给的四十八块钱的补助,家里连电都不敢用,有冰箱、有洗衣机,不用,没钱用电。买东西跑着去,为什么?爸爸等着呢。那就多买几袋牛奶吧,不行,放坏了怎么办?

四十八块钱,二十六年前,街道发的困难补助,四十八,这就是王希海。

后来爸爸发烧,不知道是什么原因,他着急!晚上做梦,梦到自己拿着个梯子登墙,可是左梯子腿断了,怎么也撑不住。醒来以后,他说我爸爸左腿有问题,掀开一看,左腿上有一个大疖子,送到医院把疖子挖出来,爸爸就不发烧了。

王希海已经入了照顾父亲三昧,二十六年的照顾,他入定了,六根互用,他的意根能看见爸爸的腿,他的意根能感觉这口痰现在在什么地方,他的意根知道爸爸这口饭咽到什么位置了。

我第一次见到王希海是在沈阳的传统文化论坛上,因为他说不出长篇大论的话,组织方安排播放了一个电视台栏目对他的采访,一共四十分钟,随后王希海本人讲了不长的一段话,下面的观众哭得稀里哗啦的。还有时间,组织方就让我上去做个点评。我在台上不能自已，就掉了眼泪。我何德何能？惭愧！我爸爸的澡，一直是司机帮着洗，我都没给老人家洗过。我给人家点评？我哪有那脸面去给人家点评？

王希海先生每次在论坛上讲完，没有不掉眼泪的。难！难能可贵！

我们看王希海先生的淫念断了没有？断了。为什么断了？因为爱爸爸。你不能断，你不爱。不爱谁？不爱教导你的老师，不爱释迦牟尼佛，你不爱众生。因为你只有断了淫念，你才能去西方，只有去了西方，你才能倒驾慈航，回到娑婆世界广救苦难众生。这件事如何与淫念相比！你愿意抱着淫念，不愿意救众生，慈悲何在？觉悟何在？三途有分。"众生无边誓愿度"，连淫念都断不了，你还能度谁？你拿什么度？

所以如何断淫念，技术上做不净想，理论和境界上要生起救众生的心，要生起爱心。爱心从哪儿来？从感恩和改过中来。

问：一个关于少年的问题。我有个十二岁的外甥，小学读佛教小学，曾经皈依并与外婆来拜佛过多次，前年升中学，被派到读天主教的中学，亦无信教。现已十二岁半，读了半年了，自读中学以来，就不拜佛读经了。应该怎样教才能转过来？

答：这个问题问你自己。天主教没有什么不好，天主教跟佛教至贰教也，当其不动念时，孰为天主教，孰为佛教？是你把天主教跟佛教对立起来。

你肯定在跟你外甥的接触过程中，有不尊重、低看天主教的情况，你有分别心。所以还是要从自己做起。天主教也是教育，如果我是你的话，我就抱着天主教的经典来读。刘老师是怎么跟她的孙女打交道的？她可没有拉着外孙女学习《弟子规》，或者去拜佛。大家看过她的光盘，她是怎么与孙女相处的？比如她给孙女辅导作文，翻开字典，她就跟孙女挑字组词，二人像做游戏似的，一个"春"字，刘老师说：春天。小孙女说，春色。然后扩展开来，刘老师说，春天来了，小孙女说，春色满园……最后写成一篇好文章。

刘老师是教师出身，她难道对现在的学校教育不明白吗？一点儿批评都没有，一点儿分别心都没有。没有恨。我问她："您为什么不讨厌现在学校的教育制度？""现在学校教的这些内容，"她说，"都是众生业力所感。孩子在这个年代，生到这个世界，上这种学，完全是孩子自己的命运所造，不能埋怨现在学校教育制度，你没生到那好时候。"福薄！自私自利所致。

现在就是这种教育，你非要切断了他，你非

要让他不受这种教育，他的业障如何消？业障消不了，下辈子还得来还账。

所以我不同意送孩子上所谓"私塾小学"的做法，把孩子与社会隔绝，不食人间烟火，连《人民日报》是什么都不知道。数学不懂，计算机不会，四书五经十三经全会，他怎么生活？孩子接受这种畸形的教育，长大了怎么办？你能保证他成佛做祖吗？你能，那行！你要是不能，你得给他扔到社会上去。

烦恼只有在烦恼当中解决，问题只有在问题当中解决。你不能把孩子从他的业缘中拖出来，你毁了他。该还的账不还，该赎的情不赎，最后他还得来。

所以孩子能上天主教，命里有的，你得随这个缘，随缘妙用。什么叫妙用？把你自己的佛教放下，深入天主教的经典，跟外甥一起学习。

你认为天主教不是佛法，那你就不是佛弟子。无有一法不是佛法。你有分别心，你动念了，你把天主教和佛教对立了。这种对立一定就是没有福的表现，不仅外甥不能转化，还把自己给毁了。

"随缘妙用无方"这个"无方"是什么？没有一定之规。非要上佛教学校才行吗？非要学《弟子规》才行吗？没有。原则是什么？利他之心，只要是对外甥的进步有利，只要是对外甥去烦恼有利，只要对他的身心健康有利，都应该采纳。所以不能有这种执著，应该就事论事，就像打太极拳，要因势利导。这个需要智慧。

刘老师有智慧，她的智慧从哪里来的？智慧从清净心来。如何能得到清净心？念佛。你能提出这个问题，说明你的念佛功夫还不得力。念佛功夫得力了，清净心现前，清净心起作用就是智慧。你没有清净心，就没有智慧，不能埋怨外甥上天主教学校，该埋怨你自己。

所以要好好地念佛，把清净心念出来。什么是最大的不清净？自私自利，表现在不懂得感恩，不知道改过。所以增加念佛的时间，增加改过和感恩的时间，自然而然你就有办法让你的外甥学习世上的上上法——佛法。

问：学佛，家人反对，跟儿子媳妇相处得不好，请问该怎么办？

答：答案就在"七个儿子和一根拐杖"的故事里。没有别人的错误，都是自己的错。自己最大的错误是什么？不知道感恩。你只要有了感恩的心，儿子儿媳抢着供养你，抢着给你洗脚，抢着给你磕头。你试试！

李炳南老居士说"至诚感通"，你不至诚就不能感通。所以是不是感通了，别问别人，问你自己至诚不至诚？那个孙子至诚，爷爷就感通了，家里就圆满了。与儿子儿媳相处不好，儿子儿媳对你不好，这是大夫给你看病来了，告诉你，你今天不知道感恩，你福太薄。你家里的状况指出了你存在的问题，谢谢大夫吧。

七个儿子不养那位老婆罗门，那是他没福，他不会感恩。所以这七个儿子是那位老婆罗门的大夫，老婆罗门看不到这一层的意思，佛陀看出来了。你的儿子儿媳是贵人，是逆增上缘。从他们身上看到你修学道路上的最大障碍——没有感恩心。儿子不孝敬，德至薄也，德行太薄了。如何积功累德？**"善事阴功，皆由心造。"**你的心要转，转为感恩的心、改过的心。

所以回去要对儿子和媳妇说声"谢谢"，不是他们二位在你面前做这番示现，你怎么知道你的德行薄？你怎么知道你福薄？你怎么知道你没有感恩的心？你怎么知道你不会改过？教育！印光老和尚说**"看一切人皆是菩萨，唯我一人实是凡夫"**。儿子儿媳是不是菩萨？是，要不是，印光老和尚就是说瞎话了。你这个字条是"看一切人都是凡夫，唯我一人实是菩萨"。迷惑颠倒到了所以然的程度。

我当奋然振作，舍旧图新；**"不用迟疑，不烦等待"**，不能再等了；**"此风雷之所以为益也"**。

赶快改，恶报现前了。你一辈子照顾儿子，为儿子付出了这么多，施惠予人反遭埋怨，是重大恶报现前的表现，就是《了凡四训》当中说的"人之过恶深重者，亦有效验"。

我再吓唬吓唬你，您就直下承当吧。"效验"表现在，**"或心神昏塞"**，迷惑颠倒，脑子不好用，稀里糊涂，提不起精神，心神昏塞。**"转头即忘"**，昨天晚上跟谁吃的饭？我这衣服谁送来的？这是远的。近的呢？中午我是打的来的，我还是坐地铁来的？忘了。胡小林叫王小林，还是叫吴小林？转头即忘。**"或无事而常烦恼"**，我看你就属于这种人，没事给自己找烦恼，没理由，没原因，无事而常烦恼。**"或见君子而赧然消沮"**，"赧然消沮"，消沮就是没情绪。见着贪瞋痴慢的人兴奋，见到正人君子，见到有德行的人不愿意上前、脸红、丧气、没情绪。**"或闻正论而不乐"**，听到讲法、讲因果、讲伦理、讲道德不高兴。讨厌、没感觉，乐（高兴）是三个层次。你说我听到正论我没有讨厌，但是我也没什么感受。你甭说那个，了凡先生说了，不乐就算过恶深重了，你再讨厌还了得吗！

今天刚才有个朋友给我写了好长的一段，说他讨厌佛，他恨佛，他一看佛经，他觉得很紧张，这是下阿鼻地狱的罪。我很同情你，这段是为你念

的："**然人之过恶深重者，亦有效验。或见君子
赧然消沮，或闻正论而不乐。**"佛可比君子高多了。

"**或施惠而人反怨**"，说的就是这个。你的
儿子受了你大恩惠，一把屎一把尿拉拔大，到今
天儿子还怨恨你，"**人之过恶深重者**"，你有分，
不是吗？

我们也是，公司给人家送月饼，人还骂咱们：
"装什么孙子，当年你炒我们走的时候，你干什
么去了？今天你们学佛了，给我们送月饼，黄鼠
狼给鸡拜年──没安好心！"你看，"**施惠而人
反怨**"。咱学佛了，学传统文化了，过去对员工
不好，把人给炒掉了，现在给人送点儿月饼，人
骂咱们，这些人不是菩萨吗？你胡小林做这么好
的好事，人家还骂你。你要不做这好事呢？多大
的恶报等着你！所以如果不是学了佛、学了圣贤
人的教诲，我怎么知道这是重罪轻报了。

"**或夜梦颠倒**"，做梦娶媳妇，颠倒了；做
梦自己变成一条狗了，颠倒了；做梦自己变成女
的了，颠倒了。夜梦颠倒，这标准，别看这四个字，
你回去琢磨琢磨，每天你睡醒了，你琢磨琢磨你
夜梦有没有颠倒？有颠倒，"**然人之过恶深重者，
亦有效验**"，你有问题了。"特奇怪，"有朋友
跟我说，"我昨天做了个梦，迷迷糊糊的，稀里

糊涂的，特别奇怪……"没别的，夜梦颠倒。

"甚则妄言失志"，更有甚者，更严重的，我就这样，说瞎话不图别的，张嘴就来。"妄言失志"，没目标、没要求、没想法，就觉得要说瞎话。"妄言失志"，这还了得吗？**"皆作孽之相也"**。

"苟一类此"，如果一旦这样，怎么办？**"即须奋发，舍旧图新。"**要奋发图强，改变你的生活模式，你肯定有问题。舍什么旧？自私自利是旧，名闻利养是旧，贪瞋痴慢是旧，五欲六尘是旧。对照这十六个字，这就是旧，你把它们舍掉。图什么新？跟你说到底，四个字——"感恩改过"，这就是新，这样你就一定能摆脱这些过恶深重的表现。**"幸勿自误"**，"幸"是希望，希望你千万别耽误了自己。

袁了凡先生给了这么一堆标准，我们要对照着去检查。佛经其中一个作用是留作证明用，用这个标准衡量自己，有没有过恶深重，改过之后有什么好的症状、效验都在书里写着。所以我们不怕有过，就怕不改——特别是过恶深重。

过恶有个规律，比如得了鼻炎你不理它，你说我有错就是不改，得过且过，不就是个鼻炎吗！你不治它，小病不治就转成大病，后来变得口腔也发炎了，整个呼吸道都有炎症了，最后感染到肺部，再最后得了肺癌。好事！为什么？小过错不改，小业障不消，再给你加点儿分量，还是菩萨，感冒、鼻炎没感觉，是吧？那好，咱把嘴也给你捎进来，一点点加重点儿，看你有没有反应？就和那扎针灸似的，没感觉，动一动、捻一捻有感觉了。口腔溃疡，还没感觉；肺炎，肺炎还没感觉；CT片一拍，你三乘五一个大疙瘩，癌症，踏实了，该回头了，再不改不行了。所以疾病就是菩萨，就是来教育你的，给你发出警告。

所以我们对疾病要抱着感恩的态度，你不善待身体，你不尊重它，它就报复，报复轻的，鼻子发炎；报复重的，得肺癌：都是为了教育你。得肺癌没什么不好，不是开一刀吗？业障消得快，切下半扇肺来，你就觉悟了，你就不抽烟了，你就不喝酒了，你就不熬夜了，挺好，消业障快。地狱呢？地狱好，一天死八万六千次，油锅里一炸，什么罪都消了。哪有什么对立！地狱、西方至贰者也，当其不动念时，孰为西方，孰为地狱？你有分别，你把地狱跟西方对立了，地狱就是西方，地狱不去，你怎么去西方？一层楼不去，你怎么去二层楼？地狱好，但是尽量不去，还是要往上走。

问： 受五戒居士拜祖坟和土地公，可不可以头着地拜？供品可以不可以食用？

答：可以，完全可以。一切法由心想生，一念觉是佛，一念迷就是魔，所以不能著这个相。拜土地公，土地公真有，他也是"**礼敬诸佛**"里说的佛，这也算是"**礼敬诸佛、广修供养**"了。孝敬父母，到祖坟上感谢父母的养育之恩，纪念祖先，慎终追远。头着地可以，如果还要磕大头，五体投地才能表现出对祖宗的感恩和感谢，也没有问题。

问：尊敬的胡老师，感恩您身行言教为佛法带来了希望，令众生欢喜，您身虽在家，心已出家，令末学由衷钦佩。末学愿以您为榜样，做好样子，真干，感恩佛菩萨，感恩众生恩，日日改过，时时改过，不令佛菩萨失望，不令众生失望。学生近年修行中深感修行的关键是我执难破。请胡老师在如何破我执方面给予学生慈悲指点。

答：实在是不敢当。

我执，实际上就是自私自利，我们这几天一直在讲这件事。如何破我执、放下自己，我有个体会。了凡先生在《了凡四训》中说"**一心为善，正念现前**"（《了凡四训·改过之法》），什么意思？一心为善，就是你早上一睁眼一直到晚上睡觉，只要是跟人打交道，就一心为善，"为"是做的意思，一心做善事。比如，想想妈妈的腰怎么样了，打个电话问问；

姑姑的儿子要考大学了，我给他送点儿教学材料；我的小学老师很长时间没联系了，今年六十大寿，给他寄张贺卡，寄张《弟子规》的光盘。一心为善。不是都有手机吗？手机的通讯录不是按照二十六个字母顺序排列的吗？从 A 到 Z，每天轮一遍，看看今天给谁寄点儿东西，寄点儿光盘。别想自己，不让脑子停留在自己身上。不是一心为善，就是正念现前；不是正念现前，就是一心为善。

　　什么叫正念现前？到晚上十点半了，没什么事了，大家都休息了，吉祥卧，念佛吧，正念现前，"阿弥陀佛、阿弥陀佛……"

　　总之，一旦跟别人联系，一旦跟别人有瓜葛了，就想着利益别人。

　　比如说我有下级，要搁过去，老板要给下级打电话，还考虑时间吗？不考虑，公司给你报销手机费，你就得二十四个小时 Standby（待命）。我有个同事生孩子，在家坐月子，我有事要找这个同事，想想能不能不打手机？发个短信。当然是打手机方便了，拨通了把事一说就完了；写短信怪麻烦的。把麻烦留给自己，把方便留给别人。再有，打电话的时间能不能往后拖一拖？中午一点钟正是午觉的时间。

　　"善事阴功，皆由心造"，不在于说你有钱有势才能做好事；**"常存此心，功德无量。""斗粟可以种无涯之福，一文可以消千劫之罪。"**你就这一个电话为别人考虑，在别人最方便的时候，以她最能接受、最不给她添麻烦的方式打过去，那就是佛法，那就是《无量寿经》。

"一心为善"，不想别的，就想利益别人，想别的就是二心。所以了凡先生说的"一心为善"，这可是大境界，为善容易，一心可不容易，一心就是要全心全意。我们的过错就在于邪念、妄念太多，你能保持正念现前，那不得了，恭喜你了，佛就是这么成的。正念是相对邪念说的，正如《了凡四训·改过之法》中所说，**"正念现前，邪念自然污染不上"**。

所以如何破我执？一天二十四小时除了睡觉以外，要么一心为善，利益别人，要么就是改正自己的过错。

从哪儿做起？从身边的人做起。印光老和尚就不赞成去感恩八竿子打不着的人。爸爸妈妈照顾了没有？兄弟姐妹照顾了没有？邻居亲戚照顾了没有？同学老师照顾了没有？这都是与你有大因缘的人，无债不来。敦伦尽分，你的人伦是什么？五伦，你先得把你的五伦给敦了，敦是敦睦，就是诚恳、真诚，和睦；尽分，尽自己的本分。

所以八竿子打不着的先不要管，先从身边的人做起。比如，老公或是太太要照顾好，爸爸妈妈病了要不惜力地照顾。《弟子规》说**"凡是人，皆须爱"**，说得很好，是人就该爱，别说是人，人、事、物都应该要爱，但是这一条的基础是**"入则孝，出则弟，谨而信"**，然后才是**"泛爱众"**。

问： 胡老师您好，听了您的感恩改过的报告很受感动，您确实是我学习的好榜样。我所存在的问题是学佛近十年，佛学常识稍知一些，由于未能将佛菩萨的教诲落实在生活中，不得受用，贪瞋痴慢一点儿都没有放下。听了您的报告，知道要时时处处忏悔，但习气太重，很难迈出第一步，启请开示。

答： 坚持。学一条做一条，学一句做一句，不要贪多嚼不烂，这是我的体会。我最初面对《弟子规》这一百一十三件事时，我一看：乖乖！我没有一件做到的。那些问题是东灭西生，抓了**"入则孝"**，**"出则弟"**出问题，抓了**"出则弟"**，**"次谨信"**出问题，眉毛胡子一把抓。别着急，要相信一即一切。

　　比如有人说他的父母都不在了，**"入则孝"**不容易落实，没对象了，你还有兄弟姐妹吧？**"兄弟睦，孝在中"**，不能死在字条里，父母不在了，**"入则孝"**这一节就绕过去，那不行。**"事诸父，如事父；事诸兄，如事兄"**这条也能落实。

所以我的体会，头绪很多，随缘只做一条。我有公司，又不和父母住在一起，**"入则孝"**可能执行起来难，我又不能放着班不上，回去给爸爸按摩，给爸爸洗脚。但是我在公司有下级，我对待我的员工要像对待我的妹妹一样，**"事诸父，如事父；事诸兄，如事兄"**。**"将加人，先问己；己不欲，即速已"**（《弟子规》），我要跟员工发脾气，想想别人跟我发脾气我愿意不愿意？你要不愿意，就不要这样对待别人。

　　我就从这里作为突破口。你真的落实了这一条，**"将加人，先问己；己不欲，即速已"**，你知道什么现象发生了？心清净了一点儿，智慧随着透出一分；透出一分的智慧，问题就能解决一分。问题解决了一分，心就更加清净。如此进入了良性循环，就和滚雪球似的越滚越大。

　　所以《弟子规》一百一十三件事，相当于一百一十三个堡垒，不能全面进攻，与其伤其十指，不如断其一指。不要贪多，从一点做起，为什么？《弟子规》是糖，糖的外边有糖纸，你一定要集中优势兵力先把糖纸打开，先尝一尝甜的滋味，就是先要尝到法喜，这样你才有动力继续干。

　　很多这些朋友学佛多年，之所以动摇和犹豫不定，就是没有尝到法喜。你要真尝到了法味，真有了喜悦，这样的问题你都提不出来，你没功夫提这个问题。为什么得不到喜悦？头绪太多。

所以，抓一条做一条，做一条就给它做到底，反复定在一条，我就是**"将加人，先问己；己不欲，即速已"**这一条：打电话，我考虑这一条；请人吃饭，我考虑这一条；请人出去玩，我考虑这一条；和妈妈在一起，也是这一条；和我的司机和秘书打交道，还是这一条；**"将加人，先问己"**，不想那么多。

"冠必正，钮必结"（《弟子规》），扣子没系好先不说。你愿意看到一个人不系鞋带、趿拉着鞋进到你的房间来吗？你肯定不愿意见到邋遢人，谁不愿意看见别人穿得干干净净、整整齐齐的，那是对其他人的尊重。**"将加人，先问己"**，你也要这样对待别人，你自然就会把鞋带系好，衣服整好。你刚要跟员工发脾气，想想你的儿子跟这名员工岁数差不多，如果别人这样对待你的儿子，你什么感受？**"己不欲，即速已"**，你也不能这样对待别人。

一即一切，一切即一。

所以我建议你抓住《弟子规》的一条，把它贴在房间或者写字台上，天天想着这一句，天天落实这一句，做着做着，**"入则孝"**就落实了，干着干着**"出则弟"**也落实了，弄着弄着**"行有余力，则以学文"**落实了。真的，最后就和多米诺骨牌似的，就全倒了。

问：阿弥陀佛，胡叔叔你好！因末学身体不好，经常睡眠不好，如果整夜失眠，第二天就一肚子火气，其实我也知道我不应该有怨气。经典上说，境界都是唯心所现，唯识所变，我的有缘众生来影响我，都是我先伤害他们，但我就是控制不了我自己，我一边念佛，但是我的头很难受，好像有一股力量推我撞墙，如果不是我的丈夫拉住我，我一早就往墙上撞。请问我应该怎样过这个关？

（我也听经、改过。）

答：你没有改过，这是过恶深重的表现，你如果真的改过，真的发露忏悔，你不会失眠。忏悔是什么意思？忏是说出来，悔是不贰过。你这括号里倒真是答案——听经、改过。**"过不论久近，惟以改为贵"**；无论是过去的过，还是现在的错，一定要改。《弟子规》说：**"过能改，归于无；倘掩饰，增一辜。"**改过的人绝对会睡得着。

印光老和尚说，念佛是**"最能养神"**的方法，**"行住坐卧，皆无不宜"**（《印光大师文钞菁华录·三、示修持方法》），都适合念。我以前失眠也很严重，我建议你，这是我的体会，你就吉祥卧。身体右侧，按照李炳南老居士说的，右手放在耳朵底下，腿蜷起来像

374

一张弓一样，然后把左手垂直放在你的左腿上面，这叫吉祥卧。这是个非常好的克服失眠的方法，同时心里默念"阿弥陀佛"。

念的时候，心里要明白我在念佛，心里念得清清楚楚，嘴上念得清清楚楚，耳朵听得清清楚楚。默念虽然嘴唇不动，但是你的意念当中，还是要想到嘴唇在动，你仔细体会。

如果"阿弥陀佛"这一念可能现在拴不住你心里那只攀来攀去的猴子，还是摄不了心，那你就按照印光老和尚十念记数的方法，再把数数加上。十句佛号为一组，不要出声，可以金刚持（嘴动不出声音）。醒多长时间就念多长时间，十个一组，一组念完了重新从一开头再念十个，从一至十、从一至十这么念下去。这么递递念之，轮次地念。你试试。吉祥卧，念着念着你就睡着了，睡着了不要埋怨自己，醒了接着念，就像锅漏匠一样。

还有一件事我要给大家说说，就是有些人不睡觉。有一天凌晨四点半我手机上有一个未接来电，第二天我就问他："你干吗四点半给我打电话？"他说："胡总，我按错键了，我上了四点半的闹钟，我起来念佛。"我说："你每天要上闹钟念佛吗？""因为我醒不了。"我说："你这念佛可不对，身体好几百亿个细胞，它需要睡眠，你不让它睡，杀生，恼害众生，开杀戒。它本来可以不睡觉，是因为你自己不改过，导致了这些细胞需要这么长的睡眠，你自己有过不改，你还不让人家睡。"

你功夫不到，你得该吃吃、该喝喝。为什么没有功夫？你不改过、不感恩，你让你这身体里几百亿个细胞陪着你还这个业。你不仅旧业没消，又结了新业。所以一定是该吃吃、该睡睡。你看谛闲老和尚的那位锅漏匠徒弟，睡醒了就念佛，念累了就吃饭睡觉。这叫随缘。不能勉强自己，一定不要勉强自己。除非你真能像常慧法师那样心地清净，身体里这几百亿个细胞不需要睡眠了，那可以随这个缘，那叫大圆满。